범죄사회

정재민
지 음

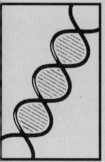

안전한
삶을 위해
알아야 할
범죄의
모든 것

창비
Changbi Publishers

범죄사회

안전한 삶을 위해 알아야 할 범죄의 모든 것

차례

범죄, 우리 사회의 이야기

몇해 전에 출간한 『지금부터 재판을 시작하겠습니다』(2018)와 『혼밥 판사』(2020)의 원고를 쓸 때 저는 판사 생활을 마감한 직후 법률가의 일이 아닌 다른 일(군함 등 무기체계를 만들거나 수출하는 일)을 하고 있었습니다. 그러나 이 책을 쓰고 있는 지금은 다시 법의 세계로 돌아와 법무부에서 일하고 있습니다.* 법무부는 수사나 기소와 같은 검찰 업무뿐만 아니라 범죄자를 교도소에

---

* 2024년 3월부터는 법무부를 떠나 로펌 대표변호사로 일하고 있지만 이 책의 원고는 법무부 퇴직 전에 쓴 것으로, 이하에서는 법무부 근무를 전제로 이야기하겠습니다. 법무부 근무 중에서 2020년 11월부터 2023년 2월까지는 각종 법적 자문과 법안의 심의를 하는 법무심의관으로, 2023년 2월부터 2024년 2월까지는 정부를 당사자로 하는 전국의 모든 민사소송·행정소송을 지휘하는 송무심의관으로 일했습니다.

서 교정하거나 범죄를 예방하는 업무까지 하면서 우리 사회 범죄대응 시스템의 중추적 역할을 합니다. 판사 때는 피고인 개개인의 특정 사건을 재판하는 데에만 몰두했는데, 이런 법무부에서 일하다보니 자연히 우리 사회의 전반적인 범죄 발생 추이나 범죄대응 시스템의 설계방식에 관심이 생겼습니다.

　범죄를 대하는 일반 시민의 입장에 대한 관심이 한층 더 커진 계기는 2021년 tvN의 「알쓸범잡」(알아두면 쓸 데 있는 범죄 잡학사전) 방송 출연이었습니다. 「알쓸범잡」은 뮤지션 윤종신, 범죄심리학 교수 박지선, 영화감독 장항준, 물리학 교수 김상욱과 함께 법무부 법무심의관인 제가 범죄를 주제로 이야기를 나누었던 프로그램입니다. 이 방송에서 법률가가 아닌 패널들과 시청자를 상대로 범죄 이야기를 되도록 쉽게 이야기하려고 노력하다보니 저도 모르게 범죄를 보는 시각이 판사나 법무부 공무원의 입장에서 일반 시민의 입장으로 옮겨갔습니다. 가령 범죄를 말할 때 기존에는 증거가 충분한지, 형량은 어느 정도가 적정한지부터 떠올랐다면, 방송 참여 이후에는 피해자가 얼마나 고통을 느꼈는지, 근처 주민들이 얼마나 불안해할지, 이런 일이 일어나지 않게 하기 위해서 어떤 시스템이나 조치가 필요한지를 먼저 생각하게 되었습니다. 「알쓸범잡」에 대한 시청자들의 예상을 뛰어넘는 호응을 보면서 많은 사람들이 방송의 부제처럼 범죄가 '우리 주변의 이야기'라고 받아들인다는 것을 실감하게 되었습니다.

사실 과거에는 범죄가 제 '주변의 이야기'라고까지는 생각하지 못했습니다. 살아오면서 불량배에게 봉변을 당하기도 하고, 사기나 절도 피해를 입은 적도 있고, 폭력이 난무했던 학교를 다닌 적도 있지만, 심각한 범죄를 주변에서 경험할 가능성은 낮다고 생각했습니다.

그러나 요즘에는 생각이 바뀌었습니다. 이 글을 쓰고 있던 무렵인 2023년 7, 8월 사이에 언론에 보도된 범죄들만 말해보겠습니다. 7월 21일에는 조선(당시 33세)이 서울 관악구 신림동에서 3명에게 칼을 무차별로 휘둘러서 학생회장까지 역임한 성실한 대학생이 숨졌습니다. 그로부터 열흘 남짓 뒤인 8월 2일 저녁에는 마약성분에 취한 신모씨(당시 28세)가 압구정동에서 롤스로이스를 타고 인도로 돌진해 가로수를 들이받았는데 그 과정에서 배우를 지망하던 20대 여성이 차 밑에 깔려 결국 사망했습니다. 다음 날인 8월 3일에는 분당 서현역 AK플라자에서 조현병을 앓는 최원종(당시 22세)이 차를 몰고 인도로 돌진해 5명을 친 다음 백화점에서 흉기를 휘둘러서 김혜빈씨*가 사망하고 8명이 추가로 다쳤습니다. 이어서 8월 17일에는 서울 신림동 생태공원 등산로에서 대낮에 최윤종(당시 30세)이 방학인

---

* 유족들은 사람들이 가해자 최씨 이야기만 하지만 피해자가 "누군가에게 좋은 어른이 되고 싶어 열심히 살려 노력했던 것 같다"고 할 정도로 밝고 좋은 사람이었음을 기억했으면 한다며 사진과 이름을 공개했기에 피해자 이름을 적습니다. 프레스룸 LIVE 「범인보다 혜빈이가 더 기억되길」, MBN 2023. 8. 30.

2023년 7~8월 사이에는 흉기난동 범죄가 다수 발생하고 살인을 예고하는 글이 온라인에 게시되면서 국민의 불안감이 높아졌습니다. 이에 따라 경찰은 특별치안활동을 선포하며 인파가 몰리는 지하철역, 백화점 등에 경찰관 1만 2천명을 배치했습니다. 서울 강남역, 부산 서면역, 성남 서현역 등 '살인예고 글'에서 범행장소로 지목되거나 사람들이 많이 모이는 곳에는 경찰특공대원과 전술 장갑차를 투입하기도 했습니다.

데도 출근하던 30대 초등학교 여교사를 상대로 강간하기 위해 너클을 낀 손으로 폭행하고 목을 졸라서 결국 피해자가 숨지고 말았습니다.

7월 말부터 8월 말까지 인터넷에는 자신이 언제 어느 장소에서 살인을 하겠다고 예고하는 글 470여건이 유행처럼 올라왔습니다. 8월 4일에는 구내식당에서 점심을 먹다가 텔레비전 뉴스에서 제가 사는 동네에도 살인예고 글이 올라왔다는 자막이 뜬 것을 보고 섬뜩함을 느끼기도 했습니다. 저는 법무부 송무심의관으로서 살인예고 글 게시자를 상대로 형사처벌과는 별도로 경찰의 출동으로 인한 손해배상을 청구하는 민사소송을 제기했는데, 법무부에서 여러 일을 했지만 이 일을 할 때만큼 저와 가족의 일이기도 하다는 생각이 든 적이 없었습니다.

2023년 10월에는 재벌 3세 남자로 위장해 여성 펜싱 메달리스트와 결혼 발표까지 한 전청조 사기사건이 전국을 강타했습니다. 2024년 1월에는 야당 대표가 낯선 남성에 의해 흉기로 목이 찔렸고, 여당 여성 의원이 중학생에게 돌로 수십차례 머리를 가격당하는 일이 있었습니다.

점점 범죄에 대한 불안을 호소하는 시민들이 많아졌습니다. 삼단봉이나 페퍼 스프레이 같은 호신용품을 구입해서 휴대하는 사람들이 생겼습니다.

신종 범죄의 무차별성

범죄에 대한 사람들의 불안이 커진 것은 실제로 우리 사회의 범죄가 많아졌기 때문일까요? 아닙니다. 통계에 따르면 지난 10년간(2012~2021) 우리나라의 전체 범죄 건수는 약 193만건에서 약 153만건으로 20.8퍼센트 줄어들었습니다. 살인은 32.3퍼센트(1,022→692) 줄었고, 강도는 80.5퍼센트(2,626→511), 폭력은 29.6퍼센트(25만→18만), 절도는 42.7퍼센트(29만→16.6만) 감소했습니다.[1] 이러한 전통적 범죄는 비대면으로는 저지르기 어렵고 범인이 현장에서 물리적 행위를 해야만 가능한데, 요즘은 곳곳에 설치된 CCTV나 휴대폰으로 범행이 수월하게 촬영되기 때문에 감소될 수밖에 없을 것입니다.

이처럼 절대적인 범죄량이 줄어들고 있음에도 시민들의 불안이 커지는 가장 중요한 이유를 저는 최근 급증하는 범죄가 시간, 장소, 대상자를 가리지 않는 무차별성이 있기 때문이라 생각합니다.

통계상 급증하고 있는 대표적인 범죄가 사기, 마약, 성범죄입니다. 사기는 지난 10년간 24퍼센트 이상 늘어(23.9만→29.7만) 2015년부터는 절도를 밀어내고 우리나라에서 가장 많이 일어나는 범죄의 자리를 차지했습니다.[2] 마약범죄는 177퍼센트(582→16,044, 2020년 기준), 대마초 범죄는 262퍼센트(1,042→3,777) 늘었습니다.[3] 한때 '마약청정국'이었던 우리나라는 지금 누구나 인터넷에서 피자 한판 값으로 필로폰을 구할 수 있게 되었습니다. 성범죄는 지난 10년간 40.8퍼센트(23,365→32,898) 증가했습니다. 이런 범죄들은 그 성격상 범죄신고를 하기 어려운 경우가 많아서 숨겨진 암수범죄(暗數犯罪)의 수는 공식 통계보다 훨씬 많을 것입니다. 그밖에도 사이코패스의 이른바 '묻지마' 살인, 조현병 등 정신질환자의 흉기난동도 최근 들어 많아지고 있는 것 같습니다.

이런 신종 범죄들의 특징은 시간, 장소, 대상자를 가리지 않고 무차별적으로 발생한다는 것입니다. 전통적으로 범죄는 대개 서로 알던 사람들 사이에서 발생했습니다. 그러므로 갈등과 질투와 원한을 만들지 않도록 인간관계를 원만하게 관리하고 위험해 보이는 사람과는 적당히 거리를 둠으로써 범죄 피해를 사전에 막을 수 있었습니다. 그 바탕에는 직장 동료나 이웃은 물론이고 동네 사람들끼리도 서로 어떤 사람인지 잘 알고 지내던 문화가 있었습니다. 제가 어릴 때도 동네에 낯선 사람이 나타나면 그 사람이 좋은 사람인지 위험한 사람인지에 대한 소문이 금세 돌았습니다.

그러나 지금은 바로 옆집 사람이 누구인지 모르고 삽니다. 인간관계의 폭이 좁아지고 깊이도 얕아졌습니다. 지구의 대기권이 얇어지면 우주에서 날아오는 소행성과의 충돌 위험이 커지는 것처럼, 인간관계와 공동체 연대의 보호막이 얇어지는 만큼 범죄에 노출될 가능성이 커진 것입니다. 특히 온라인 기술이 발전하면서 범죄자가 신원을 노출하지 않고도 범행 대상자를 직접 접촉해 사기, 마약 거래, 성범죄를 꾀하기에 수월해졌습니다. 범죄자 입장에서도 상대방을 개인적으로 알지 못할 경우 잡힐 가능성이 낮은 데다가 범행에 따른 심적 부담도 덜 느끼기 때문에 범행을 더욱 대담하고 공격적으로 저지르게 됩니다. 시민들 입장에서는 언제 어디서든 모르는 사람에게도 전방위적으로 범죄 피해를 당할 가능성이 높아지는 만큼 불안이 커질 수밖에 없는 것입니다.

범죄, 우리 사회의 이야기

원칙적으로 개인들 간에 일어나는 일들은 사회적 문제로 부상하지 않습니다. 가령 누군가와 연애하고, 친구들과 다투고, 테니스를 치고, 자전거를 탈 때 언론이 보도하거나 국가기관이 개입하지 않습니다. 그러나 개인 간의 일 중에서 범죄만큼은 국가기관인 경찰이 사생활의 울타리 안까지 들어와서 수사하고, 검사가 사회 전체를 대표해서 기소하고, 판사가 공개된 법정에서 재판하고, 언론이 조명해서 공론화하고, 정부와 국회가 앞으로 그러한 일이 또 일어나는 것을 막기 위해서 제도개선을 추진합니다.

왜 범죄는 개인에게 발생한 경우에도 사회적 문제가 되어 사회 전체가 해결을 위해 나서는 것일까요? 그 이유는 첫째, 그대로 있으면 우리 사회의 다른 누군가도 똑같은 범죄 피해를 당할 수 있고, 범죄 피해를 당하면 사는 듯 살기가 어려워지기 때문입니다. 다른 많은 분들도 마찬가지겠지만 제 삶의 목표는 되도록 많은 순간을 사는 듯 사는 것입니다. "대체 '사는 듯 산다'는 것이 뭐요?"라고 물으면 한마디로 말하기는 어렵습니다. 재즈가 무엇이냐고 물으면 재즈 연주자들이 맛보기 연주로 답을 대신하는 것처럼 그저 사는 듯 사는 듯한 일상을 나열할 수 있을 뿐입니다. 직장에서 열심히 했던 일이 긍정적인 변화를 일으킬 때, 누군가와 대화하면서 비 오는 날 계곡물처럼 콸콸 서로 말이 잘 통할 때, 직경 6.6센티미터 테니스공을 치는 데만 집중하면서 가쁜 호흡을 내쉴 때, 가족들과 집에서 뒹굴면서 시답잖은 대화를 나누다 낄낄거리면서 웃을 때, 지금처럼 글을 쓸 때 사는 듯 산다는 생각이 듭니다. 그런데 사는 듯 사는 삶은 환경에 의해 쉽게 깨어집니다. 직장에서의 입지가 흔들려도, 가족이나 친구와 갈등이 생겨도, 몸이 조금 아파도 사는 듯 살기가 어려워지는데 범죄 피해를 당하면 얼마나 어려워지겠습니까.

범죄가 사회적 문제로 부상하는 둘째 이유는 범죄에 대한 처벌이 정의의 문제와 연결되기 때문입니다. 저는 개인에게 가장 중요한 가치는 자유이지만 사회에서 가장 중요한 가치는 정의라고 생각합니다. 자유가 개개인에게 공평하게 배분되고 책임도 공평하게 뒤따르는 것이 정의입니다. 범죄자에게 그에 걸맞은 책임을 물어야 정의가 세워집니다.

　범죄가 사회적 문제가 될 수밖에 없는 셋째 이유는 대부분의 범죄에 있어서 사회구조적 문제가 그 직간접적 원인이 되기 때문입니다. 제가 판사일 때 범죄 사건을 재판하면서 거의 항상 느낀 것은 그런 범죄의 바탕에 양극화, 실업, 경제위기, 고령화, 가족해체 같은 사회구조적 문제들이 깊은 영향을 미치고 있다는 것이었습니다. 사회가 하나의 몸이라면 사회 문제들은 범죄라는 상처로 드러난다는 생각을 하게 되었습니다. 노르웨이에서는 범죄 추리소설의 인기가 높은데 그 이유는 범죄를 사회 수준의 척도로 삼아 이 사회가 이대로 좋은가 하는 질문으로 받아들이기 때문이라고 합니다. 과거 광부들이 탄광의 유해가스를 감지하기 위해서 일산화탄소에 민감한 카나리아를 갱도에 데리고 간 것처럼, 범죄는 우리 사회가 건강한지를 가늠할 수 있는 탄광 속 카나리아의 역할을 합니다.

　요컨대 범죄는 개인의 문제가 아니라 사회 전체의 문제일 수밖에 없습니다. 범죄를 막는 방법도 모든 개개인의 성격, 내면, 환경을 정부나 사회가 일일이 간섭해서 바꿀 수 없기 때문에 개인보다는 사회적 차원에서 강구해야 합니다. 이 책『범죄사회』는 주로 사회구조적 관점에서 범죄를 바라보고 그 대응책을 모색해보려고 합니다.

범죄를 어떻게 막을 것인가

크리스토퍼 놀런 감독의 영화 「배트맨 비긴즈」(2005)는 단순한 오락 영화가 아니라 부패한 세상에서 범죄를 어떻게 막을 것이며 권력과 정의의 본질이 무엇인가에 대한 깊은 통찰이 바탕을 이루고 있는 영화입니다. 그 배경이 되는 '고담'(Gotham) 시티는 성경에 나오는 죄악으로 가득한 도시인 '고모라'와 '소돔'의 앞글자를 따서 이름을 지었을 정도로 범죄가 득실거리는 도시입니다. '팔코네' 같은 마피아 패밀리들이 장악하고 있으면서도, '조커' 같은 사이코패스도 우글거리는 곳입니다. 폭력, 강도, 강간 같은 범죄가 일상적으로 일어나고, 경찰, 검사, 판사, 정치인은 범죄조직과 결탁되어 있습니다.

'배트맨' 시리즈에서는 고담 시티의 범죄를 척결할 방안이 다각도로 제시됩니다. '리그오브셰도'라는 조직은 고담이 고쳐 쓸 수 없을 정도로 썩었으므로 서둘러 파멸시키고 새 출발을 해야 한다는 입장입니다. 배트맨의 아버지 토머스 웨인은 빈민을 구제하고 생활 환경을 개선함으로써 범죄를 줄이려고 합니다. 열혈 검사 레이철은 법과 원칙에 따라 수사하고 처벌하는 사법 시스템을 통해 범죄를 제압하려 합니다. 그러나 이 모든 방법에도 불구하고 고담 시티의 범죄 상황은 나아지지 않습니다. 그래서 배트맨은 기존과 다른 방식을 취합니다. 아버

크리스토퍼 놀런 감독의 영화 「배트맨 비긴즈」(2005) 등 다크
나이트 트릴로지 시리즈는 부패한 세상에서 범죄를 어떻게 막을
것이며 권력과 정의의 본질이 무엇인가에 대한 깊은 통찰이 바
탕을 이루고 있는 영화입니다. 배트맨은 '다크나이트'로서 음지
에서 '힘과 공포'로 범죄자를 무력화시키는 한편 양지에서는 하
비 덴트 검사같이 시민들이 적법하게 선출한 '화이트나이트'를
내세워 사법 시스템이 제 기능을 회복할 수 있도록 애씁니다.

지와 달리 악당들과 정면으로 맞서 싸우되, 검사 레이철이 사용하는 무력한 '법'이 아니라 마피아 팔코네 일당처럼 '힘과 공포'로 범죄자를 무력화시킵니다. 다만 하비 덴트 같은 검사를 '화이트나이트'로 사회의 전면에 내세우고 자신은 '다크나이트'로서 되도록 모습을 감추면서 사법 시스템이 다시 제 기능을 회복할 수 있도록 애씁니다.

그러나 권력을 쪼개어 견제와 균형을 추구하는 민주주의 사회에서는 배트맨 같은 초인적 영웅의 출현을 기대할 수도 없고 기대해서도 안 됩니다. 민주국가에서는 삼권분립은 기본이고 입법, 행정, 사법의 각 기능이 수없이 쪼개어져 있으며, 국가의 범죄대응 기능도 경찰은 치안과 수사를, 검찰은 기소와 수사를, 법원은 재판을, 교도소는 교정을, 보호관찰소는 범죄예방을 맡는 방식으로 나뉘어 있습니다. 다이어트에 성공하려면 음식 조절, 운동, 생활습관 개선 등 종합적인 접근이 가장 효과적인 것처럼, 민주사회에서 범죄를 억제하기 위해서는 국가의 여러 기능이 제 기능을 발휘할 수 있도록 해주면서 전체적으로 균형을 이루도록 하는 것이 최선입니다. 즉, 배트맨이 아니라 오히려 법과 정의를 추구하는 레이철이나 주민들의 생존 환경을 개선해나가는 토머스 웨인의 방법을 종합적으로 취해야 하는 것입니다.

이와 같이 사회의 각 기능이 제대로 작동하면서도 조화를 이루려면 이와 관련된 사회적 시스템을 구축하는 '제도화'가 잘 이루어져야 합니다. 어떤 나라가 번영하는지 실패하는지를 결정하는 것은 문화, 자원, 지리, 역사, 교육수준, 민족성보다도 '제도'입니다.[4] 대한민국과 북한이 지리, 역사, 민족이 같음에도 불구하고 모든 방면에서 격차가 나는 것은 민주주의, 시장경제, 법치주의 같은 기본 제도의 차이 때문입니다. 범죄가 창궐하는 나라와 치안이 확립된 나라는 범죄대응 시스템이 같을리가 없습니다.

이 책을 쓰는 목적은 우리 사회의 범죄대응 시스템을 어떤 방향으로 발전시켜나갈 것인지를 독자들과 함께 고민하는 것입니다. 좋은 제도는 단선적이지 않고 여러 기능이 복합적·다층적으로 설계되어 있습니다. 범죄에 대해 말할 때 흔히 수사와 재판 제도만을 언급하지만 교정, 예방, 입법 등 범죄를 둘러싼 다른 핵심 기능들까지 모두 고려해야 효과적인 범죄대응 방책을 모색할 수 있습니다. 이들 각 분야는 제각기 오랜 역사에 걸쳐 발전해왔기 때문에 저도 그 모두를 깊이 있게 알지는 못합니다.

대신 저는 「알쓸범잡」 방송 이후 듣게 된 일반 시민들의 범죄대응 시스템에 대한 불만이나 불안을 반영해서 분야별로 한두개씩 중요한 화두를 던지고 그에 대한 답을 찾아가는 방식으로 이 책을 써내려가려고 합니다. 가령 수사에 있어서는, 신기술을 활용한 범죄가 많아지는 만큼 과학수사가 어떻게 발전해왔고 앞으로 어느 분야가 발전할 필요가 있는지를 살펴봅니다. 재판에 대해서는 형량이 낮다는 비판이 많은 만큼 왜 판사가 정하는 형량은 일반 시민들이 생각하는 수준보다 낮은지를 묻고 개선 방향을 고민해봅니다. 교정에 대해서는 우리나라 교도소 시스템이 교도소 출소자가 또다시 범죄를 저지르지 않도록 하는 효과를 충분히 발휘하고 있는지, 수십명을 엽기적으로 죽인 사이코패스 범죄자에 대한 사형을 집행해야 하는지를 논합니다. 범죄예방에 있어서는 전자발찌나 화학적 거세 같은 제도가 얼마나 효과가 있는지를 묻고 답합니다. 입법에 대해서는 범죄를 근원적으로 예방하기 위해서는 사람들이 사는 듯 살기 쉬운 세상이 되어야 한다는 점에 착안해 이를 위해서 최근 어떤 입법이 추진되고 있는지를 말해보려 합니다.

이 책이 라면 봉지에 적힌 '맛있게 끓이는 법' 레시피처럼 이렇게 하면 무조건 범죄가 사라진다는 처방전을 내어놓을 수는 없습니다. 대신 이 책에 소개된 범죄대응 시스템의 각 기능에 대한 이해를 바탕으로, 여러가지 약을 배합해서 처방하는 의사들처럼, 독자들이 스스로 우리 사회의 범죄를 막기 위한 종합적인 시스템을 설계해볼 수 있을 것이라 기대합니다. 코로나19 팬데믹 때 "모든 사람이 안전해지기까지 그 누구도 안전할 수 없다"는 말이 있었습니다. 이 말은 범죄에 대해서도 똑같이 할 수 있는 말입니다.

1장

과학수사는
어디까지 발전했는가

요즘 마약상들은 텔레그램이나 다크앱으로 주문을 받고 가상화폐로 대가를 받은 뒤, 중고등학생 '알바'를 시켜서 마약이 담긴 봉투를 놀이터 미끄럼틀 아래나 공중전화 부스 뒤쪽 같은 곳에 놓아둔 다음 구매자가 찾아가도록 합니다. 휴대폰 문자메시지로 미납세금통지서가 날아와서 파일을 열어보면 소액의 금액이 인출되어버리는 스미싱(Smishing, 문자메시지SMS와 피싱phishing의 합성어)도 유행입니다. 요즘 보이스피싱은 '딥보이스'(목소리 딥페이크) 기술을 활용해 피해자의 자녀나 지인의 목소리를 흉내 내면서 급한 상황이니 돈을 보내줄 것을 요구할 정도로 발전했습니다. 이른바 'n번방' 사건은 범인들이 온라인과 가상화폐를 활용해 폐쇄적인 공간을 만들고 피해자들에게 보이지 않는 족쇄를 걸어서 인간성을 말살할 정도로 성적으로 착취하고 조종한 사건입니다.

전통적인 수사는 주로 용의자의 주변 사람을 찾아다니면서 범죄가 발생한 일시에 용의자가 어디에 있었는지, 범죄를 저지를 만한 사람인지, 사건 전후 행적은 어떤지, 평소 생활습관은 어떤지 등을 물어보는 방식으로 이루어졌습니다. 몽타주를 거리에 붙이고 현상금을 걸거나 미행과 잠복을 하거나 강압적으로 용의자의 자백을 압박하기도 했습니다. 부검이나 지문대조와 같은 비교적 과학적인 수사방식도 있었지만, 부검은 살인사건에서 시신이 발견된 경우에만 가능하고, 지문대조도 범인이 현장에 지문을 남긴 경우에만 의미가 있었습니다. 그러나 이런 수사방식으로는 최신 기술을 활용한 신종 범죄를 잡을 수가 없습니다. 고양이가 아무리 힘이 세다고 한들, 쥐가 훨씬 더 빠르고, 쥐가 어디에 살고 있는지조차 모르면 쥐를 잡을 수가 없습니다. 과거에는 살인을 한 후 시체를 훼손하는 것은 상상도 할 수 없는 반인륜적 범행이었으나, 요즘 사이코패스 살인범들은 마치 강도가 범행에 사용한 칼 손잡이의 지문을 지우듯이 시체를 훼손하기 때문에 수사기관으로서는 신체의 일부만 가지고 피해자의 신원을 확인하고 범인을 잡아야 합니다. 이러한 한계들을 극복하기 위해서는 과학기술을 최대한 수사에 활용해야 합니다. 그것은 수사 과정에서 일어나기 쉬운 인권침해를 줄이는 지름길이기도 합니다.

과학수사 발전의 계기, 화성 연쇄살인사건

20여년 전 봉준호 감독의 초기작 「살인의 추억」(2003)을 동네 극장에서 보았을 때를 기억합니다. 당시는 그 잔혹한 살인마를 아직 잡아서 처벌하지 못했다는 분노와 그가 우리 사회 어딘가에서 (심지어 이 영화도 보면서) 돌아다니고 있을 것이라는 불안감 때문에 극도의 긴장감이 느껴졌습니다. 그러나 이 글을 쓰면서 다시 영화를 보았을 때는 긴장감 대신 당시에 그렇게 많은 수사력을 투입하고도 왜 진범을 잡지 못했는지 그 원인을 생각해보게 되었습니다.

화성 연쇄살인사건은 1986년부터 1991년까지 경기도 화성군 태안읍에서 일어난 10여건의 살인사건을 가리킵니다. 이 사건은 역사상 가장 사회적 파장이 컸던 사건이자 과학수사 발전의 시동을 건 사건으로 평가됩니다.[1] 1986년 9월에 발생한 1차 사건에서 범인은 70대 여성을 성폭행하고 목 졸라 죽였습니다. 바로 다음 달에 발생한 2차 사건에서는 맞선을 보고 집으로 돌아오는 20대 여성을 성폭행한 후 목 졸라 죽이고 칼로 몸을 4차례 찔렀습니다. 그로부터 다시 두달 뒤인 1986년 12월에 발생한 3, 4차 사건에서는 범인이 피해자를 성폭행한 후 스타킹으로 목을 졸라 죽이고 벗긴 속옷으로 피해자의 얼굴과 머리를 덮어놓았습니다.

봉준호 감독의 영화 「살인의 추억」(2003)은 1986년부터 1991년까지 경기도 화성군 태안읍에서 일어난 10여건의 살인사건을 다루고 있습니다. 박두만 (송강호 분) 형사는 직감을 토대로 수사하고, 서태윤(김상경 분) 형사는 과학적 수사를 지향하는데, 두 형사의 대조적인 수사법이 영화의 긴장과 재미를 더합니다.

반경 2킬로미터 안에서 불과 넉달 동안 4건의 강간살인이 발생하자 온 나라가 발칵 뒤집어졌습니다. 화성에 특별수사본부가 꾸려지고 5년 동안 연인원 40여만명의 경찰(방범 인력까지 합치면 200만명)이 투입되었는데, 이것은 국내 단일 사건 역사상 최다였습니다. 수사본부에서 조사한 사람이 21,280명이었고 용의자로 지목한 사람이 3천명이었습니다. 그러나 이렇게 대규모 수사가 이루어지는 와중에도 살인사건은 계속 발생했고 범행은 대담해졌습니다. 가령 7차 사건에서는 범인이 피해자의 신체에 복숭아 9조각을 집어넣었고, 9차 사건에서는 어린 피해자의 가슴을 칼로 9차례나 난도질하고 신체에 책가방에 있던 볼펜과 포크를 집어넣었습니다.

저도 초등학생 때 텔레비전 뉴스와 신문에서 화성 연쇄살인 사건에 대한 보도를 보면서 놀라워했던 기억이 있습니다. 저희 집에 아버지를 보러 종종 오시던 파출소장이 그 사건 범인을 못 잡아서 경찰이 난리가 났다는 취지의 말을 했던 것도, 저도 언젠가 경찰이나 검사가 되어서 저렇게 어려운 사건을 수사하면서 범인을 잡아보고 싶다는 생각을 품었던 것도 기억납니다. 그 무렵 저는 추리소설이나 국내외 형사 드라마에 큰 매력을 느끼고 있었던 데다가 어린 시절 집 바로 앞에 현상금을 건 흉악범들 사진을 게시판에 걸어놓은 파출소가 있어서 그런 꿈을 품기도 했던 것 같습니다.

「살인의 추억」의 주인공은 박두만(송강호 분)과 서태윤(김상경

분)이라는 두 형사입니다. 이들 두 형사의 수사법은 대조적입니다. 지역 토박이인 박두만 형사는 '직감'을 토대로 수사합니다. 사람을 직접 만나서 눈빛을 보면 범인인지 아닌지 알 수 있다고 생각하는 그는 곧잘 "딱 보면 티가 난다"라고 합니다. 그의 별명은 자칭타칭 '무당 눈깔'입니다. '티가 나는' 사람을 지하실로 불러 속옷만 입혀놓고 고문에 가까운 폭행과 협박을 가하며 실토할 것을 압박합니다. 가령 정신지체가 있는 백광호가 피해자를 좋아한 적이 있다는 이유로 윽박지르며 자백을 강요합니다. 그에게 객관적인 증거는 별로 중요하지 않습니다. 필요하면 조작하면 되기 때문입니다(그는 피해자가 발견된 흙길 위에 백광호가 신던 신발 밑창을 찍어서 발자국을 만듭니다).

서태윤 형사는 박두만 형사와 정반대로 대비됩니다. 그는 박두만과 달리 4년제 대학을 나오고 서울 경찰서에서 엘리트 형사로 인정받던 인물로서 "서류는 절대 거짓말 안 하거든요"라며 과학적 수사를 지향하고 객관적 증거를 중시합니다. 박두만이 자신 내부의 통찰력으로 범인을 확인하려 한다면, 서태윤은 자신 외부에 존재하는 객관적 증거를 통해 범인을 확인하려 합니다. 그런 서태윤에게 박두만은 "대한민국 형사는 두 발로 수사한다"고 하면서 미국은 땅덩이가 어마어마하게 넓어서 다 돌아다닐 수 없기 때문에 FBI가 머리를 안 굴릴 수가 없지만, 대한민국은 좁기 때문에 두 다리로 다니면 범인이 다 밝힌다며 잔머리를 계속 굴리고 싶으면 미국에 가라고 조롱하지만, 서태윤은 아랑곳하지 않습니다.

박두만 형사식 수사의 폐단

그러나 당시 상황에서 서태윤의 수사방식은 한계가 많았습니다. 과학수사의 발전 수준이 미미했기 때문입니다. 지문대조나 부검 정도 외에는 과학수사라고 할 만한 것이 없었습니다. 유전자 감식 기술도 1984년경 영국에서 처음 개발된 상황이라 국내에 들어오지 못하고 있었습니다. 심지어 당시 경찰이 무속인들을 찾아가서 범인이 누군지 물어보기도 했고, 어느 무당은 "너는 자수하지 않으면 사지가 썩어 죽는다"는 글이 쓰인 허수아비를 화성 곳곳에 세워두라고 해서 실제로 경찰이 그런 허수아비를 세워두었을 정도입니다.[2] 당시의 어설픈 과학수사는 오히려 진실을 오도해서 큰 문제를 야기했습니다. 당시 국립과학수사연구소가 이 사건 현장에서 채취한 범인의 정액을 분석한 결과 용의자의 혈액형을 B형으로 잘못 추정한 것(진범 이춘재의 혈액형은 O형)입니다.[3] 국과수의 의견에 따라 범인의 혈액형은 B형이라는 것을 확고한 전제로 놓고 수사를 진행하는 바람에 수사팀이 2만명이나 되는 사람을 조사했음에도, 심지어 진범 이춘재까지 조사했음에도 범인을 잡지 못하게 되었던 것입니다. 만약 당시 국과수가 범인의 혈액형이 B형이 아닌 O형이

화성군에서 연쇄 강간살인사건이 4번째 발생한 뒤 사건 현장 부근에 세워진 허수아비입니다. "너는 자수하지 않으면 사지가 썩어 죽는다"는 글귀가 쓰여 있습니다..

라고 제대로 된 판독을 했었다면, 아니 차라리 범인의 혈액형을 특정할 수 없다고 했었다면, 이춘재는 그 당시에 잡혔을 가능성이 컸습니다. 당시에 작성된 용의자 몽타주를 보면 이춘재와 얼굴 및 체격이 닮았다는 것을 알 수 있습니다.

　미숙한 과학수사는 진범을 놓쳤을 뿐만 아니라 억울한 사람을 양산했습니다. 당시 경찰의 강압 수사를 받았던 사람 중에서 3명이 자살을 했고 갑자기 생긴 암으로 죽은 경우도 있었습니다. 당시 자신이 범인이라고 자백한 용의자가 3명이었고 경찰이 이들 모두에게 구속영장을 청구했는데, 결국 이춘재가 범인이었으므로 모두 허위자백이었던 셈입니다.[4] 윤성여씨는 소아마비인데도 쪼그려뛰기를 시키는 등의 경찰의 강압 수사를 견디지 못하고 8차 사건의 범인이라고 허위자백한 이후 무기징역을 선고받고 20년간 억울한 옥살이를 했습니다. 윤씨에게 누명을 씌우는 데에도 미숙한 과학수사가 역할을 했습니다. 당시 국과수의 이화학3과 실장이었던 장아무개씨가 '방사성동위원소 감정법'을 활용해서 "현장 음모와 윤성여씨의 음모는 동일인 음모로 볼 수 있음"이라는 감정 결과를 제출했던 것입니다. 그러나 통상 방사성동위원소 감정법은 화석이 있는 지층과 같이 수십만년 또는 수만년 동안 특정 원소가 축적된 경우에나 의미 있는 결과를 얻을 수 있는 것이므로, 사건 발생 후 불과 며칠 지난 이후의 음모에 대해서는 의미 있는 결과를 얻을 수 없다는 것이 자명하다고 합니다(마치 은하를 관측하는 허블 망원경으로 현미경으로 봐야 보이는 작은 세균을 살피는 것과 같습니다). 그러니 당연히 세계적으로도 선례가 없었습니다. 심지어 당시 국과수 장씨는 윤씨가 아닌 다른 사람의 음모 수치를 사용했고 그마저도 조작했다는 것이 수사로 밝혀졌습니다.[5] 윤씨는 진범 이춘재보다도 자신의 무고함을 몰라준 검사, 판사가 더 밉다고 합니다.[6] 2020년 윤씨는 재심 재판을 통해서 사건 발생 32년 만에 무죄를 선고받았으나, 윤씨에게 자백을 강요했던 경찰들은 이미 그 공으로 특진했고 경찰을 퇴직한 뒤였습니다.

1990년 11월 15일 9차 살인사건이 발생합니다. 그 직후 경찰은 용의자(영화에서는 박해일씨가 연기한 '박현규'의 모델이 된 인물)가 범인이라 판단합니다. 그 역시 가혹행위 끝에 자신이 범인이라 자백합니다. 피해자의 피를 소나무에 닦았다는, 진범이 아니면 할 수 없을 것 같은 진술까지 합니다. 그런데 검찰에 사건을 송치하기 직전에 피해자의 옷을 보니 그동안에는 보이지 않던 정액이 묻어 있었습니다. 그 정액이 피의자의 것임을 최종적으로 확인하기 위해 일본(영화에서는 미국으로 설정되었지요)까지 샘플을 보내어 유전자 감식을 했는데, 그 결과 정액의 주인과 용의자의 유전자가 불일치한다는 결과가 나왔고 결국 용의자를 풀어주게 됩니다.[7] 이 유전자 감식이 우리나라 수사에서 최초로 실시된 것이었습니다.* 그 유전자 검사가 아니었다면 윤성여씨와 같이 억울한 사람이 또 생겼을 것입니다.

과학수사가 필요한 이유

　과거 동서양을 막론하고 수사는 박두만 형사의 방식으로 진행되었습니다. 심지어 고문이 적법한 수사방법으로 인정되었습니다. 18세기까지 프랑스에서는 피의자를 신문하면서 철제 의자에 앉힌 채 점점 더 화롯불 곁으로 가까이 가게 하거나, 엄지손가락을 나사 모양으로 돌아가는 기계에 넣었습니다. 이탈리아에서는 피의자의 겨드랑이에 불에 달군 달걀을 넣거나, 손가락에 초를 묶어놓고 불을 붙여서 손가락이 타들어가게 만들었습니다. 조선 시대에도 뜨겁게 달군 쇠로 살을 지지거나(포락炮烙), 한지처럼 얇은 종이에 물을 뿌려 얼굴에 겹겹이 올려놓아 숨을 못 쉬게 하면서(도모지塗貌紙) 고문했습니다. '난장(亂場)'은 두 발을 묶어서 거꾸로 들어올린 다음에 발바닥을 사정없이 후려치는 고문 방식으로 이때 발가락이 떨어져나가고 피가 튀는데, 이것이 '난장판'이라는 말의 유래가 됩니다.

　놀랍게도 이런 고문은 재판을 통해서 혐의가 확인된 이후에 가하는 형벌이 아니라 진실을 발견하는 수사 과정에서 실시하

＊ 당시 수사를 지휘한 검사는 김종빈 수원지검 강력부장으로 훗날 검찰총장이 됩니다.

는 것이었습니다. 우리의 수사 현실에서도 1990년대까지만 해도 폭력이 사용되는 경우가 적지 않았습니다. 이러한 강압 수사를 하면 진범이 빠져나갈 가능성은 줄어들겠지만 억울한 사람이 양산됩니다. 그렇다고 수사를 느슨하게 하면 억울한 사람은 줄어들지만 진범이 도망갈 여지가 커집니다. 이러한 관습적 수사관행을 따르면서 진범을 더 잘 잡고 인권을 더 보호한다는 것은, 마치 밥을 많이 먹으면서 살을 뺀다는 말처럼 모순적입니다.

그런데 과학수사는 억울한 사람을 줄이면서도 진범에 다가갈 가능성을 높임으로써, 말하자면 밥을 더 많이 먹으면서 살을 빼는 일을 가능하게 해줍니다. 화성 연쇄살인사건 당시 유전자 검사만 정확히 되었더라도 이춘재는 진즉 잡혔고, 그 많은 무고한 용의자들이 사망하거나 가혹행위의 후유증을 겪지 않아도 되었을 것입니다.

서래마을 영아살해사건과 강호순 연쇄살인사건을 해결한 DNA 신원확인기술

과거에는 수사관들이 범죄 현장에서 가장 많은 시간을 할애하는 일이 지문을 확보하는 것이었습니다. 그러나 이제는 현장 보존 과정에서 머리카락, 혈액, 침, 정액, 비듬, 칼이나 피해자의 손톱 밑에 묻어 있는 작은 세포 등에서 DNA를 찾는 데 더 많은 시간을 보냅니다.

DNA(Deoxyribo Nucleic Acid)는 세포의 핵 속에 있는 유전자의 본체로서 유전 정보를 전달하는 역할을 하는 부분입니다. 유전 정보는 DNA 전체에 담겨 있는 것이 아니라 그중 2퍼센트 정도(이 부분을 엑손exon이라 합니다)에만 담겨 있고, 나머지 98퍼센트(이 부분을 인트론intron이라 합니다)에는 담겨 있지 않습니다. 인트론 속에는 반복되는 염기 배열의 패턴이 있는데 그 패턴의 경우의 수는 무궁무진해서 서로 다른 사람들 간에 이 패턴이 같을 확률은 거의 제로에 가깝습니다. 영국 레스터대학교의 앨릭 제프리스(Alec Jeffreys) 박사는 1984년 DNA의 이런 특성을 활용해 사람의 신원을 구별하는 DNA 지문측정법(DNA Fingerprinting)을 개발했습니다.

그러나 당시 기술은 수사에 활용하기가 쉽지 않았는데, 그 이유는 통상 DNA 채취량이 너무 적어서 신원을 확인하는 데 충분하지 않았기 때문입니다. 이 문제를 해결해준 기술이 PCR입니다. PCR은 효소(polymerase) 연쇄반응(chain reaction)이라는 뜻으로, 하나의 DNA를 수백만, 수십억배로 증폭시키는 기술입니다. 코로나19 시즌에 면봉을 코에 넣어서 체액을 채취하는 방식의 검사 이름이 바로 이 PCR입니다.

국립과학수사연구소는 1991년 유전자 분석을 통한 개인식별법을 시작한 이후 1995년 삼풍백화점 붕괴사고와 1997년 괌

KAL기 추락사고 때 수많은 피해자의 신원을 확인하는 작업을 하면서 DNA 분석기술이 급격히 발전했습니다.

우리나라의 DNA 분석기술이 세계적으로 인정받기 시작한 계기는 2006년에 발생한 서래마을 영아살해사건입니다. 그해 여름 서울 방배동 서래마을에 살던 프랑스인 쿠르조(Jean-Louis Courjault)씨가 고등어를 냉장고 냉동실에 넣어두다가 검은 봉지에 싸인 영아 2명의 시신을 발견하고 경찰에 신고하게 됩니다. 국과수는 쿠르조씨의 구강에서 채취한 상피세포와 함께 쿠르조씨의 부인이 사용하던 칫솔, 빗, 귀이개에서 미량의 DNA를 추출해 유전자 검사를 한 결과 그 두 아이의 부모가 쿠르조씨 부부임을 밝혀냅니다. 그러나 쿠르조씨 부부는 프랑스에서 기자회견을 열고 자신들은 아이를 낳은 적이 없다면서 한국 경찰의 수사 결과를 부정하고 국과수의 감정을 비판합니다. 그들이 국과수의 감정을 신뢰하지 않았던 근거는, DNA 분석 결과가 너무 짧은 시간에 나왔다는 점과 사람의 신체가 아닌 생활용품에 묻은 DNA를 채취했기 때문에 결과가 부정확하다는 점이었습니다.

그러나 프랑스 수사기관이 DNA 감정을 한 결과 우리 국과수와 똑같이 나왔고, 이에 따라 쿠르조씨 부인이 범행을 자백했습니다(그녀는 임신거부증이라는 정신적 질환이 있었던 것으로 알려졌습니다). 프랑스 언론이 자국의 수사기관이나 언론이 한국의 수사 실력을 깔봐서 한국인의 감정이 악화되었다고 비판하자 주한 프랑스 대사가 방배경찰서에 유감의 뜻을 표하고 『르몽드』지에서 국과수를 취재하러 오면서 우리나라 DNA 분석기술의 우수성이 세계적으로 알려지게 되었습니다.[8]

우리나라 DNA 분석기술이 또다시 스포트라이트를 받은 사건은 강호순 연쇄살인사건입니다. 강호순은 유영철, 이춘재와 같은 반열로 언급되는 희대의 사이코패스로 2006년부터 2008년 사이에 확인된 것만 8명의 여성을 차에 태워서 성폭행하고 살해한 다음 암매장한 인물입니다. 경찰이 강호순을 의심하면서 그의 주거를 수색하던 중 리베로 트럭에서 점퍼 하나를 발견했습니다. 그 점퍼를 육안으로 아무리 살펴보아도 유의미한 흔적이 없었으나 거기에 루미놀을 뿌리자 혈액이 있을 때 나오는 형광 반응이 희미하게 나왔습니다. 그 DNA를 PCR로 수십억 배로 증폭시켜 분석한 결과 2008년 경기 서남부에서 실종된 여성 중 한명인 어느 주부의 칫솔에서 채취한 DNA와 일치했습니다. 처음에는 강력하게 부인하던 강호순도 DNA 감정 결과를 들이밀며 추궁하자 자신의 범행임을 자백했습니다. 당시 점퍼에서 발견된 혈액의 양은 1나노그램(ng), 즉 10억분의 1그램도 안 되는 수준으로 모기 눈물만큼의 분량이었다고 합니다.[9]

이 강호순 사건은 유전자 분석기술의 존재를 의식한 범죄자들이 기존보다 더 주도면밀하고 영악하게 범죄의 흔적을 남기지 않는다는 것을 보여주는 사례이기도 합니다. 강호순은 피해자 손톱에 자신의 흔적이 남아 있을까봐 피해자의 손가락을 자르고, 피해자의 신용카드로 돈을 인출할 때는 손에 콘돔을 꼈습니다. 경찰이 강호순의 집에 와서 운전 행적을 조사하자, 불안해진 그가 다음 날 바로 에쿠스 승용차와 무쏘 승용차를 불태워버린 것도 유전자 검사를 의식했기 때문이었을 것입니다.

수사기관이 범인의 DNA를 확보하고 DNA 분석기술이 있다고 하더라도, 그것과 대조할 일반 사람들의 DNA 정보를 가지고 있지 않다면 그 DNA의 주인이 누구인지 알 길이 없습니다. 이에 우리나라 정부는 2010년경부터 '디엔에이신원확인정보의 이용 및 보호에 관한 법률'이 시행되면서 살인, 강간, 약취(略取) 유인, 마약 등 주요 범죄로 구속되거나 형이 확정된 사람들의 DNA를 채취해 데이터베이스를 구축하는 작업을 계속해왔습니다. 화성 연쇄살인사건의 진범인 이춘재도 이 과정에서 찾을 수 있었습니다. 다만 개인정보 보호를 위해 데이터베이스에서는 DNA의 주인을 코드 번호로만 식별이 가능하게 하고, 그 코드 번호가 가리키는 사람이 누구인지는 다른 절차를 통해서 확인할 수 있도록 시스템이 설계되어 있습니다. '제도'가 범죄를 억제하는 기능을 발휘한다는 것을 보여주는 사례입니다. DNA 수사의 정확성이 널리 인정받자 현재 모든 국민의 지문이 등록되어 있듯이 모든 국민의 DNA도 등록하자는 주장도 나오고 있습니다.

'포렌식'의 뜻

과학수사를 말할 때 국내외에서 '포렌식'(forensic)이라는 단어를 많이 씁니다. 이 단어는 라틴어 'forensis'에서 유래된 것으로 광장, 포럼, 재판소, 법정 등을 뜻하는 영어 'forum'의 어원입니다. 그러니 '포렌식'이라는 단어는 '재판을 위한' 것이라는 뜻이 됩니다. 즉, 재판에서 법적으로 유효한 증거로 제출하기 위한 것이라는 뜻입니다. 이러한 의미에서 'forensic science'는 '법과학'이라 번역됩니다.

법과학은 크게 법의학과 그밖의 과학수사학으로 구분됩니다. 법의학은 의학적인 지식을 바탕으로 수사나 재판에 활용하는 학문으로 그밖의 과학수사학보다 일찍부터 발전해왔습니다. 법의학은 병리학, 혈청학, 치과학, 인류학, 독물학, 정신병리학 등의 하위 분야가 있습니다. 이중에서 시체를 부검할 때 가장 많이 활용되는 분야가 병리학입니다. 시체는 범죄사실에 관해 신뢰할 만한 객관적인 정보를 많이 알려줍니다. 따라서 살인사건이 일어나면 시신을 확보해서 부패하기 전에 서둘러 부검을 하는 것이 가장 중요한 일이 됩니다.

사망 원인과 함께 시체가 알려주는 가장 중요한 정보는 사망추정시각일 겁니다. 사람이 죽으면 근육을 움직이는 데 필요한 효소가 부족해지면서 골격이 굳고 시체가 뻣뻣해지는 시강(屍剛)이 시작됩니다. 시강은 눈꺼풀, 얼굴, 턱이나 목에서 시작해서 어깨, 팔, 몸통, 다리 쪽으로 진행하고, 사후 2~3시간 뒤에는 턱관절이 굳고, 6~7시간 이후부터는 모든 관절이 굳기 시작합니다. 시신 아래쪽으로 혈액이 몰리면서 피부에 생기는 자줏빛 반점인 시반(屍斑)은 사망 후 30분에 나타나기 시작해서 3~5시간경 듬성듬성 멍이 든 것처럼 보이다가 8~12시간경 그 멍들이 다 합쳐지고 이후 고정됩니다. 따라서 시신의 온도, 시강, 시반을 관찰하면 사망 시간을 추정할 수 있습니다.

tvN「알쓸범잡 2」에서 법의학자 이호 교수가 자신의 경험을 바탕으로 소개한 보험사기 사건의 수사에서도 시반에 관한 법의학이 큰 역할을 했습니다. 2006년 성탄절 밤에 한 청년이 아버지를 조수석에, 어머니를 뒷좌석에 태우고 SUV 차량을 타고 가다가 앞차를 들이받은 후 아버지가 사망했다면서 14개 보험의 보험금 7억여원을 청구했습니다. 의사는 별다른 의심 없이 사망진단서를 발급해주었고 가족은 서둘러 아버지의 시신을 화장했습니다. 그런데 수상하게도 유족이 부고를 주변에 알리지 않았습니다. 경찰이 수사해보니 이 SUV가 들이받은 차량은 어머니 내연남의 차량이었습니다. 내연남은 결국 자신이 교차로에서 급정거하기로 하고 이후 망인 앞으로 든 보험금을 나누어 가지기로 합의했다고 자백했습니다. 그런데 문제는 망인의 시체가 화장된 상태라서 망인이 그 교통사고로 죽은 것인지, 이미 그전에 죽은 것인지 모른다는 것이었습니다. 후자라면 살인죄가 추가됩니다. 결국 검찰은 살인의 증거를 찾지 못해 망인의 부인을 보험사기죄로 기소했고 1심 법원은 징역 5년을 선고했습니다.

그러나 경찰은 계속해서 살인 혐의를 수사했습니다. 충돌 당시 조수석 에어백이 터지지 않았던 것으로 보아서 SUV의 속도가 그리 빠르지 않았다고 본 것입니다. 여기서 이호 교수가 사고 발생 1시간 반 정도 이후에 찍은 시신의 사진을 살펴보고는 등 쪽에 시반이 잘 형성되어 있었다는 것을 발견했습니다. 시반은 사망 1시간 반 만에 형성되지도 않을뿐더러, 시반이 등 쪽에 잘 형성되었다는 것은 망인이 누워서 사망했다는 것을 의미했습니다. 조수석에 앉은 채로 사망했다면 엉덩이에 시반이 형성되어야 하는 것입니다. 결국 부인과 아들은 살인죄로 기소되어 1심에서 무기징역을, 2심에서 각 징역 15년과 22년을 선고받았습니다.

법대생 시절, 치과의사 모녀살인사건

법의학은 한때 저의 직업관에 영향을 미치기도 했습니다. 법대에 들어가게 되자 직업의 선택지가 대략 판사, 검사, 변호사 정도로 좁혀지게 되었습니다. 판사는 일이 수동적이고 세상과 사람을 간접적으로 대하는 것 같아서, 검사나 변호사를 마음에 두고 있었습니다. 그러다 검사 쪽에 마음이 더 쏠리게 된 계기

중의 하나가 당시 세상을 떠들썩하게 했던 '치과의사 모녀살인사건'의 항소심을 변호한 변호사가 제가 다녔던 법대에 와서 한 특강이었습니다.

1995년 6월 12일 서울 은평구의 아파트에서 화재가 발생했습니다. 진압하고 보니 아파트 욕실의 욕조 안에서 그곳에 살고 있던 치과의사인 여성(당시 31세)과 한살 난 딸이 목이 졸린 채 숨겨 있었습니다. 그런데 그 집은 현관문이 밖에서 잠겨 있었고 외부로부터 침입한 흔적은 없었습니다. 결국 검찰은 의사이던 남편 이씨(당시 39세)가 인테리어 업자와 내연관계였던 아내의 불륜을 알게 되어 살해한 것으로 보고 그를 살인죄와 현주건조물방화죄로 기소했습니다.

검찰의 기소 근거는 우선 피해자들의 사망 추정 시간이었습니다. 부검 결과 피해자 시체에 형성된 시반과 시강으로 미루어볼 때 사망 후 적어도 6시간이 지난 것으로 보이고, 그렇다면 부검 시점이 11시 반이므로 사망 추정 시간은 오전 5시 반 이전이 된다는 결과가 나왔습니다. 그런데 남편은 7시경에 출근하기 위해 집을 나선 사실이 확인되었으므로 피해자들 사망 당시 남편은 집에 있었다는 결론에 이르게 됩니다. 남편에 대한 거짓말탐지기에서도 거짓말 반응이 나왔습니다. 남편의 트레이닝복에는 여자가 남자를 죽여서 욕조에 시신을 담그는 장면이 나오는 「위험한 독신녀」라는 영화 제목이 적힌 쪽지가 있었는데, 남편은 그 영화를 본 적이 없었다고 경찰에 진술했지만, 조사 결과 이전 해에 두차례나 그 비디오를 대여해간 기록이 나왔습니다. 1996년 2월에 나온 1심 판결에서는 유죄를 인정하고 사형을 선고했습니다. (이 당시는 사형집행을 하던 시절이었으므로 사형선고의 무게가 지금과는 달랐습니다.)

그런데 2심에서 무죄로 뒤집혔습니다. 결정적인 이유는 사망 추정 시간이 불확실하다는 점이었습니다. 당시 시체가 있던 욕조에는 물이 담겨 있었는데 만약 그 물의 온도가 높다면 시강 형성이 빨리 이루어지게 됩니다. 가령 물의 온도가 29도에서 37도 사이였다면 시체가 강직하는 데 걸리는 시간은 3~4시간으로 단축되는데(변호인은 스위스의 법의학자까지 법정에 데려와서 이 점을 증언하게 합니다), 이 경우 사망 추정 시간은 피고인이 병원으로 출근한 7시 이후가 될 수도 있습니다. 그러나 경찰은 시체를 발견할 당시 욕조 물의 온도를 측정하지 않았고 그 때문에 사망 시점은 피고인이 집에 있던 시점이라고 단정할 수가 없게 된 것입니다.

무죄의 또다른 이유는 화재신고 시간입니다. 화재신고는 오전 8시 45분경에 이루어졌습니다. 만약 7시에 집을 나선 피고인이 피해자들을 살해하고 화재까지 일으켰다면 화재신고가 1시간 45분이나 지난 뒤에야 이루어질 리 없다는 것입니다. 검사는 피고인이 불씨만 떨어뜨리고 나간 뒤에 집 전체에 불이 옮겨붙을 때까지 한참의 시간이 걸릴 수 있다고 주장했지만, 변호사는 1,800만원짜리 아파트 모형을 제작해서 운동장에서 화재 실험을 함으로써 집 안에 불이 나면 5분 만에 외부에서 인지할 수 있다는 것을 증명해 보였습니다.

법과대학생들 눈에 이 변호사의 변론 방식은 참신하고 과학적으로 보였고 그래서 그러한 변호사가 되고 싶다는 학생들도 있었습니다. 그러나 저는 오히려 검사가 되면, 어릴 때 좋아하던 셜록 홈스처럼 과학적·논리적으로 수사를 할 수도 있겠다는 생각이 들었습니다. (그 이후 이런저런 일들을 경험하게 되면서 결국에는 판사가 되었지만요.)

군검사 시절, JSA 김훈 중위 사망사건

사법연수원을 수료하고 나서 강원도 춘천에 있는 제7보병사단에서 군검사로 일했습니다. 그때 다룬 사건은 군인들 사이의 폭행이나 괴롭힘, PX나 다른 군인의 물건을 훔치는 일과 같은 사건이 다수를 이루는 가운데, 흔히 탈영이라고 하는 군무이탈죄 사건들이 중요한 비중을 차지했습니다. 그러나 가장 많은 시간과 노력이 투입되는 것은 사망사건 처리였습니다. 한밤중에 걸려오는 전화를 받아보면 어김없이 수화기 너머로 들려오는 헌병 계장의 허스키한 목소리가 누군가가 사망했다는 사실을 알려주었습니다. 그러면 저는 중고 소형차를 타고 내비게이션도 없이 담배 불빛 하나 없는 칠흑의 산길을 한참 동안 운전해서 현장으로 갔습니다. 바리케이드가 설치된 현장에 도착하면 헌병으로부터 간략한 상황 설명을 들은 뒤 어딘가에 목이 매달려 있거나 바닥에 쓰러져 있는 시체를 직접 살펴보고, 이어서 진행되는 검시나 부검에도 참관했습니다. 부검의가 메스로 시신의 살가죽을 갈라 피부를 양쪽으로 펼친 후 장기를 하나씩 떼어내어 살펴보는 장면들이 아직도 기억에 선연합니다.

제가 처리한 10여건의 사망사건 중에서는 자살이 다수를 차지했습니다. 자살은 범죄가 아니므로 민간에서는 검경의 사건 처리에 큰 비중을 차지하지 않지만, 군에서는 자살사건 처리가 살인사건 처리보다 어렵습니다. 군은 폐쇄적인 조직이므로 타살인데도 자살로 은폐했다는 의심을 가지는 경우가 많아서 자살인지 여부를 철저히 조사해 객관적인 자료를 남겨두어야 합니다. 누군가가 살인을 했다는 사실의 존재를 입증하는 것보다 누군가가 살인을 하지 않았다는 사실의 부존재를 입증하는 것이 더 어려운 법입니다. 특히 그 시기에 자살사건 처리가 더욱 중시되었던 것은 5년 전 발생한 김훈 중위 사건 때문이었습니다. '군의문사'라는 단어가 널리 알려진 것도 이 사건이 계기가 된 것입니다. 이 사건은 군수사에 있어서 과학수사의 전기를 가져온 사건이기도 합니다.

1998년 2월 24일 오후 12시 20분경 판문점 공동경비구역(JSA) 3번 벙커에서 경비소대장이던 김훈(당시 25세) 중위가 사망한 채 발견되었습니다. 김 중위는 앉은 채로 벽에 기대어 있었는데 오른쪽 관자놀이에 총상이 있었고, 그의 오른발에서 반미터 정도 떨어진 곳에 베레타 권총이 떨어져 있었습니다. 국방부는 김 중위가 권총으로 자신의 머리를 쏘아서 자살했다고 발표했습니다.

그런데 자살이라고 보기에는 의심스러운 점들이 적지 않았습니다. 유서가 없었습니다. 권총이 김 중위의 것이 아니었고 총에는 그의 지문이 없었습니다. 총을 쏘면 뇌관의 화약성분이 쏜 사람의 손에 묻게 되는데 김 중위의 오른손에는 화약흔이 없었습니다. 김 중위의 손목시계에 흠집이 나 있고 클레이모어 스위치 박스가 파손되어 있는 등 몸싸움이 있었다고 볼 수 있는 흔적들도 있었습니다. 육군사관학교를 우수한 성적으로 졸업하고 아버지가 3성 장군인 김 중위가 자살할 동기를 찾기도 어려웠습니다. 사건 당일에도 김 중위가 식당에 와서 소대 사병들의 라면을 얻어먹고는 정찰을 나간 것 외에 특별한 사정이 없었습니다.

이렇게 미심쩍은 정황이 많이 남은 이유는 현장보존과 초동수사가 부실했기 때문입니다. 해당 부대는 사건 직후 김 중위의 관자놀이를 포함해서 시신에 묻은 혈흔을 깨끗이 지워버렸고, 사망 현장의 벽과 바닥을 세척하고 페인트로 도색까지 했습니다. 초동수사를 담당한 헌병은 현장 유류품의 위치를 실측하지 않았고 김 중위의 업무수첩이나 무전기도 확보하지 않았습니다. 대법원도 2007년 6월 "군의 초동수사는 클레이모어 스위치 박스와 손목시계 유리 파손의 원인 조사, 사건 현장 도색, 시신의 부적절한 보존, 증거품 미확보 등 조사와 수사의 기본 원칙조차 지키지 않은 것으로 명백한 하자가 있어서 위법"하고 그러한 하자 때문에 사망 원인이 자살인지 타살인지 명쾌하게 밝힐 수 없게 되었다고 하면서 유가족에 대한 국가의 손해 배상 책임을 인정했습니다. (다만 이 사건에 대한 의혹이 커지자 국방부가 8명의 법의학자들을 모아서 합동토론회를 개최했는데, 이중 1명을 빼고는 모두 자살이라는 의견을 냈습니다.)

김훈 중위 사망사건 10개월 뒤에 DMZ에서 우리 군의 중사가 30회 이상 북쪽 초소로 넘어가서 북한군과 술도 함께 마시고 선물도 주고받는 등 서로 교류해온 사실이 드러나 사회적 충격을 주었습니다. 이에 2000년에 이병헌, 송강호, 이영애 주연으로 남북의 군인들이 교류하다 서로 총격을 가하게 된다는 내용의 영화 「공동경비구역 JSA」(2000)가 나와서 큰 인기를 얻었습니다. 그러자 이제는 김 중위가 이러한 남북 군인들이 서로 교류하는 것을 알게 되어서 입을 막으려고 누군가가 그를 죽였다는 주장이 고개를 들게 됩니다.

김 중위 사건을 계기로 '군의문사'가 사회적으로 크게 조명을 받았고 군의 사망사건 처리 방식에 대한 불신이 커졌으며, 이에 군의문사 전문기관들도 등장했습니다. 반면, 군에서는 '군의문사'라는 의심을 면하기 위해 여러가지 애를 쓰게 되는데, 그때부터 강조된 것이 현장보존, 사망자 부검 및 과학수사였습니다. 역으로 말하자면, 그 이전에는 현장보존이 안 되거나 부검을 하지 않는 경우도 많았습니다.

저도 군검사일 때 군의문사가 될 뻔한 사건을 처리한 적이 있습니다. 그날도 한밤에 헌병 계장의 전화를 받고 차를 몰고 현장으로 갔습니다. 허름한 창고 안에 군복을 입은 육군 병장의 시체가 바닥에 누워 있었는데 키가 아주 컸습니다. 부대 장교의 설명에 따르면 대들보에 목을 매고 숨져 있는 것을 병사들이 발견하고 다른 병사를 불러 함께 내렸다고 했습니다. 그런데 랜턴을 들고 사망자의 목덜미를 자세히 관찰해보니 목에 두 줄의 흔적이 나 있었습니다. 목에 줄이 두개 있다는 것은 법의학적으로는 누군가가 교살을 한 뒤에 다시 시체 목을 매달았을 가능성이 있다는 뜻입니다. 제가 그런 이야기를 하자 해당 부대 장교가 그 경위를 설명해주었습니다. 사실은 병사들이 처음 시체가 매달려 있는 것을 보고는 혹시 살아 있을지도 모른다고 생각해서 빨리 내렸는데, 윗선에 보고했더니 김 중위 사건 이후 현장을 보전하지 않으면 큰일이 난다는 지적을 받았고, 그 말을 들은 병사들이 큰 잘못을 한 것 같아서 다시 목을 매달아놓으려고 하다가 시체가 너무 무거워서 다시 내려놓았다는 것입니다.

이밖에도 외부 사람들이 보기에는 자살이라고 보기에 의심스러운 부분들이 있었습니다. 유서가 없었습니다. 죽은 병장은 전역을 불과 3일 남겨두고 있었고, 바로 얼마 전에도 가족과 여자친구에게 나가서 보자고 전화를 했습니다. 구조적으로 특별했던 점은 시신이 발견될 당시 창고 바깥에서 자물쇠로 문이 잠겨 있었다는 점입니다. 다만, 이 건물은 창고 두 동이 흙벽을 사이에 두고 붙어 있었고, 그 흙벽과 지붕 사이에는 50센티미터 정도 되는 틈이 있었으므로, 열려 있던 창고로 들어가서 그 틈으로 흙벽을 넘어가서 목을 매는 것이 아예 불가능한 일은 아니었지만, 굳이 그렇게 불편하게 고생을 해서 자살을 할 필요가 있었을까 하는 의문이 들었습니다.

　저는 수사의 객관성을 높이기 위해 국방부 소속 '국방'과학연구소가 아니라 '국립'과학수사연구소에 직접 시신을 옮겨가서 부검을 했습니다. 부검하러 국과수로 가는 날 시신을 실은 군앰뷸런스를 무장한 헌병특공대 차량들이 앞뒤로 경호했습니다. 일전에 시신을 유가족이 탈취한 사건도 있었기 때문이었습니다. 그만큼 당시 군의문사에 대한 불신이 컸습니다. 군의문사 사건을 처리해주고 불법적으로* 돈을 받는 단체들도 나타났습니다. 제가 그날 부검을 할 때도 어느 인권과 종교를 표방하는 단체의 모 신부가 국과수 마당까지 찾아와서 '10대 요구사항'이 적힌 종이를 내밀면서 자신을 부검에 참여시킬 것과 자신에게 수사 경과를 일일이 보고할 것을 고압적으로 요구했습니다. 법이 정한 절차에 반하고 근거도 없다는 이유로 거절

---

* 변호사가 아닌 사람이 사건 처리를 해주고 보수를 받으면 변호사법(제34조) 위반이 됩니다.

하자, 군장성들과 방송국에 전화를 걸어서 제가 유가족을 무시하고 진실을 은폐하고 있다고 음해를 했습니다.

제가 유가족과 우리 부대 사단장에게 오히려 그 단체의 행동이 변호사법 위반임을 이해시키자 유족은 그것이 불법인지 몰랐다며 스스로 모 신부에 대한 위임을 철회하고 변호사를 선임했습니다. 저는 부검을 다음 날로 미루면서까지 유족 측 변호사를 부검에 참여시켰습니다. 국과수의 부검 결과는 사망 원인은 자살이 명백하다는 것이었습니다.

이제는 그의 자살 동기를 설명하는 것이 관건이었습니다. 그가 남긴 유일한 단서는 일기장이었습니다. 그는 국문학과 출신인 만큼 글을 문학적으로 썼습니다. 마지막 일기에는 "저 벽 속에 있는 그림으로 들어가고 싶다"라고 적혀 있었습니다. 두 달쯤 전에는 "가을마다 찾아오는 손님 때문인가보다"라는 글귀가 적혀 있었는데, 제가 문득 신문을 찾아봐야겠다는 생각이 들어서 그 날짜의 신문들을 죄다 찾아보았더니 어느 신문에 "가을마다 찾아오는 손님, 우울증"이라는 제목의 기사가 있었습니다. 저는 그의 일기장을 들고 서울대 의대 정신과 교수와 심리학 교수를 찾아가서 감정을 맡기고 조서도 받았습니다. 두 분 모두 사망한 군인이 심각한 우울증이라는 의견을 내었는데, 그 근거는 서로 사뭇 달랐습니다. 심리학 교수는 글의 의미와 상징을 근거로 든 반면, 정신과 교수는 일기를 쓰기 시작한 초기에는 아주 촘촘하던 글의 밀도와 풍부했던 글의 양이 시간이 갈수록 성글어지고 문장도 드물어졌다는 점을 근거로 들었습니다.

국과수의 부검 결과와 정신과 교수 및 심리학 교수의 감정까지 나오자 유가족도 마침내 어느 정도 수사 결과를 받아들이고 미루어졌던 장례를 치렀습니다. 저는 이 사건을 외부의 입김에 휘둘리지 않고 전문성을 발휘해서 원칙대로 처리했다고 하여 육군참모총장 지시로 특별상을 받았지만, 그보다 더 보람 있었던 것은 과학적인 방법을 동원해서 유가족의 의심을 덜고 신뢰를 받았다는 점이었습니다.

뼈, 곤충, 기계, 물건이 증언한다

"뼈들이 말한다"고 말하는 인류학자들은 사람의 유골을 분석해서 인종, 성별, 나이, 키를 추정합니다. 항공기 추락사고의 시신을 수습할 때 법인류학자들이 이런 지식으로 중요한 역할을 합니다. 제가 구유고슬라비아 전범을 재판하는 유엔국제형사재판소(ICTY)에서 일할 때도 법인류학자들이 작성한 보고서가 중요하게 여겨졌습니다.

치과학은 치아나 깨문 자국을 통해서 신원을 확인할 때 활용됩니다. 두 사람이 우연히 치아 모양이 같을 확률은 7경분의 1이라서 웃는 입술 사이에 드러난 치아의 사진만으로도 신원의 동일성을 확인할 수 있습니다. 치아에는 모계 DNA가 내포되어 있어서 이를 통해 가족관계도 어느 정도 밝혀냅니다. 괌 KAL기 참사나 삼풍백화점 참사 때도 신원확인에 결정적인 도움을 주었던 것이 바로 치아였습니다.

미국 드라마 「CSI: 과학수사대」(2000~2015) 라스베이거스편의 주인공 그리섬 반장은 곤충학자입니다. 사람이 죽으면 썩은 냄새가 금파리를 유인하고 금파리는 시체에 내려앉아 알을 까는데 그 알이 구더기로 성장합니다. 따라서 시체에 붙은 구더기의 크기를 분석하면 사망 일자를 추정할 수 있습니다. 마약을 복용한 시신에 서식하는 구더기는 성장 속도가 빠르고, 농약을 먹은 시신에 있는 구더기는 성장 속도가 더딥니다. 그밖에도 진드기, 나방, 거미, 딱정벌레, 집게벌레, 말벌 등 우리나라의 범죄 현장에서 발견된 곤충의 수는 200여종인데, 그 종류를 보면 사망 당시의 계절이나 주변 환경을 파악할 수 있습니다. 사람의 머리카락을 분석할 때처럼 곤충에서 중금속과 같은 성분을 검출할 수도 있습니다.

거짓말탐지기의 재발견

사람이 거짓을 말하는지 참을 말하는지 알아내려는 시도는 인류 역사 내내 이루어져왔습니다. 고대 게르만족들은 범죄 혐의자에게 벌겋게 달군 다리미를 혀에 대어서 화상을 입지 않으면 진실, 화상을 입으면 거짓으로 판정했습니다. 거짓말을 하면 긴장하게 되어 침이 마른다는 믿음을 원리로 삼고 있습니다. 같은 원리로 중국에서는 범죄 피의자의 입안에 마른 쌀 한 줌을 넣은 다음 한참 있다가 뱉어내게 한 후 그 쌀을 검사하는 방법을 썼습니다. 쌀이 젖어 있으면 결백한 것으로, 쌀이 말라 있으면 범인으로 보는 것입니다.

기술이 발전한 현대의 수사기관에서는 다리미나 쌀 대신 거짓말탐지기(실무에서는 '심리생리검사'라고 합니다)를 사용합니다. 많은 검사들은 아직 거짓말탐지기가 아주 유용하다고 생각하는 것 같지는 않습니다. 기계의 오류 가능성에 대한 의구심이 여전히 존재하는 데다가, 사람이 적절한 질문을 던지는 것이 거짓말탐지기 성공의 관건인데 실무상 수행자마다 질문 수준에 차이가 크다는 것입니다. 괜히 어정쩡한 질문을 던졌다가 '판단 불가'가 나오면 오히려 다른 증거의 신뢰도까지 훼손될 수 있다고 합니다.

그러나 미래에 거짓말탐지기의 정확성이 고도로 높아지면 이를 수사에 활용할 가능성도 높아질 것입니다. 인간관계가 약해지고 비대면 접촉이 많아지면서, 점점 용의자의 주변 사람들에게서 유의미한 증언을 기대하기도 어렵고 대질조사를 통해서 진술의 신뢰성을 확인하기도 어려워지고 있습니다.

우리나라 대법원의 판례*는 기술적 오류 가능성을 근거로 사실상 거짓말탐지기의 증거능력조차 인정하지 않고 있습니다. 증거능력은 증거가 될 수 있는 자격을 말하는 것인데 증거능력이 없으면 판사가 아예 볼 수조차 없습니다. 그러나 저는 앞으로 거짓말탐지기 기술이 더 발전하면 적어도 거짓말탐지기의 증거능력은 인정하고 판사가 사안별로 당사자의 의견을 듣고 다른 증거와 모순이 있는지를 따져서 거짓말탐지기 결과의 증명력을 적절히 판단하면 되지 않을까 싶습니다. 증언이나 진단서 같은 서류들도 거짓말이나 허위의 가능성이 있음에도 일단 증거능력은 인정하고 있습니다.

지문은 아직 살아 있다

지문은 아직도 중요하고 관련 기술은 점점 더 발전하고 있습니다. 손가락 끝의 융선은 태아 때 땀샘과 함께 만들어지는데, 태아가 양수 속에서 엄마의 움직임에 따라 흔들리면서 비정형적인 모양으로 만들어져서 '만인부동'(모든 사람은 서로 같지 않음)

---

* 대법원 1983. 9. 13. 선고 83도712 판결. 이 판례는 거짓말탐지기 검사 결과의 증거능력을 인정할 수 있으려면 첫째, 거짓말을 하면 반드시 일정한 심리상태의 변동이 일어나고, 둘째, 그 심리상태의 변동은 반드시 일정한 생리적 반응을 일으키며, 셋째로 그 생리적 반응에 의하여 피검사자의 말이 거짓인지 여부가 정확히 판정될 수 있다는 전제 요건이 충족되어야 한다고 판시했는데, 여기서 '반드시'와 '정확히'는 그 어떤 거짓말탐지기도 100퍼센트 보장할 수 없기 때문에 사실상 증거능력을 인정하지 않는다고 받아들여집니다.

과 '종생불변'(평생 변하지 않음)의 특징을 가지게 됩니다. 지문의 활용도가 높은 또다른 이유는 범죄는 주로 손으로 저지른다는 점입니다.

지문은 범인뿐만 아니라 피해자를 특정하는 데에도 유용합니다. 2015년 4월 5일 밤 12시경 시흥시 시화호에서 가족과 낚시를 하러 온 한 청년이 머리, 양팔, 다리가 절단된 채 몸통만 남아 있는 여성의 시신을 발견하고 경찰에 신고합니다. 그러자 경찰이 대대적으로 인근 지역을 수색해서 나머지 머리와 팔, 다리를 찾아냈고 그 손의 지문을 채취해서 신원을 금방 확인했습니다. 피해자는 조선족 여성 한모씨였는데 입국 당시에 법무부에 지문을 등록한 것이었습니다. DNA는 구속되거나 형사처벌 받은 사람의 것만이 등록되어 있지만 지문은 전국민의 것이 등록되어 있기 때문에 지문 감식이 DNA 분석과 차별화되는 장점이 여전히 있습니다.

경찰은 그 남편 김하일이 부인의 실종 신고를 하지 않은 것을 수상쩍게 여기고 미행했습니다. 그 결과 김하일이 자전거를 타고 몇차례에 걸쳐 가방으로 조카가 사는 빌라의 옥상으로 뭔가를 옮기는 장면을 포착할 수 있었는데, 경찰이 기습적으로 다가가 그 가방을 열어보니 아직 발견되지 않은 시신의 팔과 다리가 있어서 그를 긴급체포했습니다. 김하일은 그해 4월 1일 부부싸움을 하다 화가 나는 바람에 부인을 죽인 뒤 사체를 토막 내어서 버렸다고 자백했습니다.

지문 감식법이 진화함에 따라 과거 지문으로 확인하지 못한 범인을 뒤늦게 잡기도 합니다. 대표적인 사건이 서울 구로 호프집 여주인 살인사건입니다. 2002년에 호프집을 운영하던 여주인이 숨진 채 발견되었는데, 당시 호프집 안팎에는 CCTV가 없었고 범인이 행주로 테이블과 접시를 닦아 지문을 지운 상태였습니다. 다만, 깨진 맥주병 조각에서 엄지손가락 지문의 3분의 1 정도의 쪽지문이 발견되었는데, 당시 기술로는 이 정도 지문으로 신원을 확인할 수 없었습니다.

그런데 2015년 태완이 사건 이후 살인죄의 공소시효가 폐지되면서 2016년에 이 사건의 수사가 재개되었습니다. 마침 그 무렵 등록된 지문을 컴퓨터가 자동으로 대조 검색하는 지문자동검색시스템(AFIS)이 구축되어서 그 쪽지문을 이 시스템에 입력했더니 지문 주인이 1,500명 범위로 좁혀졌습니다. 한편 사건 현장에 발자국이 있었는데, 2002년부터 구축한 신발 밑창과 발자국에 대한 데이터베이스를 활용해서 분석해보니 그 발자국은 키높이 구두일 가능성이 높다는 결론이 나왔습니다. 경찰은 쪽지문이 일치하는 1,500명 중에서 키 작은 사람을 중심으로 일일이 신원을 확인했고 그 결과 범인 장모씨를 잡아 무기징역형을 받아냈습니다. 이 역시 기술과 장비와 제도가 결합해서 범인을 잡은 사례입니다.

디지털 포렌식

우리 사회에서 살인, 폭력, 절도, 강도 등 전통적인 범죄가 줄어들고 있는데 그 배경에는 손쉽게 촬영 가능한 휴대폰의 보급이나 CCTV의 급증 같은 기술적 변화가 있습니다. 전국에 깔린 CCTV는 1,600만대로 추산되고 있고, 30~40대 직장인들은 하루 평균 98회 이상 CCTV에 노출된다고 합니다.[10] 그 대신 온라인 비대면 접촉을 통한 범죄가 늘어나고 있는데 대표적인 것이 사기입니다. 우리나라에서 가장 많은 범죄가 2014년까지는 절도였으나, 2015년부터는 사기가 절도를 넘어섰습니다.

저는 이 글을 쓰고 있는 오늘도 "신용카드 발급 완료. 귀하의 발급 요청이 아닌 경우 즉시 문의 주시기 바랍니다"라고 적힌 문자메시지 스미싱을 받았습니다. 적힌 전화번호를 누르면 일정 금액이 계좌에서 빠져나간다고 합니다. 2007년에는 "저 민정인데요. 저한테 전화번호 준 오빠 맞죠? 사진 보고 맞으면 문자 주세요"라는 문자를 받고 40만명이 확인 버튼을 눌러 모두 정보이용료 2,990원이 결제되었다고 합니다. 3천원 미만은 본인 확인 없이 자동결제되는 점을 노린 범죄였습니다.

절도죄와 사기죄는 범죄 구성 요건상에 중요한 차이점이 있습니다. 절도가 성립하려면 '절취'를 해야 하는데, '절취'는 다른 사람이 점유하고 있던 재물을 그 사람의 의사에 반하여 절도범의 점유로 물리적으로 옮기는 것을 말합니다. 절도범이 점

[Web 발신][OO택배]8월 22일 택배, 미배달 도로명불일치 변경요망. http://napoa.rzhda.com

☞(^o^)~★ 추석 잘보내시고 2023년 남은 시간 모두 모두 행복한 시간 되시길 바랍니다 http://woz.kr/mhgd

[Web 발신]도로교통위반벌금고지서 https://me2.do/GZjvSndn

[OO부 지원금 신청 안내] 귀하는 국민지원금 신청대상자에 해당되므로 온라인 센터(http://kr.center.com)에서 지원하시기 바랍니다.

[모바일 초대] 결혼식 일시 : 08/19(토) 11:00 많이많이와주세요 〈skm.mediaquki.com/〉

2015년부터는 우리나라에서 가장 많이 발생하는 범죄의 자리를 절도 대신 사기가 차지하게 되었습니다. 특히 휴대폰 보급이 늘어나면서 보이스피싱이나 스미싱(문자 사기)이 급증하고 있습니다. 최근 3년간 스미싱 피해 현황을 분석해보면 택배 배송 사칭 유형이 전체의 65퍼센트로 가장 많고, 건강검진, 교통범칙금 등 공공기관 사칭이나 청첩장·부고장 등 지인을 사칭하는 유형도 늘고 있습니다.

유를 옮기는 행위는 촬영되기 쉽습니다. 게다가 요즘은 집에 현금이나 귀금속을 보관하는 경우가 적습니다. 도둑이 위험을 무릅쓰고 남의 집에 침투해봤자 가지고 나올 만한 금품은 적은 반면 걸릴 확률은 높아진 것입니다.

반면, 사기죄는 범죄자의 거짓말로 착오에 빠진 피해자가 스스로 재물이나 재산상 이익을 내어줌(법적으로는 '처분행위'라고 합니다)으로써 성립하는 범죄입니다. 그런데 피해자 스스로 돈을 내어놓을 정도로 감쪽같이 속이려면 아무리 뛰어난 사기꾼이라도 한두마디 말만으로는 안 되고 긴 이야기를 해야 합니다. 가짜 검사의 신분증이나 의사의 가운 같이 속이는 데 도움이 되는 소품도 필요하고, 때로 상황극도 연출해야 합니다. 그래서 과거에는 사기꾼이 피해자를 직접 만나야 사기를 칠 수 있었습니다. 그런데 지금은 전화나 인터넷으로 거짓말을 할 수 있고 돈도 비대면으로 받을 수 있으니 굳이 범죄자가 피해자와 직접 대면할 필요성이 없어진 것입니다. 비대면으로 사기를 치면 범죄자가 신원을 드러내지 않게 되고 도망가기도 쉽습니다.

'피싱'은 영어로 'phishing'이라고 씁니다. 개인정보(private data)를 낚는다(fishing)는 뜻입니다. 보이스피싱 사건 중에서 가장 유명한 사건이 '김민수 검사' 사건입니다. 전북 순창에 살던 28세 취업준비생 김모씨는 어느 날 자칭 '김민수 검사'로부터 전화를 받았습니다. 그의 목소리는 진짜 검사처럼 카리스마가 있었고, 검사 공무원증 사진도 보내주었으며, 피해자의 계좌번호까지 알고 있었기 때문에 피해자로서는 속을 수밖에 없었습니다. 김민수 검사는 피해자에게 범죄 혐의를 벗기 위해서는 증거를 보여주고 의혹을 해명해야 한다면서 장장 11시간 동안 통화했습니다. 피해자의 휴대폰 배터리가 닳자 김 검사는 전화를 끊지 않은 상태에서 배터리를 충전하라고 요구하면서 전화가 끊기면 바로 체포영장이 발부되어 징역을 살게 된다고 겁을 주었습니다(전화가 끊어진다고 바로 체포영장이 나오는 법은 없습니다). 피해자는 그날 바로 400만원을 인출하여 전북 순창에서 버스를 타고 서울까지 올라가 김민수 검사가 지목한 장소에 있는 택배함에 돈을 넣고 지정된 장소에서 기다렸습니다. 그러나 아무리 기다려도 김 검사는 오지 않았고 그뒤로 전화 연결이 되지도 않았으며 택배함에 다시 가보니 돈은 이미 사라지고 없는 상태였습니다. 그로부터 이틀 뒤 피해자는 스스로 목숨을 끊었습니다. 그런데 저는 그가 극단적 선택을 한 이유가 더 충격적이었습니다. 피해자가 유서에 자기는 결백하다고 적어놓은 것입니다. 그러니까 그가 스스로 목숨을 끊은 이유는 자신이 사기당한 것을 깨달았기 때문이 아니라 여전히 혐의를 벗지 못하고 있다고 생각해서 두려워졌기 때문입니다. 참담한 마음에 피해자의 아버지가 청와대 게시판에 이 사연을 올렸는데 이에 수많은 사람들이 호응했습니다. 이를 계기로 본격적인 경찰 수사가 시작되었습니다. 수사 결과 범인들은 전북 지역 폭력조직으로 중국에서 사무실을 차리고 보이스피싱을 하고 있었습니다. 수사 결과 기소된 범인이 98명, 구속된 범인이 29명이나 되었습니다.

다크웹은 어떻게 찾는가

수사기관이 인터넷 정보를 수사하는 능력이 커지자, 범죄자들은 최근 다크웹에서 범죄를 도모하는 경우가 많아지고 있습니다. 웹은 '서피스웹'(Surface Web) '딥웹'(Deep Web) '다크웹'(Dark Web)으로 나뉘는데, 서피스웹은 검색엔진으로 그 내용이 쉽게 검색되는 웹이고, 딥웹은 특별히 접근 권한을 받은 사람만 볼 수 있는 웹을 말합니다. 반면 다크웹은 일반적인 인터넷망으로는 접근할 수 없고 '토르'(Tor) 같은 특수한 웹브라우저를 사용해야만 접근할 수 있는 웹을 말합니다. 현재 수많은 마약 거래나 돈세탁이 다크웹을 통해서 이루어지고 있습니다.

다크웹을 활용해서 범죄를 저지르면 수사기관이 과연 범인을 잡을 수 있을까요? 다크웹에서 자신의 신원은 물론 국적과 IP도 드러내지 않고 마약을 거래하고, 가상자산으로 대가를 지불받고, 세르비아 같은 낯선 나라에서 익명의 사람을 동원해서 현금화하는데, 수사기관이 잡을 수 있을까요? 답은 잡을 수 있다는 것입니다. 다만 이런 범죄자를 잡기 위해서는 많은 데이터 분석과 국제적인 공조 수사가 필요합니다.

유로폴(Europol) 홈페이지에서 가장 최근 수사 사례를 찾아보았습니다. 2023년 5월에 유로폴이 발표한 수사 사례[11]에 따르면, 유로폴과 미국, 영국, 프랑스, 독일, 네덜란드 등 9개국은 공조 수사를 통해서 '모노폴리마켓'(Monopoly Market)이라는 마약 거래 다크웹을 압수하고 이를 통해서 마약을 거래한 288명의 용의자를 체포하고, 필로폰과 코카인 등 850킬로그램의 마약, 5,340만 달러의 현금 및 가상자산, 그리고 117정의 총을 압수했습니다. 흥미로운 것은 체포된 용의자가 세계 각국에 흩어져 있었다는 것입니다.* 아마 이들도 서로를 직접 만난 적은 없을 것입니다. 이 사이트를 개설한 용의자는 크로아티아인과 세르비아인인데, 2022년 11월에 오스트리아 빈에서 위치가 발각된 뒤 체포되어 미국으로 송환되었습니다. 이들은 범죄의 대가를 가상화폐로 받아서 블록체인을 기반으로 한 화폐거래소들을 거쳐 돈세탁을 한 후 세르비아에서 현금화한 것으로 알려졌습니다.

우리나라 사람인 손정우가 만든 것으로 밝혀져서 큰 논란이 일었던 '웰컴투비디오'(Welcome to Video)라는 당시 세계 최대의 아동성착취물 공유사이트도 다크웹에 개설되었던 것입니다. 이것은 단순한 포르노 사이트가 아닙니다. 여기서 말하는 아동

---

* 미국 153명, 영국 55명, 독일 52명, 네덜란드 10명, 오스트리아 9명, 프랑스 5명, 스위스 2명, 폴란드 1명, 브라질 1명.

성착취물이라는 것은 가령 5살짜리 여자아이를 강간하거나 심지어 신체를 훼손하는 영상 같은 것을 말합니다. 이 사이트에는 아예 "15세 이상의 아동음란물은 올리지 말 것"이라는 배너가 떠 있고, 영상의 분류로 '사춘기 이전 아동 하드코어물' '4세' '2세' '2세 미만'이 있다고 합니다. 생후 6개월 된 아기에게 몹쓸 짓을 하는 영상도 있었다고 합니다. 이런 영상이 고가에 팔리기 때문에 아이들에 대한 유괴, 납치, 인신매매가 벌어진다고 합니다. 그 영상 중에는 실종된 아이에 대한 것도 있다고 합니다.

이 사이트가 문제가 된 계기는 2013년 영국에서 발생한 매슈 팔더(Matthew A. Falder) 사건입니다. 매슈 팔더는 케임브리지 대학 출신의 엘리트 물리학 연구원인데, 미성년자를 약취 유인해서 아동 포르노를 찍는 일을 하다가 발각됩니다. 이 범죄자가 자신이 만든 영상을 판 포르노 사이트는 바로 다크웹에 있던 '웰컴투비디오'라는 사이트였습니다. 비밀 유료회원이 세계 각국에서 3,400명이 넘었습니다. 영국, 미국, 독일을 비롯한 32개국의 수사기관들이 공조 수사를 해서 300여명이 적발되었는데, 그중에 240여명이 한국인이었습니다. 더 놀라운 것은 이 사이트를 만든 사람의 서버 IP 주소가 한국이었습니다. 결국 2018년경 미국 워싱턴 D.C. 법원이 대한민국 충남에 거주하고 있던 20대 손정우를 상대로 구속영장을 발부했고, 2개월 뒤 경찰이 손정우를 구속했습니다.

현재 이러한 다크웹 운영자를 잡기 위해서는 국제적인 공조수사와 방대한 데이터 분석이 필요하므로 품이 많이 듭니다. 그러나 인공지능기술이 발전하면서 이런 범죄를 쉽게 포착할 수 있는 다양한 기법과 장치가 나오고 있어서 수사 속도가 빨라지고 있다고 합니다.

과학기술이 범죄 수사를 수월하게 하는가

인류의 역사가 시작된 것은 200만년 전이지만, 농업혁명이 시작된 것은 1만 2천년 전이고, 과학혁명이 시작된 것은 불과 500년 전입니다.[12] 그렇지만 현대인의 삶의 필수품을 만들어준 과학기술의 탄생은 그 500년 중에서도 지극히 최근에 이루어졌습니다. 가령 1840년대 이전에는 수술할 때 마취제 없이 양팔과 다리를 붙잡고 실시했습니다. 증기기관차가 첫선을 보인 1825년 이전에는 세상에 기차가 없었습니다. 독일의 카를 벤츠가 최초의 삼륜 자동차를 선보인 1885년 이전에는 세상에 자동차가 없었습니다. 라이트형제가 비행에 성공한 1903년 이전에는 비행기도 없었습니다. 1969년 아폴로11호가 달에 착륙하기 전에는 인간이 대기권 밖으로 나갈 수 있다는 생각 자체를 하지 못했습니다. 1990년대 중반 이전에는 일반 사람들이 인터넷을 쓰지 않았습니다. 2003년 이전에는 페이스북이 없었고,

2007년 이전에는 아이폰이 없었습니다.

발전된 과학기술이 반드시 좋은 쪽으로만 사용되는 것은 아닙니다. 양자역학과 상대성원리와 같은 20세기 최신 물리학 지식이 등장하자마자 가장 천재적인 물리학자들이 모여서 만든 것이 핵무기입니다. 맨해튼 프로젝트 책임자였던 로버트 오펜하이머(Robert Oppenheimer)는 원자폭탄이 히로시마와 나가사키에 떨어진 뒤에야 원폭의 개발과 사용을 억제해야 한다고 주장합니다. 영화 「오펜하이머」(2023)에 나오는 대사가 절묘합니다. "사막의 돌을 들추려거든 그 안에서 뱀이 나올지도 모른다고 예상해야 한다." 이러한 과학기술의 양면성을 고려하면, 새로운 과학기술이 탄생할 때마다 그것을 활용하는 새로운 범죄가 등장하는 것은 불가피합니다.

미국에서 최신 기관총이 나오면 군과 경찰보다 마피아 조직이 먼저 손에 넣는다는 말도 있습니다. 최신 과학기술이 나오면 수사기관보다 범죄자가 먼저 범죄에 활용하는 것이 보통입니다. 종국에는 방대한 예산과 인력을 보유하고 있는 정부가 기술을 확보하고 장비와 시스템을 구축해서 그런 범죄자를 잡을 수 있게 되지만, 그렇게 될 때까지는 적지 않은 시간이 걸리기 때문에 그사이에 시민들이 범죄의 위험에 노출됩니다. 신기술이 자주 나올수록 범죄자와 수사기관의 과학기술 활용 시점 사이의 괴리는 커질 것이고 그만큼 범죄가 판칠 공간이 넓어지게 됩니다. 신기술이 나올 때마다 그에 따라 생길 신종 범죄를 예측하고 그에 걸맞은 과학적 수사기법을 서둘러 마련하는 프로세스가 별도의 조직, 예산, 법령을 토대로 제도화될 필요가 있습니다.

2장

판사의 형량은
왜 낮을까

조두순에 대한 참을 수 없는 형량의 가벼움

그간 우리 사회에서 발생한 참혹한 범죄들이 많지만 국민들의 범죄자에 대한 분노와 피해자에 대한 안타까움이 가장 컸던 사건은 아마 조두순 사건이었을 것입니다. 아동성범죄, 성폭행, 상해치사 등 전과 17범인 조두순(당시 56세)이 2008년 12월 안산의 교회 건물 화장실에서 8세 여자아이의 뺨을 물어뜯고 성폭행해서 아이의 성기와 항문 기능의 80퍼센트를 상실할 정도의 중상을 입힌 사건입니다. (조두순은 한겨울에 의식을 잃은 아이의 몸 위에 차가운 수돗물을 틀어놓고 현장을 떠나버렸습니다.) 이 사건은 「소원」(2013)이라는 영화로 만들어지기도 했습니다. 조두순은 재판 과정에서 술에 취한 상태였다는 이유로 이른바 주취감경(酒醉減輕, 술에 취한 상태로 범죄를 저질렀을 때 형벌을 감형한다는 뜻)을 적용받아 최종적으로 징역 12년을 선고받았습니다. 이에 법원과 검찰의 형량이 지나치게 약하다는 질타가 쏟아졌습니다.

우리나라 법원의 형량은 미국, 스페인 법원의 높은 형량과 비교되기도 합니다. 미국에서는 100년이 넘는 징역형이 선고되는 경우가 많고, 스페인 법원은 192명이 사망한 2004년 마드리드 열차 폭탄테러사건의 주범 3명에 대해서 각각 징역 42,924년, 42,922년, 34,715년(사망자 1인당 30년, 부상자 20년으로 계산)을 선고했습니다. (다만 스페인은 선고형과 무관하게 최대 40년까지만 복역합니다.)

「알쓸범잡」촬영 때 대본이 없다보니 현장에서 즉흥적으로 말하다가 나중에 후회하는 경우들이 있었는데 그중 하나가 '웰컴투비디오' 사건의 손정우에 대한 판결 형량을 논할 때였습니다. 손정우는 2015년부터 2018년까지 '웰컴투비디오'라는 웹사이트를 다크웹에 개설해서 32개국의 약 128만 회원들을 모아서 아동성착취 영상물을 비트코인을 통하여 거래했는데, 우리나라 법원에서 1심에서는 징역 2년에 집행유예 3년을, 2심에서는 징역 1년 6개월의 실형을 선고받았습니다. 방송에서는 우리나라 법원은 왜 이렇게 형량이 낮은가 하는 문제 제기가 있었는데, 저는 전과가 없는 초범이고 직접 아동성착취물을 촬영한 것은 아니기 때문에 그 정도 형량이 나온 것이 아닐까 하는 취지로 판결을 최대한 이해해보려는 시각에서 말했습니다. 그런데 나중에 이날 방송을 다시 보면서 충격을 받았습니다. 1장에서도 언급했듯이, 이 사이트에는 사춘기 이전의 아동부터 생후 1년 미만 아이에 대한 성착취 영상물까지 있었다고 합니다. 이런 영상을 만들기 위해서 아이들에 대한 유괴, 납치, 인신매매가 벌어지기도 했습니다. 그렇다면 1심 법원의 집행유예는 물론이고 2심 법원의 징역 1년 6월이라는 것도 지나치게 낮은 것이라 생각하고, 징역 10년이 나와도 과하다고 할 수는 없을 것 같습니다.

제가 예전에 판사로 일했다고 하면 사람들이 가장 많이 하는 질문(사실상 항의)도 판사의 형량이 왜 그리 낮으냐는 것입니다.

양형의 문제를 판사 개인의 판단 문제로 본다면 앞으로 판사 개개인에게 더 강력하게 처벌하라고 하면 쉽게 해결이 될 것입니다. 그러나 양형 문제는 형사재판 전반에 얽혀 있는 제도적 문제입니다. 기본적으로 적정한 처벌 수위는 개별 사건에 따라 다를 수 있는 것입니다. 모든 경우에 판사가 판결로 정하는 처벌 수위가 무조건 낮고 잘못된 것이고 여론이 옳다고 말하기도 어렵습니다. 그러나 누가 옳은지 간에 현재 범죄자에 대한 판사의 처벌 수위와 일반 시민들이 생각하는 적정한 처벌 수위 사이에는 상당한 차이가 있는 것은 분명합니다. 여기서는 그러한 괴리가 생기는 이유를 제도적 차원에서 분석해보고자 합니다. 아울러 우리 사회의 범죄를 더 억제하기 위해서는 형량에 관한 제도가 어떻게 발전해야 하는지도 고민해보려고 합니다.

피고인을 위해 기울어진 운동장, 형사재판

형사재판 절차는 곳곳에 피고인을 위한 제도를 마련해두고 있습니다. 말하자면 수사 절차에서는 수사기관에게 압도적으로 큰 힘이 쏠려 있지만 적어도 형사재판만큼은 구조적으로 피고인 쪽에 조금 유리하게 기울어진 운동장 같은 것입니다. 형사재판이 이루어지는 법정(court)을 검사 측과 피고인 측이 경기를 벌이는 테니스 코트에 비유하자면, 검사 쪽 코트는 복식 코트만큼 넓은 반면, 피고인 쪽 코트는 단식 코트처럼 좁은 비대칭 코트라고 할 수 있습니다. 따라서 검사 측은 좁은 코트를 겨냥해서 정확하게 공을 쳐야 포인트를 얻는 반면, 피고인 쪽에서 보면 검사 측의 좌우 위쪽으로 허를 찌를 공간이 넓은 편입니다. 경기 규칙도 피고인 측에게 유리하게 정해져 있습니다. 피고인 측이 친 공이 검사 측 코트 라인을 벗어났는지 여부가 애매하면 'IN(들어옴)'으로 판정하고, 반대로 검사 측이 친 공이 피고인 측 코트 라인 안쪽에 떨어졌는지 여부가 불명확하면 'OUT(나감)'으로 판정합니다. 물론 피고인 측은 검사에 비해 심리적으로 위축되고 전문성이나 경험의 측면에서 훨씬 열

세이기 마련입니다. 그래서 변호사라는 법률전문가와 함께 대응하게 됩니다.

형사재판은 왜 피고인에게 유리하게 설계된 것일까요? 우선 오판을 할 경우 피고인이 입는 불이익이 크기 때문입니다. 가령 징역형을 받으면 구금되어 있는 동안 몸과 정신이 큰 고통을 겪을 뿐만 아니라, 직장도 잃게 되고 그 가족도 큰 피해를 봅니다. 그 형사판결을 근거로 피해자로부터 손해배상청구를 당할 수도 있습니다. 한편 피의자가 수사를 받는 국면에서 수사기관은 압수수색, 감청, 체포, 구속을 할 수 있는 등 피의자에 비해 힘이 막강합니다. 이러한 힘의 차이가 재판 단계까지 이어지면 피고인이 위축되고 무력해져서 마땅히 해야 하는 주장을 제대로 못 하는 경우도 생깁니다. 그러면 재판이 진실을 발견할 수도, 정의를 세울 수도 없게 됩니다. 이런 이유로 형사재판은 피고인에게 어느 정도 유리하게 기본값을 설계해놓은 것입니다.

형사재판에서는 구체적으로 어떤 부분이 피고인에게 유리하게 설계되어 있을까요? 우선 '무죄추정원칙'에 따라 재판이 다 끝나고 항소 절차까지 마치고 유죄판결이 확정될 때까지 피고인은 무죄로 추정됩니다. '죄형법정주의'라는 원칙에 따라서 범행 이후에 사후적으로 만든 법이나 처벌 요건이 불명확한 법으로는 처벌할 수 없습니다. 피고인에게 변호인선임권이 인정되고 중대한 범죄로 기소된 경우에는 법원이 국선변호인을 선임해줍니다. 피고인에게는 수사나 재판 과정에서 질문을 받더라도 답변을 거부할 수 있는 진술거부권*이 보장됩니다. 보다 실질적으로 판결 결과와 최종적 형량에 큰 영향을 미치는 피고인에게 유리한 제도는 입증책임, 입증의 정도, '의심스러울 때는 피고인의 이익으로' 원칙 같은 것인데 이에 대해서는 아래에서 좀더 자세히 설명하겠습니다.

'합리적 의심'을 넘어서는 입증책임이 검사에게

판사가 유죄판결을 하려면 당연히 피고인이 범죄를 저질렀다고 확신할 수 있어야 합니다. 판사의 마음에 어느 정도의 심증이 들어야 범죄사실이 있다는 '확신'이 든다고 말할 수 있을

---

* 피의자를 체포할 때 진술거부권과 변호인선임권이 있다는 것을 반드시 알려주어야 한다는 원칙을 '미란다 원칙'이라 합니다. 1963년 미국의 어네스토 미란다(Ernesto Miranda)라는 남자가 18세 소녀를 잔인하게 강간했고 1, 2심 법원에서 유죄판결을 받았는데, 미국 연방대법원이 경찰이 그를 체포할 당시 진술거부권과 변호인선임권을 알려주지 않았다는 이유로 무죄판결을 내린 데서 유래되었습니다. 미란다 원칙을 지키지 않으면 우리나라에서도 수사나 재판이 위법하다고 판단되어 무효가 될 수 있습니다. 어네스토 미란다가 당시 무죄판결을 받았다고 너무 얄미워할 필요는 없습니다. 이후 그는 목격자의 증언을 근거로 다시 기소되어 징역 10년을 살았고, 출소 이후 술집에서 자기가 그 유명한 '미란다 원칙'의 미란다라고 자랑하다가 옆 사람에게 칼에 찔려 죽었습니다(미란다를 죽인 사람도 아마 미란다 원칙에 따라 진술거부권과 변호인선임권을 고지받고 체포되었을 것입니다).

까요? 이를 실무상 '입증의 정도'라고 합니다. 편의상 어떤 사건의 발생 가능성을 수치로 제시할 수 있다고 가정한다면, 그런 일이 있었을 가능성이 99퍼센트는 되어야 확신할 수 있는지, 80퍼센트 정도만 되어도 확신할 수 있는지의 문제입니다. 이에 대해서 법과 판례가 제시하는 기준은 '합리적 의심이 없는 정도'(beyond a reasonable doubt)입니다. 여기서 '합리적 의심'은 피고인이 범죄를 저질렀다는 의심이 아니라, 피고인이 범죄를 저지르지 않았을 수 있다는 의심을 말합니다. 이것은 민사재판 등 다른 재판에서 사실을 인정할 때 요구되는 '고도의 개연성' 기준보다 훨씬 높습니다.

제가 재판한 사건 중에 이런 사건(각색했습니다)이 있었습니다. 도난당했다가 버려진 50대 여성의 승용차 안에서 20대 남성 피고인의 휴대폰이 나왔습니다. 검사는 그 피고인이 승용차를 훔쳐서 타고 다니다가 휴대폰을 깜빡하고 놓아둔 것이라 보고 그를 절도로 기소했습니다. 그는 절도 전과가 세번이나 있었는데 사건 당일은 징역형을 마치고 출소한 날이었습니다. 검사는, 경남에서 출소한 그가 강원도에 있는 집까지 가기 위해 버스를 타고 가다가 대구에서 환승을 했는데 환승하는 데 걸리는 2시간 사이에 이러한 범행을 저질렀다고 보았습니다. 이 승용차가 도난된 시간 및 장소는 피고인이 대구에 있었던 시간 및 장소와 겹쳤습니다.

이러한 정황을 보면 누구나 그를 범인으로 의심할 것입니다.

그러나 달리 생각해보면 다른 사람이 우연히 그 인근에 있다가 피고인의 휴대폰을 훔친 다음에 그 승용차를 타고 가다가 둘 다 버리고 그 자리를 떠났을 가능성도 없지는 않습니다. 그 가능성의 틈만큼 피고인이 범인이 아닐 수 있다는 의심도 존재합니다. 이러한 가능성을 합리적 의심이라고 볼 수 있다면 피고인에 대해서는 무죄가 선고되어야 할 것입니다.

1심 재판을 맡은 저는 피고인을 유죄라고 판단했습니다. 또 다른 진범이 하필 그날, 그 시간, 그 장소에서, 하필이면 절도 전과로 복역하다가 출소해 대구에서 환승하려고 기다리던 사람의 휴대폰을 훔친 다음, 이어서 휴대폰과는 무관해 보이는 승용차까지 훔치고, 승용차에 휴대폰까지 놓고 내릴 확률이 '제로'라고 할 수는 없지만 현실적으로 지나치게 낮고, 그런 일들의 흐름이 상식적으로도 납득이 되지 않았기 때문입니다. 게다가 무죄를 호소하는 피고인의 눈빛과 태도가 작위적이고 진정성이 없어 보였습니다. 그러나 2심에서는 무죄판결이 내려졌고, 대법원에서 그대로 유지되었습니다. 이 사건은 이후 사법연수원 시험에 사례로도 출제되었습니다.

그런데 판사가 확신이 드는지 자체가 애매할 때도 있습니다. 이럴 때 판사를 구해주는 것이 바로 입증책임입니다. 민사재판에서는 원고와 피고가 입증책임을 나누어 지지만 형사재판에서는 입증책임이 모두 검사에게 있습니다. 따라서 범죄사실이 존재하는지에 대해서 판사가 확신이 들지 않으면 없는 쪽으로 인정하게 됩니다. 그뿐만 아니라 형사 절차 전반에 있어서 '의심스러울 때는 피고인의 이익으로'라는 법언이 적용됩니다.

이와 같은 입증에 관한 원칙은 때로 일반 사람들이 납득하기 어려운 판결 결과를 낳기도 합니다. 대표적인 사례가 '이태원 살인사건'의 두 용의자 가운데 한명은 무죄판결을 받고, 다른 한명은 무혐의 결정을 받게 된 일입니다. 1997년 홍익대를 다니던 조군이 이태원의 한 햄버거 가게의 화장실에 들어갔는데, 그 안에 있던 주한미군의 아들 아서 패터슨과 재미교포 에드워드 리 중 한명으로부터 칼로 9회 이상 찔려서 사망했습니다. 사건 직후 이 두 용의자는 서로 상대방이 살해했다고 주장했습니다.

당초 검찰은 아서 패터슨에게는 무혐의 결정을 하고, 에드워드 리를 살인죄로 기소했습니다. 1, 2심 법원도 에드워드 리에게 살인죄를 인정하고 각각 무기징역형과 징역 20년형을 선고했습니다. 그런데 대법원이 1998년 4월 아서 패터슨이 사건 당시 피를 뒤집어썼고 적극적으로 증거인멸을 하는 등 범인으로 의심되는 점이 적지 않다고 하면서 에드워드 리가 범인이라는 점이 합리적 의심 없이 입증되지 않았다며 무죄 취지의 판결을 합니다. 결국 아서 패터슨은 검찰에서 무혐의 결정을 받고, 에드워드 리는 법원에서 무죄판결을 받은 것입니다. 법리적으로는 가능한 이야기이지만 일반인의 상식에는 반하는 이런 상황은 2009년 「이태원 살인사건」이라는 영화가 나오면서 사회적 관심을 업고 아서 패터슨에 대한 재수사와 처벌(징역 20년)이 이루어질 때까지 10년 이상 지속되었습니다.

이처럼 피고인에게 유리하게 설정된 입증에 관한 원칙을 적용하다보면, 피해자를 포함해서 일반인의 눈에는 유죄인 것 같지만 형사재판에서는 무죄가 나오는 경우가 적지 않게 생기게 됩니다. 피고인에 대한 열개의 공소사실 중 대여섯개에 대해서 이와 같은 입증 원칙에 따라 무죄가 나온다면, 최종적인 형량도 당초 여론이 예상했던 것보다 상당히 낮아지게 되는 것입니다.

소머리곰탕으로 소머리를 재구성하기

판사가 되기 전에는 판사의 일이 대부분 법적 효력에 대한 판단인 줄 알았는데 판사가 되고 보니 90퍼센트 이상의 시간이 사실관계를 확인하는 데 들어갔습니다. 과거의 사실관계를 복구하는 일은 명화 복원사의 일과 닮았습니다. 영화 「냉정과 열정 사이」(2003)에 나오는 명화 복원사 준세이는 공방에서 물감, 끌, 확대경을 사용해서 중세 이탈리아 화가 치골리의 작품을 복원하지만, 판사는 법정에서 증거, 상식, 논리적 추론, 글이라는 도구로 과거에 있었던 사건을 복원합니다.

판사가 사실관계를 확인하기 위해 증거를 살펴보는 절차를 증거조사라고 합니다. 증거의 종류에 따라 조사방법이 다릅니다. 증인은 질문을 던져 답을 듣는 방식으로 '신문'을 합니다.

흉기와 같은 증거물은 법정에서 '제시'를 합니다. 서류는 '낭독'을 하거나 눈으로 보는 '열람'을 합니다.

영화나 드라마의 재판에서 증거와 추리는 단순한 퍼즐 조각처럼 서로 아귀가 빈틈없이 맞아떨어집니다. 그러나 현실의 재판에서는 완벽하게 과거 사실을 복구하기에는 증거가 부족한 경우가 많습니다. 이렇게 부족한 증거를 가지고 과거 사실을 정확히 복구한다는 것은 때로 살과 뼈가 국물에 녹아버린 소머리곰탕을 놓고 소머리의 표정을 정확하게 복구하려는 것처럼 어렵습니다.

영화나 드라마의 증인은 당시 상황을 정확하게 기억하고 있어서 증언할 때 당시 상황을 생생하게 담은 영상이 재생되지만, 현실에서 증인의 기억은 화면 곳곳이 뚝뚝 끊기는 오래된 흑백 필름처럼 불확실하거나 희미할 때가 많습니다. 증인이 거짓을 말하는지도 쉽게 분간하기 어렵습니다. 오랜 지인이 거짓말을 하면 쉽게 알 수 있는 것은 그가 무방비 상태로 노출하는 겉과 속의 모습을 평소에 알게 모르게 다각도로 관찰해왔기 때문입니다. 그러나 판사는 법정에서 증인을 처음 만나서 고작 30분이나 1시간 안팎 정도의 짧은 시간 동안만 대면하는 것이 보통이고, 그마저도 증인은 마치 배우가 무대에서 공연하듯이 답변을 준비해서 나오기 때문에 진실성을 판단하기가 어려운 것입니다.

가뜩이나 증거가 부족한데 그마저도 형사재판에서는 증거

능력에 대한 제한이 많아서 활용 가능한 증거가 더 적습니다. 증거능력이란 증거가 될 수 있는 자격을 말합니다. 가령 직접 목격한 것이 아니라 남의 말을 듣고 전하는 내용인 전문(傳聞, '들은 것聞을 전한다傳'라는 뜻) 증거는 민사재판에서는 증거능력이 인정되지만 형사재판에서는 인정되지 않습니다. 수사기관이 몰래 녹음하는 것과 같이 위법하게 수집한 증거도 증거능력이 없습니다. 증거능력이 없는 증거는 법정에 꺼내놓을 수도 없고, 판사가 어떤 경위로 그 존재와 내용을 알더라도 판결문에 그것을 판단의 근거로 제시할 수도 없습니다.

원칙적으로 증거가 부족할 때는 결국 해당 공소사실 전체나 일부를 무죄로 인정해야 합니다. 그러나 재판의 현실에서는 간혹 객관적인 증거는 유죄로 인정하기에 조금 부족한 면이 있지만 판사 입장에서 여러 정황을 볼 때 피고인이 유죄라는 심증이 강하게 들 때가 있습니다. 그럴 때 무죄판결을 쓰고 나면 범인인 줄 알면서도 그냥 보내주는 듯해서 정의에 반하는 느낌이 듭니다. 그럴 때는 유죄판결을 하면서 형량을 통상의 수준보다 낮추거나 집행유예를 선고하는 경우도 있습니다. 원칙적인 것은 아니고 관행이라고 할 수도 없지만 재판도 사람이 하는 것이기 때문에 이런 경우가 없지도 않습니다.

마운드 위의 투수, 변호인의 조력

형사재판은 주인공인 피고인을 둘러싸고 검사와 변호인이 대립하는 구조로 이루어져 있습니다. 주로 검사가 혐의를 제기하는 입장이고 변호인이 방어하는 입장이기 때문에 창과 방패의 대결이라고도 합니다. 테니스 경기가 서브로부터 시작하듯이 재판도 누군가 소(訴)를 법원에 제기해야 시작됩니다. 민사소송이나 행정소송은 누구나 원고로서 제기할 수 있지만 형사소송만큼은 오로지 검사만 제기할 수 있습니다. 검사가 형사소송을 제기하는 행위를 소를 제기한다는 뜻으로 '기소(起訴)'라고 합니다.

검사가 기소할 때는 우리 사회와 정부를 대표해서 하는 것이므로 검사가 제기하는 소송을 공적인 소송이라는 의미에서 '공소(公訴)'라고 합니다. 공소 제기를 위한 소장을 공소장이라 합니다. 공소장은 수사를 마감하며 결론을 내리는 수사의 자물쇠이자 형사재판의 문을 여는 열쇠입니다. 형사재판은 결국 공소장이 옳은지 그른지를 판단하는 절차입니다. 공소장이 옳으면 유죄고 옳지 않으면 무죄인 것입니다.

검사 제도는 삼권분립을 전제로 한 것입니다. 프랑스의 사상가 몽테스키외(Montesquieu, Charles De)는 저서 『법의 정신』(1748)에서 재판권이 입법권에 결합되면 자의적 권력이 탄생하고 재판권이 집행권에 결합되면 압제적 권력이 탄생한다고 지적하면서 사법권을 입법권과 행정권으로부터 분립해야 한다고 주장했고, 이에 따라 프랑스혁명 이후 사법부가 독립되었습니다. 그러자 법정에서 행정부를 대표해서 소송을 제기하고 수행할 사람이 필요하게 되었고, 이에 기존에 영주로부터 벌금을 징수하는 등 법적인 일을 하던 '왕의 대관(代官)'이라는 관리들에게 이 임무를 맡기게 되었는데 이것이 검사 제도의 효시가 됩니다.

검사의 반대쪽에는 변호인이 앉아 있습니다. '변호인'은 형사소송에서만 쓰는 말입니다(민사재판에서는 변호사가 '원고 대리인' '피고 대리인'이라 불립니다). '변호인'은 법정에서의 지위를 말하는 것이고 '변호사'는 직업을 말하는 것으로서 서로 개념이 다릅니다.

변호사는 변호인이나 소송대리인 역할을 직업적으로 하는 사람을 가리킵니다. 변호사 제도의 유래는 고대 그리스까지 거슬러 올라갑니다. 아테네에서는 추첨으로 선발한 배심원들이 재판을 했는데, 이때 재판을 받는 당사자가 스스로 변론하기보다는 유명한 연설가에게 변론을 요청하는 경우가 많았다고 합니다. 당초에는 변론을 대가로 돈을 받는 것은 금지되었으나 로마 시대에 들어서 소송이 많아지면서 유상 변론이 허용되었고 동로마제국 시대부터는 일정한 자격을 갖춘 사람만 변호할 수 있도록 하면서 변호사 제도의 효시가 되었습니다.

피의자나 피고인에게는 변호인이 곁에 있는 것과 없는 것은 천양지차입니다. 변호인은 피고인을 위해 행사할 수 있는 많

형사 법정

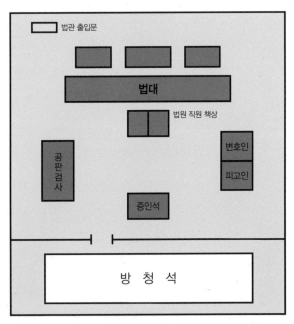

형사재판은 주인공인 피고인을 둘러싸고 검사와 변호인이 대립하는 구조로 이루어져 있습니다. 주로 검사가 혐의를 제기하는 입장이고 변호인이 방어하는 입장입니다. 형사재판은 검사가 제기한 공소사실이 옳은지 그른지를 판단하여 유무죄를 가리고, 유죄로 인정되는 경우에 적정한 형벌을 정하는 재판입니다.

은 권한을 가지고 있기 때문입니다. 피고인의 보석을 청구하거나, 체포구속적부심사를 청구하거나, 영장 집행에 참여해서 의견을 제시하거나, 증인신문을 하거나, 재판 진행 중간에 또는 마지막에 의견을 제시할 수 있습니다. 일반인은 구속된 사람을 만나더라도 10분 동안만 면회가 가능하지만 변호인은 그를 자유롭게 오랜 시간 만날 수 있습니다. 아무리 살인과 같은 중범죄를 저지른 사람이라고 하더라도 변호인을 선임해서 변호받을 권리는 보장됩니다. 아무리 나쁜 사람이라고 하더라도 자신이 저지른 잘못 이상의 처벌을 받아서는 안 되기 때문입니다.

저는 형사 법정의 변호인이 야구장의 마운드 위에 서 있는 투수 같다는 생각을 합니다. 투수는 수비의 핵심입니다. 투수는 타자의 성향에 따라 적절히 직구나 변화구 체인지업을 골라서 던집니다. 입증책임 원칙이 피고인이나 변호인에게 조금 유리하게 설계된 것도 투수가 서 있는 마운드는 볼을 던지기 쉽도록 언덕처럼 조금 더 솟아 있는 것과 조응합니다. 형사소송 전반에서 '의심스러우면 피고인의 이익으로'라는 법언이 적용된다는 것도 스트라이크인지 볼인지 헷갈리면 스트라이크로 선언된다는 것과 같습니다. 이렇게 유리한 대신 법정의 투수는 공격은 하지 못하고 오로지 수비만 해야 합니다. 1점이라도 실점을 하면 피고인에게 유죄판결이 선고됩니다.

O. J. 심프슨을 무죄로 만든 변호사들

투수마다 실력이 천차만별인 것처럼 변호사도 저마다 실력 차이가 큽니다. 복잡하고 어려운 사건일수록 그 차이는 더 크게 벌어집니다. 특히 형사재판은 법리를 따지는 경우보다 어떤 사실이 있었는지 없었는지, 그 사람이 그날 그 장소에 왜 갔는지, 어떤 마음으로 그런 행위를 한 것인지와 같이 사실관계와 행위자의 내면을 다각도로 살피는 과정에서 승패가 좌우됩니다. 「알쓸범잡」 같은 예능 방송에서는 통상 10시간 이상 수십 대의 카메라로 출연자를 다각도로 촬영한 뒤 피디가 그중에서 재미있거나 의미있는 부분을 발췌해서 자막을 붙이고 흐름을 이어붙이며 만드는 것입니다. 감각 있는 피디는 평범한 영상을 흡입력 있게 편집해내는 반면, 반대의 피디는 좋은 소재가 무궁무진한 영상을 놓고도 지루하게 편집합니다. 변호사는 결국 판사나 배심원을 설득해야 하는데 그 설득의 수단이 말과 글과 사람 자체이기 때문에, 변호사의 언변 수준이나 변호사 자체가 풍기는 신뢰감 같은 것이 승패를 가를 할 때가 많습니다. 이런 측면에서 변호사가 가장 성공적인 변론을 펼친 사례로 꼽히는 것이 O. J. 심프슨(O. J. Simpson) 재판입니다.

O. J. 심프슨은 미식축구계의 마이클 조던 같은 존재로, 1970년대에 MVP로 여러번 선정되었고, 흑인 최초로 '코카콜라' 광고를 찍고 「총알탄 사나이」(1988) 같은 영화에도 출연한 슈퍼스

타입니다. 그런데 1994년 6월 12일 심프슨의 전처인 니콜 브라운 심프슨과 그녀의 친구 론 골드먼이 LA에 있는 콘도 입구 계단에서 칼에 여러차례 찔려 처참하게 죽은 채 발견되었습니다. 범행 현장에는 검은 가죽장갑 왼쪽 한짝, 모자, 안경집 같은 것들이 떨어져 있었고 피 묻은 큰 발자국이 남아 있었습니다. 신고를 받은 경찰이 심프슨의 집으로 출동했을 때 범행 현장에서 발견된 가죽장갑의 오른쪽 한짝과 피해자들의 피가 묻은 심프슨의 양말이 발견되었습니다. 현장에는 305밀리미터 크기의 미국에 얼마 없는 명품 신발의 발자국이 있었는데 심프슨의 집에 이와 동일한 브랜드와 사이즈의 신발이 있었습니다.

심프슨은 사망사건 발생 이틀 뒤에 변호사를 선임하고 전처 니콜의 장례식에 참석한 이후 경찰에 자진 출두하기로 한 약속을 어기고 유서를 남긴 뒤 종적을 감춥니다. 그의 변호사 로버트 카다시안(킴 카다시안의 아버지입니다)이 그의 유서를 기자회견을 통해 낭독합니다. 그러다 사건 발생 1주일 뒤, 고속도로 위에서 심프슨의 친구가 운전하고 심프슨이 뒷자리에 앉아서 운전자에게 총을 겨누고 있는 SUV가 발견됩니다. 곧이어 20대 이상의 경찰차가 그 뒤를 추격했고, 수많은 기자들도 차나 헬기를 타고 그 뒤를 쫓으며 라이브로 추격전을 보도했습니다. NBC 방송국은 NBA 농구 결승전 중계를 중단하고 이 추격전을 보도했습니다. 1억명 이상이 이 추격전을 시청하느라 길이 텅텅 비어버릴 정도였습니다. 심프슨의 재판을 생중계한 'Court TV'

라는 케이블 채널의 시청률이 CNN보다 높아졌습니다.

지금까지의 상황을 들으면 누구라도 심프슨을 범인이라 생각할 것입니다. 그러나 재판 결과는 무죄였습니다. 무죄의 비결은 지금도 미국 법조계 안팎에서 사례를 연구할 정도로 뛰어났던 변호사들의 변론이었습니다. 이들의 기본 전략은 LA 경찰이 흑인에 대한 편견을 바탕으로 범인을 심프슨으로 만들기 위해 증거를 조작했을 가능성을 배제할 수 없다는 '합리적 의심'을 배심원들 마음에 불러일으키는 것이었습니다. 그리고 성공했습니다. 변호인단이 이러한 전략을 세운 이유는 당시가 백인 경찰이 흑인 청년 로드니 킹(Rodney King)을 과잉 진압하고 무죄를 받은 사건으로 촉발된 1992년의 LA 폭동으로부터 불과 2년 지난 시점이었기 때문입니다.

변호인단은 백인 경찰이 흑인을 차별한다는 인식을 가지고 있는 흑인을 배심원의 다수로 구성한 다음 구체적인 사례를 들어서 의심을 불어넣기 시작했습니다. 대표적인 것이 현장에서 발견되었다는 심프슨의 장갑을 둘러싼 문제였습니다. 초동 수사를 담당한 경찰관(마크 퍼먼)은 당초 현장에서 장갑 두짝이 발견된 것처럼 말하다가 나중에는 한짝은 현장에서, 나머지 한짝은 심프슨의 집에서 발견된 것처럼 말을 바꾸었습니다. 변호인들이 이 경찰관을 증인석에 세우고 장갑 한짝을 현장에 일부러 가져다놓았느냐고 질문하니 진술거부권을 행사했습니다. 변호인은 이 경찰관이 평소 흑인에 대한 강한 편견을 담은 욕설을 하는 녹음 파일을 공개했습니다. 결정적으로 법정에서 심프슨이 그 장갑을 착용해보았을 때 장갑이 너무 작아서 심프슨의 손에 들어가지 않았는데, 이 장면이 배심원들의 심증을 최종적으로 뒤흔든 이 재판의 하이라이트가 되었습니다.

변호인들이 제기한 또다른 결정적 쟁점은 혈액이었습니다. 경찰이 범죄 현장이나 양말 등에서 발견한 혈흔에서 심프슨의 혈액 성분이 검출되었다고 했는데, 문제는 이 심프슨의 혈액에서 혈액응고방지제 성분이 검출되었다는 것입니다. 혈액응고방지제는 경찰이 혈액 대조를 위한 샘플을 채취해놓을 때 넣는 것이므로, 이것은 누군가가 경찰이 보관 중이던 심프슨의 혈액 샘플을 뿌렸다는 것으로 해석됩니다. 급기야 경찰의 혈액 샘플을 확인한 결과 10분의 9가 사라졌는데 경찰은 그 혈액이 어디 갔는지 밝히지 못했습니다.

이쯤 되니 배심원들의 마음속에는 LA 경찰이 흑인에 대한 반감 때문에 심프슨을 의도적으로 범인으로 몰아가려고 한 것 아닌가 하는 의심이 싹트게 된 것입니다. 심프슨의 변호인들은 마운드 위에서 직구와 변화구와 커브를 절묘하게 배합해서 던짐으로써 수사기관이 제시한 천가지 이상의 증거를 무력화하고 심프슨이 범인이 아닐지도 모른다는 '합리적 의심'을 불러일으키는 데 성공한 것입니다. 이처럼 변호인이 활약을 잘하면 할수록 무죄판결의 가능성이 높아지고 유죄판결을 받더라도 형량이 낮아질 수 있는 것입니다.

구속영장이 기각되는 이유

형량 문제는 아니지만 법원이 범죄에 연루된 유명인사에 대한 구속영장을 기각할 때도 솜방망이 처벌이라는 비판이 제기되는 경우가 많습니다. 검찰이 유명인사에 대해 구속영장을 청구하면 사람들은 마치 중요한 스포츠 경기의 승패를 점치듯이 영장의 발부나 기각을 예측합니다. 영장심사 당일에는 기자들이 늦은 밤까지 법원 앞에서 대기했다가 결정이 나오면 속보로 영장의 발부와 기각 여부를 보도합니다. 그러다 구속영장이 발부되어 그 유명인사가 구속되면 마치 처벌이 이루어지기라도 한 것처럼 팽팽하게 부풀어 올랐던 사회적 공분도 김이 빠집니다. 반대로 구속영장이 기각되면 법원이나 검찰이 봐준다거나 솜방망이 처벌을 한다는 말이 나옵니다.

그러나 엄밀히 말하면 구속은 처벌이 아닙니다. 구속영장이 발부될 당시에는 대부분 수사 중으로 아직 재판을 시작하지도 않은 상태이므로 피의자가 유죄라는 법원의 판단이 없는 상태입니다. 그럼에도 구속하는 이유는 증거인멸을 방지하기 위해서입니다. 피의자가 돌아다니면서 증인을 협박하거나 회유해서 증언을 못하게 하거나 증거물을 파괴해버리면 재판에서 혐의를 입증하기 어려워지기 때문입니다. 그래서 '증거인멸 우려'가 구속영장 발부의 중요한 요건이 됩니다.

구속을 하는 또다른 이유는 피의자의 신병을 확보해놓기 위해서입니다. 피고인이 법정에 출석하지 않으면 재판이 제대로 진행될 수 없고, 재판이 끝나서 유죄판결이 나오더라도 징역형이든 사형이든 형벌을 집행할 수 없습니다. 그래서 '주거 부정'(사는 곳이 정해져 있지 않음)이나 '도망 우려'도 구속영장 발부의 중요한 요건이 됩니다.

증거인멸이나 도망의 우려는 대체로 범죄로 인해서 받을 형량이 높을수록 커진다고 볼 수 있겠지만 반드시 그렇지 않을 수도 있습니다. 큰 범죄를 저질렀지만 이미 수사기관이 증거를 다 확보해놓았고 피고인이 관련 증인들과 만날 수 없는 상황에 있다면 증거인멸의 우려는 적을 수 있습니다. 유명인사처럼 얼굴이 널리 알려진 사람이라면 도망 다니기가 어렵기도 하고, 도망갈 경우 재산이나 명예를 크게 잃거나 더 큰 책임을 지게 되어서 도망 우려가 낮을 수도 있습니다. 근본적으로 증거인멸이나 도망의 우려라는 것은 모두 미래에 있을 일을 판단하는 것인 만큼 영장 발부와 기각 여부를 판단하는 것이 쉽지 않습니다. 애매할 때는 원칙으로 돌아가게 되는데 불구속 수사가 원칙이므로 죄를 지은 것이 명확하다고 하더라도 그에 대한 구속영장이 기각되는 경우가 많은 것입니다.

구속영장을 발부하려면 두가지 요건을 충족해야 합니다. 첫째, 피고인이 죄를 범했다고 의심할 만한 상당한 이유가 있어야 하고, 둘째, 주거 부정, 증거인멸 우려, 도망 우려 중 하나 이상에 해당되어야 합니다. 이중 둘째 요건은 설명이 되었으니 첫째 요건에 관해 이야기해보겠습니다.

비록 구속은 처벌이 아니지만 구속되는 사람에게 큰 고통과 불이익을 주기 때문에 함부로 해서는 안 되고, 적어도 유죄판결을 받을 가능성이 높아야 할 수 있습니다. 그래서 법은 '죄를 범했다고 의심할 만한 상당한 이유'를 요구하는 것입니다. 이 요건이 충족되었을 때를 실무상 흔히 '범죄가 소명되었다'고 합니다. '소명'은 '입증'보다는 낮은 정도를 말합니다. 이 단계에서 '입증'이 되었다고 말할 수 없는 것은 구속영장 단계에서 첨부되는 기록에는 피의자 측의 반박은 본격적으로 제시되지 않고 주로 수사기관의 입장에서 작성된 문서만 첨부되기 때문입니다. 따라서 판사가 구속영장에 첨부된 기록을 보고 피의자가 범죄를 저질렀다는 심증이 들더라도, 향후 재판을 열어서 피의자 측의 입장을 들어보면 심증이 얼마든지 바뀔 수 있는 것입니다.

따라서 수사기관이 제기한 혐의에 대해 피의자가 적극적으로 다투어보려고 하고 그것이 일견 일리가 있어 보일 때는 피의자의 '방어권을 보장하기 위해서' 구속영장을 기각하기도 합니다. 일단 구속이 되어버리고 나면, 자신의 주장을 입증할 증거를 마련하러 돌아다닐 수도 없고 심리적으로 위축되어 제대로 방어하기 어렵기 때문입니다. '방어권 보장'은 앞서 말한 구속영장 발부의 요건에 명시되어 있지는 않지만 점점 더 이를 이유로 구속영장을 기각하는 경우가 많아지고 있습니다. 과거에는 치열하게 다투면 '증거인멸의 우려'가 인정되어 오히려 구속될 가능성이 높아진다고 보는 법조인들이 많았는데, 최근에는 치열하게 다투더라도 방어권 보장을 이유로 구속영장이 기각될 가능성도 적지 않게 된 셈입니다.

범죄 성립을 위한 세가지 요건: 구성요건, 위법성, 책임

어떤 피고인에 대해 최종적으로 유죄판결을 하기 위해서는 구성요건해당성, 위법성, 책임이 모두 인정되어야 합니다. 이중 어느 하나라도 인정되지 않으면 무죄가 됩니다. 그만큼 누군가에게 유죄판결을 내리는 일은 복잡다단한 판단 과정을 거쳐서 신중하게 이루어지는 것입니다.

판결을 한다는 것은 사실관계를 확정하고 그 사실관계에 법을 적용하는 것입니다. 법을 적용한다는 것은 법이 정한 요건이 충족되는지를 검토한 뒤에 충족하면 해당 법에 정해진 효과를 천명해주는 것입니다. 법조문은 대개 어떤 행위를 하면 어떤 처벌을 가한다는 식으로, '요건-효과'의 구조로 이루어져 있습니다. 가령 형법 제329조는 "타인의 재물을 절취한 자는 6년 이하의 징역 또는 1천만원 이하의 벌금에 처한다"고 규정하고 있습니다. 여기서 '타인의 재물의 절취'라는 요건을 충족하면 '6년

이하의 징역 또는 1천만원 이하의 벌금'이라는 처벌이 가능해
지는 것입니다.

여기서 '타인의 물건의 절취'는 그것을 충족하면 범죄가 된
다는 의미에서 '범죄구성요건'이라 합니다. 이 요건이 충족하
는지를 판단하기 위해서는 공소사실이 '타인' '재물' '절취'에
해당하는지를 나누어서 살펴보아야 합니다. 가령 피고인이 친
구의 휴대폰을 자기 사물함 속에 넣어둔 사건을 가정하면, '친
구'가 '타인'이라는 요건을, '휴대폰'이 '재물'이라는 요건을,
'자기 사물함에 넣은 행위'가 '절취'라는 요건을 제각각 충족
하는지를 따져야 합니다. 이 절취에는 '고의'도 포함되기 때문
에 피고인에게 고의가 있었는지도 따집니다. 이 과정에서 일반
인의 상식의 관점에서는 범죄인 것 같지만 해당 법의 관점에서
는 아닌 경우들이 있습니다. 가령 통신비밀보호법은 공개되지
않은 '타인 간의 대화'를 녹음하는 행위를 처벌하고 있지만, 여
기서 '타인 간의 대화'에는 녹음자가 대화에 참여하면서 녹음
한 타인의 말은 포함되지 않는다는 것이 판례의 입장입니다.

구성요건이 충족되면 대개 위법성이 인정되지만 때로 정당
방위, 정당행위, 긴급피난 등 법체계 전체의 관점에서 위법하
다고 말할 수 없는 경우가 있습니다. 정당행위는 경찰관이 범
인을 제압하는 과정에서 폭력이나 무기를 사용한 경우나 의사
가 치료를 위해서 환자의 몸에 메스를 대는 경우를 정당화합니
다. 긴급피난은 자동차 운전자가 앞에서 돌진해오는 트럭을 피

하려다가 길가 가로수를 들이받아 손괴죄를 저지르는 경우처럼 큰 위험을 긴급하게 피하기 위해 작은 범죄를 저지르는 경우 위법성을 인정하지 않는다는 법리입니다.

우리나라 판검사는 정당방위를 인정하는 데 인색합니다. 정당방위와 관련해서는 누나 집에 침입한 도둑을 빨래건조대로 때려 뇌사에 이르게 한 남자가 1심에서 징역 1년 6개월의 실형을 선고받아 갑론을박을 야기한 사건이 유명합니다. 다만 이 사건은 피고인이 도둑을 거의 한시간이나 때렸고, 도둑의 친형이 동생의 거액의 치료비 때문에 극단적 선택을 한 사정도 고려할 필요가 있습니다. 미국에서는 정당방위를 우리보다 넓게 인정하고 있고, 특히 집에 쳐들어온 범인에 대해서는 총을 쏘아 죽여도 정당방위로 인정합니다. 넓은 나라에서 경찰력이 일일이 배치될 수 없었던 전통이 바탕에 깔려 있다고 합니다.

구성요건해당성과 위법성이 인정된 경우에는 마지막으로 피고인에게 책임이 있는지를 판단합니다. 책임의 핵심은 법적 비난 가능성입니다. 우리 형법은 14세가 되지 않은 사람에게는 범죄 책임을 묻지 않습니다. 심신상실이나 심신미약으로 인정되는 경우도 마찬가지입니다. 과거 범행 당시에 술에 취해 있었다는 이유로 심신미약을 인정해서 형을 감형해주는 이른바 '주취감경'도 책임이 감경된 것으로 보는 것입니다.

판사가 실무상 양형을 하는 방법

증거조사 절차가 끝나면 검사가 구형을 하고, 변호인은 최후 변론을 하며, 피고인은 최후 진술을 합니다. 그렇게 변론을 종결하고 판결을 선고할 기일을 정해서(대개 2주 또는 4주 뒤입니다) 통보하고 나면 이제 오롯이 판사가 혼자서 그 사건의 판결문을 쓰는 시간이 시작됩니다. 두꺼운 기록을 책상 위에 올려놓고, 오톨도톨한 돌기가 난 파란색 골무를 손가락에 끼고, 컴퓨터에서 판결문작성 시스템 속 판결문 화면을 켜놓은 뒤, 기록을 넘기면서 판결문 속에 문장을 채워나갑니다. 그 과정에서 유사한 다른 판결들을 검색하기도 하고, 관련 책과 논문을 읽어보기도 합니다. 동료 판사들과 상의도 합니다.

판결문은 크게 '주문(主文)'과 '이유'로 나눕니다. 주문에는 "피고인은 무죄"라거나 "피고인을 징역 5년에 처한다"와 같은 판결의 결론이 들어갑니다. 그 밑에는 주문을 그렇게 내는 '이유'가 제시됩니다. 무죄판결의 경우 '이유'에는 '공소사실'을 쓴 다음 곧바로 '무죄의 이유'를 씁니다. 유죄판결의 경우 '이유'는 '범죄사실' '증거의 요지' '법령의 적용' '양형의 이유' '피고인 및 변호인의 주장에 대한 판단' 순서로 씁니다.

유죄판결을 하는 경우에는 양형(量刑)이라는 큰 숙제가 따라오게 됩니다. 양형은 유죄로 인정되는 피고인에게 부과할 형량을 정하는 일을 말합니다. 양형을 할 때는 먼저 형의 종류를 선

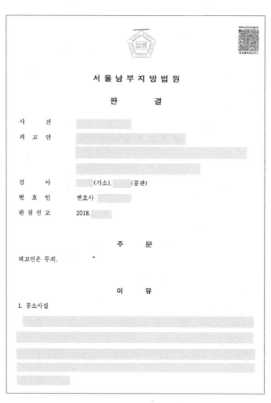

판결문에서는 판결의 결론인 '주문'과 주문을 그렇게 낸 '이유'가 핵심입니다. 무죄판결의 경우 '이유'에는 '공소사실'을 쓴 다음 곧바로 '무죄의 이유'를 씁니다. 유죄판결의 경우 '이유'는 '범죄사실' '증거의 요지' '법령의 적용' '양형의 이유' '피고인 및 변호인의 주장에 대한 판단' 순서로 씁니다. 판단의 이유를 상세하게 써야 하기 때문에 대형 사건의 경우 판결문만 수백 페이지에 달하는 경우도 흔합니다.

택해야 합니다. 절도죄의 경우 형법 제329조에 규정된(6년 이하의 징역 또는 1천만원 이하의 벌금) 징역형과 벌금형이라는 두 종류의 형벌 중 하나를 선택해야 합니다. 살인죄의 경우에는 형법 제250조 제1항에 규정된(사형, 무기 또는 5년 이상의 징역) 사형, 무기징역, 유기징역 중 하나를 선택해야 합니다. 여기서 A 피고인의 절도죄에 대해서는 징역형을, B 피고인의 살인죄에 대해서는 무기징역형을 선택한다고 가정해봅시다.

A의 경우 형량은 6년 '이하'의 범위에서 징역형을 정해야 합니다. '이하'라고 했으므로 징역 6년은 형량의 최대치가 되는데 이를 '상한'이라 합니다. 역사적으로 형법은 형량의 하한보다 상한을 규정하는 데 주력해왔는데 그것은 왕이나 국가가 지나치게 가혹하게 처벌하는 것을 막기 위해서입니다. 그런데 A가 절도죄를 2건 저질렀다면 어떻게 될까요? 상한은 6년의 두 배인 12년 이하의 징역이 될까요? 그렇다면 절도죄를 10건 저지르면 60년 이하의 징역이 될까요? 그렇지 않습니다. 여러건을 저지르게 되면, 그것이 2건이든, 100건이든, 상한은 1.5배가 됩니다. 즉, 9년 이하의 징역의 범위에서 형을 정하게 됩니다. 이처럼 같은 범죄를 여러번 저지른 경우에 이렇게 형을 가중하는 것을 '경합범 가중'이라 합니다.

B의 경우에는 여러건의 살인을 저질렀더라도 무기징역형의 특수성상 무기징역형이 됩니다. 살인죄의 형량을 보면 '5년 이상의 징역'이라고 해서 최소한인 '하한'을 정해두고 있습니다.

하한을 설정해놓은 이유는 지나치게 가볍게 처벌하는 것을 막기 위해서입니다. 다만, 죄명마다 징역형의 상한이나 하한이 구체적으로 설정되지 않았더라도 하한은 1개월이고 상한은 30년(가중할 때는 50년)입니다.

하한이 징역 3년보다 낮아지는 것은 실무상 큰 의미가 있는데 징역 3년까지는 집행유예를 할 수 있기 때문입니다. 징역 1년에 집행유예 2년을 선고받는다면, 당장은 교도소에 가지 않고, 2년이 경과하면 형의 선고가 효력을 잃게 됩니다. 그러나 집행유예 기간 중에 범죄를 저질러 금고 이상의 형을 받아서 형이 확정되면 집행유예가 실효되고 원래의 징역 1년이 집행되게 됩니다.

반면에 형량의 감경 사유들도 있습니다. 방조범인 경우에는 정범(正犯)의 형량보다 감경해야 합니다(형법 제32조). 자수를 하면 형량을 감경할 수 있습니다(형법 제52조). 앞서 말한 바와 같이 심신미약의 경우도 그렇습니다. 피해자와 합의를 하는 등 범죄의 정상에 참작할 만한 사유가 있어도 감경할 수 있습니다(작량감경). B의 무기징역형을 감경하면 10년 이상 50년 이하의 징역이 됩니다. 유기징역형을 감경할 때에는 상한과 하한 모두 절반씩 감경하게 됩니다. B의 살인죄에 대해서 당초 유기징역형을 선택했다면 징역 5년 이상 30년 이하가 되는데, 여기서 감경을 하면 징역 2년 6개월 이상 15년 이하가 되는 것입니다.

법정형이 정해지고 나면 그 법정형 안에서 구체적인 형량을

2023 대법원 양형위원회 양형기준표 살인죄의 경우

유형	구분	감경	기본	가중
1	참작 동기 살인	3~5년	4~6년	5~8년
2	보통 동기 살인	7~12년	10~16년	15년 이상. 무기 이상
3	비난 동기 살인	10~16년	15~20년	18년 이상. 무기 이상
4	중대범죄 결합 살인	17~22년	20년 이상. 무기	25년 이상. 무기 이상
5	극단적 인명경시 살인	20~25년	23년 이상. 무기	무기 이상

▷ 살인미수범죄의 권고 형량범위는 위 형량범위의 하한을 3분의 1로, 상한을 3분의 2로 각 감경하여 적용. 단, '무기'는 '20년 이상'으로, '무기 이상'은 '20년 이상. 무기'로 각 감경하여 적용.

구분			감경요소	가중요소
특별 양형 인자	행위	공통	• 범행가담에 특히 참작할 사유가 있는 경우 • 과잉방위 • 미필적 살인의 고의 • 피해자 유발(강함)	• 계획적 살인 범행 • 범행에 취약한 피해자 • 사체손괴 • 잔혹한 범행수법 • 존속인 피해자 • 비난할 만한 목적에 의한 약취·유인인 경우(4유형) • 강도강간범인 경우(4유형) • 피지휘자에 대한 교사
		미수	• 경미한 상해(상해 없음 포함)	• 중한 상해
	행위자 /기타		• 청각 및 언어 장애인 • 심신미약(본인 책임 없음) • 자수 • 처벌불원 또는 실질적 피해 회복(공탁 포함)	• 반성 없음(범행의 단순 부인은 제외) • 특정강력범죄(누범)
일반 양형 인자	행위		• 소극 가담 • 피해자 유발(보통)	• 사체유기
	행위자 /기타		• 범행 후 구호 후송 • 심신미약(본인 책임 있음, 4유형의 강간살인/유사강간 살인/강제추행살인, 약취·유인 미성년자 살해, 인질살해 에는 적용하지 아니함) • 진지한 반성 • 상당한 피해 회복(공탁 포함)	• 특정강력범죄(누범)에 해당하지 않는 이종 누범, 누범에 해당하지 않는 동종 및 폭력 실형전과(집행 종료 후 10년 미만) • 합의 시도 중 피해 야기(강요죄 등 다른 범죄가 성립하는 경우는 제외)

결정하게 됩니다. 이때부터는 양형기준표를 참작합니다. 2007년부터 대법원 산하에 양형위원회가 설치되어 양형기준표를 제시하고 있고, 판사는 이를 따를 의무는 없지만 따르지 않을 때에는 그 이유를 판결문에 기재해야 합니다. 양형기준표의 고려 인자는 형의 가중 인자와 감경 인자로 나누어지는데, 가령 가중 인자는 '계획적 범행' '반성 없음' '불특정 다수 피해자' 같은 것이고, 감경 인자는 '자수' '피해자의 처벌불원' 같은 것입니다. 그러나 양형기준표는 징역 7~12년과 같이 범위를 제시해줄 뿐이고, 결국 구체적인 형량을 정하는 것은 판사의 몫입니다.

양형의 어려움

정의의 여신의 원조는 그리스 신화에 나오는 디케입니다. 제우스와 율법의 여신 테미스 사이에서 세 여신이 태어났는데 그중 하나가 바로 정의의 여신인 디케입니다. 디케가 로마 신화에서는 '유스티티아(Justitia)'로 불리는데, 'Justice(정의)'라는 단어가 여기서 유래합니다. 초기의 디케상은 긴 칼만 들었을 뿐이지만 유스티티아상은 칼과 함께 저울도 들게 됩니다. 요즘 보이는 정의의 여신상은 칼은 없고 저울만 들고 있습니다. 정의의 핵심이 칼에서 저울로 이동했다고 볼 수도 있습니다.

서울 서초동 대법원 청사 로비에 있는 '정의의 여신상'은 왼손에는 법전, 오른손에는 형평을 뜻하는 저울을 들고 있습니다. 예전에는 '정의의 여신상'이 칼을 들고 있는 모습으로 자주 나타났습니다. 많은 여신상들 손에서 칼이 사라지고 대신 저울이 많아지게 된 것은 정의를 구현하는 데 힘을 통한 처단보다는 공평함이 중요하다는 인식이 반영된 것으로 볼 수 있습니다.

저울은 형평을 따지는 일을 상징합니다. 판사의 일의 핵심도 저울질입니다. 아예 숫자를 밝힙니다. 민사판결에서는 피고가 원고에게 지급해야 할 돈의 액수를 정해야 하고, 형사판결에서는 피고인이 받아야 하는 징역형이나 벌금형의 형량을 역시 수치로 정해야 합니다. 형사재판에서는 유죄냐, 무죄냐를 판단하는 것도 어렵지만 그에 못지않게 어려운 것이 양형입니다. 어쩌면 더 어렵다는 생각도 듭니다. 유죄, 무죄에 대한 판단은 두 가지 선택지 중에 하나를 고르는 것이지만, 양형은 가령 5년 이하의 징역형 중에서 숫자로 정확히 답을 특정해야 하기 때문입니다. 객관식 문제와 주관식 문제의 차이라고 할까요. 제가 판사이던 시절에 가장 부담이 컸던 부분이 양형이었습니다.

양형은 결코 쉽지 않습니다. '같은 것은 같게, 다른 것은 다르게'라는 정의(正義)의 정의(定義)에 따라 판단하면 될 것 같지만, 무엇이 같은지 다른지, 다르면 얼마나 다른지를 판단해야 하는 일은 여전히 어렵습니다. 고대 바빌로니아의 왕 함무라비가 기원전 1776년에 만든 함무라비 법전도 '눈에는 눈 이에는 이'라는 내용으로 유명하지만 그 법전의 내용은 아래와 같이 300여건 판결에서의 구체적인 양형 사례로 가득 채워져 있습니다.

196. 만일 귀족 남자가 다른 귀족 남자의 눈을 멀게 하게 한다면 그의 눈도 멀게 만들어라.

198. 만일 그가 평민의 눈을 멀게 하거나 뼈를 부러뜨린다면 은 60세겔을 저울에 달아 피해자에게 주어야 한다.

209. 만일 귀족 남자가 귀족 여성을 때려서 그녀의 아기가 유산되었다면 태아에 대한 보상으로 은 10세겔을 저울에 달아 지불해야 한다.

210. 만일 맞은 여성이 사망한다면 그 남자의 딸을 죽여야 한다.

211. 만일 그가 임신 중인 평민 여성을 때려서 유산시킨다면 은 5세겔을 달아 주어야 한다.[1]

필로폰 0.1그램을 투약한 사람보다 0.2그램을 투약한 사람, 100만원짜리 물건을 훔친 사람보다 200만원짜리 물건을 훔친 사람, 한번 때린 사람보다 두번 때린 사람에 대해서 더 높은 형량을 선고해야 한다는 것은 누구나 동의할 것입니다. 그러나 필로폰 0.1그램을 투약한 사람과 100만원짜리 물건을 훔친 사람과 한번 때린 사람 중에서 누구를 가장 강하게 처벌해야 하는지의 문제에 대해서는 이견이 있을 것입니다. 여기서 정확하게 형량은 징역 몇개월 또는 몇년이 적절한지에 대해서는 더더욱 다양한 이견이 있을 것입니다.

판사들의 형량이 낮기만 한 것은 아닙니다. 양형을 말할 때면 떠오르는 사건이 이종운 변호사 실종사건입니다. 2004년 7월에 한 로펌에서 일하던 이 변호사가 평소보다 일찍 퇴근하면

함무라비 법전은 기원전 1750년 무렵에 바빌로니아의 함무라비왕이 제정한, 세계에서 가장 오래된 성문법입니다. 282조의 법조문이 약 2.25미터의 원기둥꼴 현무암에 새겨져 있습니다. 수백건 판결의 구체적인 양형 사례가 가득 채워져 있습니다.

서 "내일 봅시다"라고 했는데 이후부터 행방이 묘연해졌습니다. 그런데 결혼식을 올리지 않은 이 변호사에게는 혼인신고가 되어 있는 부인 최씨가 있었습니다. 최씨는 남편의 실종 한달 전인 2004년 6월에 피보험자가 사망 또는 실종 시 15억원을 받는 생명보험에 가입한 상태였고, 특이하게도 보험 서류의 남편 연락처란에 최씨의 내연남 전화번호가 기재되어 있었습니다. 이 변호사의 실종 다음 날부터 최씨는 이 변호사의 신용카드로 800만원어치 쇼핑을 하고, 인감증명서를 위조하여 예금을 인출하고, 이 변호사 명의로 사기대출을 받았습니다. 가족들이 이 변호사를 찾아 나서자 어떤 남자에게 30만원을 주고 공중전화로 집에 "좋은이예요. 걱정 말아요. 다른 여자가 생겼어요. 조금 있다가 들어갈게요"라고 말하도록 했습니다. 어느 날에는 이 변호사의 수첩 속에 있는 글씨를 짜깁기해서 "헤어지자. 집 나간 것에 대하여 중언부언하지 말고 이혼하자. 너도 다른 사람 만나라"라는 내용으로 실종사건을 수사 중인 경찰서에 팩스를 보내기도 했습니다.

누가 보더라도 최씨가 이 변호사의 실종에 관여한 것이 분명했지만 이 변호사의 시신이 발견되지 않았기 때문에 살인 혐의는커녕 사망 사실부터 인정할 수가 없었습니다. 그래서 검사가 기소한 것은 보험 가입이나 대출 과정에서의 사기죄와 문서위조죄뿐이었습니다. 사기죄의 양형은 흔히 편취금 1억원에 징역 1년 정도로 보는데, 이 사건은 편취금액이 1,200만원 정도임에도 불구하고, 1심 판사는 "피고인이 이종운 변호사의 실종에 관련되어 있고, 그 실종에 따른 뒷마무리로 이 사건 범행을 범한 것으로 보인다"며 최씨에게 징역 10년을 선고했습니다. 범죄사실을 인정하는 데에는 엄격한 증거법칙이 적용되지만, 양형의 이유가 되는 사실은 그렇지 않기 때문에 최씨가 이 변호사의 실종에 관여한 것으로 보인다고 명시한 것입니다. 그러나 항소심은 "양형의 이유가 되는 사실이 공소 제기된 사실보다 훨씬 무거운 다른 범죄행위가 되는 사실인 경우에는 합리적인 의심을 배제할 정도의 엄격한 증명이 요구된다"고 하면서 최씨가 이 변호사의 실종에 관여한 사실을 이 사건의 형량에 고려할 수 없다며 징역 2년을 선고했습니다. 여러분은 어느 쪽 결론에 동의하십니까?

저는 군인들이 먹는 음식 관련 군납 비리를 저지른 피고인에 대해서도 검사의 구형량인 1년 6개월보다 두배 높은 징역 3년의 실형을 선고했습니다. 피고인은 해당 식품 업체의 조합 이사장을 지내면서, 새로운 업체가 조합에 가입할 때마다 군납 입찰에 일부러 사전에 알려준 일정 가격 이상의 비싼 가격으로 들러리를 서주는 것을 조건으로 삼았습니다. 그러고는 자기 친척 명의로 설립한 업체를 통해 그 입찰에 참여해서 군납을 수주했습니다. 그런 방식으로 군납에서 실질적인 경쟁이 사라지니 낮은 품질의 음식이 장병들에게 공급될 수밖에 없었던 것입니다. 청춘의 나이에 군에 입대해서 충분한 금전적 대가를 받지도 못한 채 험지에서 목숨 걸고 고생하는 병사들에게 보통 수준보다 더 좋은 음식, 옷, 장비가 제공되어야 할 것인데도 현실이 그렇지 못한 이유가 늘 궁금했었는데, 그 이유를 피고인의 범행에서 찾을 수 있었습니다.

그러나 저의 양형의 판단에 확신이 들지 않았던 사건들도 많았습니다. 트럭 운전사가 도로가를 걸어가던 가족 네명을 트럭으로 들이받아서 그중 아버지와 어린 두 딸이 사망했습니다. 홀로 살아남은 어머니는 숨을 쉴 때마다 화염을 들이켜는 것처럼 괴롭다고 합니다. 트럭 운전자는 유가족에게 배상금을 주지도 않았고 당연히 합의가 되지도 않았습니다. 이 트럭 운전자는 어느 정도의 형을 받아야 할까요? 징역 10년? 징역 7년? 징역 5년? 그런데 트럭 운전자는 너무 가난해서 월세조차 내지 못하는 형편이라 배상금을 주지 못하고 있었습니다. 또 운전자도 그 사고로 두 다리가 심하게 다쳐서 반신불수가 되었습니다.

이 피고인에 대한 형량은 어느 정도가 적당할까요? 재벌 2세가 스포츠카를 타고 가다가 같은 사고를 낸 것과 형량이 같아야 할까요, 달라야 할까요? 다르면 얼마나 달라야 할까요? 아마 누구라도 쉽게 답하기는 어려울 것입니다. 이런 이야기를 말이나 글로 전해 듣고 통계를 분석해서 적당한 양형을 토론하는 일과 판사로서 직접 그 당사자들을 만나보고서 판결을 내리는 일 사이에는 큰 간극이 있습니다. 전쟁을 소재로 한 게임에서 플레이어가 되어 국가 대 국가의 전쟁을 수행하는 것과 실제 전쟁에 소총 한 자루를 들고 참전해서 살아 있는 사람을 향해 총격을 가하는 것만큼 다릅니다.

이처럼 양형이 어렵기 때문에 판사 시절에는 저도 모르게 수시로 고민하고 있는 저 자신을 발견하곤 했습니다. 비 오는 날 출근하는 중에 와이퍼가 좌우로 오갈 때마다 저도 모르게 그 박자에 맞추어서 징역 1년이 적정한지, 징역 1년 6개월이 적정한지를 고민하던 적도 있습니다. 그러고 있으면 잠자리에 누워서도 이불이 물을 먹은 솜으로 지어진 것처럼 가슴을 무겁게 누릅니다. 의사는 환자의 병을 모르면 큰 병원에 가보라고 말할 수 있겠지만 판사는 남에게 판단을 미룰 수도 없습니다. 흥미롭게도, 옆방 판사가 물어보는 사건에 대해서는 왠지 명쾌하게 양형을 할 수 있을 것 같은데 자기가 재판한 사건에 대해서는 오히려 확신이 잘 안 설 때가 많습니다. 옆방 판사의 사건은 제 사건이 아니어서 부담이 없지만 제 사건은 제가 큰 책임을 지기 때문입니다.

판사의 양형이 약해지는 이유

판사들은 이처럼 그 나름대로 많은 고민을 하면서 형량을 결정하는데 왜 사람들은 판사의 형량이 낮다고 비판할까요? 판사의 형량과 시민들의 형량 사이에 괴리가 큰 이유는 무엇일까요? 그 이유는 첫째, 검사와 변호인 사이에서 결정을 내리는 판사의 중간자적 입장 때문입니다. 줄다리기를 할 때 양측이 줄 양쪽 끝을 힘껏 잡아당기는 가운데 그 힘이 절충을 이루는 지점에서 승부가 결정되는 것처럼, 판사의 양형도 정의와 공익을 위해 엄벌을 구하는 검사의 주장과 개인의 딱한 처지를 들어 선처를 구하는 변호인의 주장 사이에서 결정됩니다. 판결로 선고되는 형량이 검사 구형량의 절반 안팎에서 결정되는 경우가 많다는 것도 이 점을 반영합니다.

둘째, 언론의 범죄 보도는 그 범죄자 인생의 최악의 순간만을 조명하게 됩니다. 반면 판사는 장기간 재판을 하면서 그의 나쁜 측면뿐만 아니라 그간에 살아온 과정이나 가정형편 등 여러가지 측면을 종합적으로 보게 됩니다. 그렇게 나쁜 면, 딱한 면을 골고루 보다보면 아무래도 최악의 모습을 본 사람과는 범죄자에 대한 평가가 같을 수 없을 것입니다.

셋째, 재판을 하다보면 사람이 하는 일이라 감정적 요인도 작동합니다. 범죄자가 주인공인 영화나 소설을 보면 우리는 그의 범죄에는 동의하지 않더라도 내면의 한구석이나마 이해하고 공감하게 되는 것처럼, 재판하는 판사도 장기간 재판을 하면서 그의 다양한 측면을 들여다보게 되면 때로 피고인에 대한 연민 같은 감정이 들 수 있습니다. 이것이 글로만 사건을 접하고 자기 손으로 처벌하지 않는 사람과 오래 보던 이에게 직접 칼을 내리쳐서 피를 봐야 하는 판사 사이에 차이를 초래합니다. 판사들이 가장 부담스러워하는 일은 '법정구속'입니다. 법정에 오기 전에 경찰이나 검사에 의해 구속된 피고인을 재판하다가 징역형을 선고하게 되면 판사가 추가로 구속할 필요가 없지만, 불구속 상태의 피고인을 재판하여 징역형을 선고하게 되면 판사가 직접 법정에서 구속을 해야 하는데 이때의 구속을 '법정구속'이라고 합니다. 저도 언젠가 한 피고인을 법정에서 구속했는데 임신으로 배가 부른 그의 젊은 아내가 뛰쳐나와서 무릎을 꿇고 "판사님, 저희 남편을 살려주세요"라고 오열하면서 애원했습니다. 물론 대부분 판사들은 그럼에도 냉정하게 할 일을 하지만, 이런 일을 거듭 겪다보면 심적으로 부담이 되어서 때로 산타클로스 판사가 되고 싶다는 생각이 들기도 합니다. 빨간 모자를 쓰고, 빨간 옷을 입고, 피고인석에 앉은 사람이 얼마나 선한 일을 했는지를 재판한 뒤에 선행이 지나치면 온 가족과 함께 루돌프 사슴 썰매에 태워서 몰디브에 6개월씩 사정없이 보내버리고 먹여주고 재워주는 것입니다.

넷째, 형사사건 중에서는 수사나 재판 중에 피고인이 피해자와 합의를 해서 피해자가 처벌을 원치 않는 경우가 많습니다. 그러나 언론 보도는 합의가 되기 이전의 상황에서 이루어지는 경우가 많습니다. 피해자에게 금전적 배상이 어느 정도 이루어지고 그에 따라 피해자가 처벌을 원치 않고 있는 점을 고려해서 정하는 판사의 형량과 그런 사정을 모르고 범죄사실만 본 사람들이 생각하는 형량의 수준도 같을 수는 없을 것입니다.

다섯째, 기존 판결들의 관성의 힘이 상당히 강한 편입니다. 판사들은 선례를 벗어나는 것을 꺼리기 때문입니다. 기존에 쌓인 선례를 벗어나면 상급심에서 판결이 취소될 가능성이 높아지는데 이것을 판사들은 달가워하지 않습니다. 선례를 벗어나지 않으려는 경향은 합리적인 측면도 있습니다. 양형을 포함해서 판결의 선례들은 오랜 시간 전국의 판사들이 쌓아올린 것이므로 그와 동떨어진 형량을 선고한다는 것은 자신만 옳고 기존 판사들의 판단이 잘못된 것이라는 뜻인데, 대개 그럴 가능성은 낮기 때문입니다. 게다가 진짜로 이번에 새롭게 판결하는 판사의 형량만 옳다고 하더라도, 재판을 받는 사람들 입장에서는 같은 죄를 저질렀을 때 오로지 이 판사에게 판결받은 사람만 중형을 받는다면 그것은 '같은 것은 같게, 다른 것은 다르게'라는 정의에 반할 수 있습니다.

여섯째, 강력한 처벌이 범죄를 막지 못한다는 명제가 엄벌주의에 비해서 과학적·합리적인 것으로 받아들여지는 분위기도 양형에 영향을 미칠 수 있습니다. 이탈리아의 법학자 체사레 베카리아(Cesare Beccaira) 이래 가혹한 처벌이 범죄의 감소를 보장하지 않는다는 연구 결과가 다수 존재하는 것은 사실입니다. 미국의 경제학자 아이작 에를리히(Isaac Ehrlich)도 통계 분석을 통해서 범인 검거율이 높으면 범죄 발생률이 유의미하게 감소하지만 처벌을 강화한다고 해서 범죄 발생률이 감소한다는 근거는 발견할 수 없다고 했습니다. 사형이 무기징역보다 범죄를 억제하는 효과가 더 큰가에 관한 연구 결과도 부정적으로 나옵니다. 다만, 이런 연구들은 범위나 조건을 일정 부분으로 한정하고 있기 때문에, 모든 경우에 처벌이 강하든 약하든 범죄 발생률에 아무런 영향이 없다고 말할 수는 없을 것입니다. 근본적으로 인간이 범죄를 저지르는 바탕에는 다양한 요인이 작동하고 있고 기본적으로 인간과 사회를 대상으로 해서는 정확한 비교대소군을 만들어서 실험할 수는 없는 노릇이기 때문에 강력한 처벌이 범죄 억제에 얼마나 효과가 있는지 없는지는 명확하게 말하기 어렵습니다.

양형을 현실화하는 방법

조두순 사건을 비롯한 일련의 사건들로 인해 술에 취한 상태에서 저지른 범죄에 대해서 형량을 감경해주는 이른바 '주취감경'이 부당하다는 국민들의 목소리가 커졌습니다. 기존의 형법은 피고인에게 심신미약이 인정되는 경우 판사가 의무적으로 형량을 하한의 절반으로 감형하도록 규정하고 있었으므로 판사가 감경하고 싶지 않다고 해서 안 할 수가 없었습니다. 그러나 2018년에 아예 형법이 개정되어서 심신미약의 경우에도 무조건 형량을 감경하는 것이 아니라 감경 여부를 판사가 적절히 선택할 수 있게 되었습니다. 이제는 법원에서 주취감경 관행은 거의 사라졌습니다. 제도를 개선함으로써 형량 문제를 개선한 사례입니다.

서두에서 언급한 바와 같이 조두순 사건 등으로 형량이 낮다는 비판이 커지면서 2010년에 형법상 유기징역형의 상한이 기존의 15년에서 30년으로 두배 높아졌습니다. 그렇다면 이렇게 법이 개정된 이후에 판사들이 선고한 형량도 두배씩 올랐을까요? 그렇지 않습니다. 양형기준표가 변하지 않았기 때문입니다. 양형기준표는 선례 판결들의 70~80퍼센트의 분포에 해당하는 양형 외에 각 죄의 처벌조항마다 정해진 법정형을 반영합니다.

그런데 여기서 말하는 법정형은 개별 처벌조항에 정해진 형량을 말합니다. 가령 절도죄의 경우 형법 제329조에 구성요건과 함께 적힌 "6년 이하의 징역 또는 1천만원 이하의 벌금"이라는 형량을 말합니다. 따라서 법 개정을 통해서 현재의 양형기준표를 움직이려면 개별 형벌 조항에 있는 이 법정형들을 개정해야 합니다. 그런데 앞서 이루어진 법 개정은 법정형이 아니라 모든 종류의 징역형의 최대치인 '상한'을 규정한 것입니다. 그것을 높인다고 해서 개별 법정형이 상향되는 것이 아니고, 따라서 양형기준표도 변동되지 않는 것입니다. 그동안 성범죄에 관해서는 양형기준표의 기준과 함께 실제 판사들이 선고하는 형량이 상당히 높아졌던 것도 성범죄 처벌에 관한 특별법이 만들어지거나 개별 조항이 개정되면서 법정형이 높아졌기 때문입니다. 앞으로도 형량을 특별히 높일 필요가 있는 범죄에 대해서는 그 범죄의 법정형을 상향하는 것이 필요합니다.

가령 제가 팀장을 맡았던 법무부 사공일가(사회적 공존을 위한 1인가구) TF가 제안한 제도개선안 중 하나가 주거침입죄의 형량을 높이는 것이었습니다. 주거침입죄의 형량은 3년 이하의 징역 또는 500만원 이하의 벌금으로서 1953년에 정해진 것이 지금까지 그대로 이어지고 있습니다. 마을 공동체 안에서 서로 이웃집을 자유롭게 왕래하던 시절에 정해진 형량이 70년이 지난 지금 프라이버시에 대한 인식이 강화된 이 시대에도 그대로 유지되는 것은 바람직하지 않습니다. 주거침입 행위가 성폭력, 스토킹, 절도, 강도 등의 문턱이 되는 범죄가 되기 때문에 주거침입죄에 대한 제재를 강화하면 다른 강력범죄를 예방하는 효과도 생깁니다.

형사소송법 제383조는 10년 이상의 징역이 선고된 사건에서는 형량이 심히 부당하다고 인정할 만한 현저한 사유가 있을 때에만 상고할 수 있도록 하고 있습니다. 대법원 판례(69도472, 81도2898)는 이를 반대해석해서 징역 10년 이상의 형을 선고한 경우 형량이 심하게 가볍다는 이유로는 상고할 수 없다고 해서 상고를 제한하고 있습니다. 이 때문에 조두순 사건에서 징역 12년형이 나온 판결에 대해 검찰이 상고하지 못하기도 했습니다. 그러나 이 대법원 판례가 나온 50년 전에는 징역 10년이 아주 중한 형량이었을지 모르지만, 평균수명이 길어지고 10년 이상의 형량이 많아진 지금에도 이런 판례가 그대로 유지될 필요는 없다고 생각합니다.

저는 양형이 피해자의 입장과 괴리되는 이유 중의 하나가 피해자가 법정에 등장하지 않는 것과 관련이 있다고 생각합니다. 현재 형사재판에서는 피해자를 피해자의 자격으로 부르는 경우가 거의 없습니다. 피고인이 자백하면 검사가 제출한 증거에 대해서도 보통 이의를 제기하지 않기 때문에 피해자가 나올 일이 없습니다. 그러면 판사로서는 피해자를 만나보지도 않고, 피해자의 양형에 대한 입장을 들어보지도 않은 채 형량을 정하게 됩니다.

피고인이 범죄사실을 다투는 사건에서 피해자가 증인으로 출석하더라도 사실의 존부에 관해서 묻는 말에 대답하는 것이 대부분이고, 신문이 다 끝나고 나면 판사가 "증인, 하고 싶은 말이 있습니까?"라고 물었을 때 짤막하게 "엄벌에 처해주십시오"라고 말하는 정도입니다. 즉, 피해자가 양형에 대한 의견을 피력할 기회가 구조적으로 주어지지 않습니다. 물론 검사가 피해자의 입장을 대변하는 역할을 하지만, 검사가 건조하게 말하는 것과 실제로 피해를 입은 당사자가 법정에 나와서 자신의 피해를 자신의 입으로 이야기하고 가해자에게 엄벌을 내려달라고 눈물로 호소하는 것과는 판사의 마음에 일으키는 파장의 파고가 천양지차입니다. 근대 형사재판이 피해자를 참여시키는 제도를 필수적으로 두지 않는 것은 피해자의 참여를 인정하게 되면 재판 결과가 지나치게 감정적으로 흐르거나 피해자에게 휘둘릴 것을 우려했기 때문입니다. 그러나 그것은 재판 진행을 잘하면 극복할 수 있는 문제입니다. 이미 성범죄 재판에서는 피해자에게 변호인이 선임되어 법정에서 별도의 자리가 주어지기도 합니다.

이런 점에서 저는 적어도 피고인이 자백하는 사건의 경우에는 가해자와 피해자가 처음부터 뚜렷하게 구분되기 때문에, 법정에 피고인석을 놓아두고 정식으로 초대하는 것이 좋겠다는 생각입니다. 피해자가 정식으로 출석하면 피고인이 법정이라는 공식적인 장소에서 죄를 고백하고 용서를 구하는 것을 보면서 피해자가 치유를 얻는 효과도 기대할 수 있습니다.

최근 인공지능이 재판에 활용되는 사례가 늘어가고 있습니다. 미국의 몇몇 주에서는 판사가 재범위험도 예측에 인공지능을 활용하고 있다고 합니다. 중국은 증인신문 과정에 법관이 던질 만한 질문들을 인공지능이 시시각각 보여준다고 합니다.[2] 언젠가는 신문을 받는 증인의 의자에 거짓말탐지기를 설치해서 인공지능이 증인의 진술이 진실일 확률을 수치로 보여주는 날이 올지도 모릅니다. 요즘 발전하는 챗GTP를 보면 조만간 복잡한 판결문도 얼마든지 써낼 수 있을 것 같습니다.

재판 업무 중에서 인공지능을 적용하기에 가장 좋은 업무가 바로 양형입니다. 법관이 유사한 사건을 선택하고 그 사건들의 양형을 참작해서 해당 사건에서 가장 공평한 양형을 정하는 작업이, 알고리듬을 통해 유사한 영역을 찾고 통계 데이터를 학습해 귀납적 추론으로 결론을 내리는 인공지능의 작동 방식과 닮았기 때문입니다. 인간 판사들은 같은 사건을 놓고도 저마다 다른 결론을 내리는 경우가 많지만 인공지능은 같은 사건에 대해서 같은 결론을 내릴 것이므로 '같은 것은 같게, 다른 것은 다르게'라는 정의의 본질에 한걸음 다가설 것입니다. 하드SF 작가 그레그 이건(Greg Egan)의 소설 『내가 행복한 이유』를 보면, 만성 우울증에 걸린 주인공이 이식받은 인공 뇌에는 4천명의 사고방식이나 기분, 가치관의 데이터가 탑재되어 그 평균적 수치로 뇌가 작동하는데, 인공지능 판사가 하는 양형도 마찬가지로 수천명 판사들의 양형의 평균값을 내어줄 것입니다.

게다가 인공지능 판사는 형량을 결정하는 데 있어서 전관예우, 출신, 나이, 경제력, 개인적 사연, 정치적 성향 등에 따른 편견을 바탕으로 재판했다는 의심을 받지도 않는다는 장점이 있습니다. 일각에서 인공지능 판사는 인간 판사가 가지는 연민, 인간애, 공감, 윤리 등을 고려하지 못한다는 한계를 지적하기도 하지만, 어차피 이러한 고차원적인 판단은 알고리듬을 설계하는 단계에서 사람들이 그 기준을 정립함으로써 직접 수행해야 하는 일입니다. 자율주행 기술이 발전하게 되면 사람들은 인간이 운전하는 자동차는 위험하다고 타기를 꺼릴 것이라고 하는데, 언젠가 사람들이 인공지능의 도움 없이 혼자서 수동으로만 재판하는 판사에게 재판받는 것을 꺼리는 날이 올지도 모르겠습니다.

3장

교도소는
감옥이 아니다

제가 과거 판사로만 일하다가 법무부에 와서 교도관들 이야기를 들으면서 새롭게 깨닫게 된 것 중 하나가 '교도소는 감옥이 아니다'라는 것입니다. 감옥은 수형자를 도망가지 못하도록 가두어두는 곳인 반면, 교도소는 과학적·합리적 방법으로 수형자를 '교화' 내지 '교정'하는 곳입니다. 한자에서도 다른 점이 드러납니다. '獄(옥)'은 개 두마리가 말(言)을 하는 사람을 둘러싸고 지키고 있다는 뜻을 내포하는 반면, '矯導所(교도소)'는 바로잡을 교(矯) 자와 이끌 도(導) 자를 씁니다. 교도소는 신체에 직접 위해를 가하는 방식이 아니라 구금을 통해서 자유를 제한하는 방식으로 고통을 줍니다. 역사적으로도 조선 후기까지는 '옥'이나 '감옥'이라는 명칭이 쓰였고,* 일제강점기 때는 '형무소'라고 불렸지만(일본은 아직도 '형무소'라고 부릅니다), 1961년부터는 '교도소'로 불리고 있습니다. 교도소를 '감옥'이라고 부르면 교도관들도 달가워하지 않습니다.

제가 판사일 때는 범죄자에게 형벌을 선고하는 일만 하다보니 '범죄자는 교도소에 갈 사람'으로 인식했던 것 같습니다. 그런데 법무부에서 일하면서 교도관들은 정반대로 '범죄자는 사회로 돌아갈 사람'으로 인식하고 있다는 것을 알게 되었습니다. 그러고 보면 사형수나 무기수가 아닌 이상 모든 범죄자는 형기를 마치면 우리 사회로 돌아와서 우리 이웃에서 함께 살아가게 됩니다. 그래서 교도관들은 범죄자가 출소 후 사회에 잘 적응하기를, 교도소에 있으면서 우리 사회나 다른 구성원들에 대한 적개심을 가지지 않기를 바란다는 것도 알게 되었습니다.

교도소는 범죄자를 교화할 수 있는가 하는 의문을 가지는 분들이 많습니다. 이 의문에 어느 정도 답을 제공해줄 수 있는 범죄 통계가 재범률입니다. '재범률(재복역률)'은 4년 전에 교도소에서 출소한 사람 중에서 이후 3년 이내에 다시 범죄를 지어 징역형을 받고 교도소에 수감되는 사람의 비율로 계산되는데, 최근 통계는 24퍼센트 정도(2022년 23.8퍼센트, 2021년 24.6퍼센트)입니다. 위 의문에 어느 정도 답이 되는 또다른 통계는 수형자들의 과거 수감 전력입니다. 2021년 기준 기결수 34,087명 중에서 기존에

---

* 삼국시대까지는 '옥(獄)'이나 '영어(囹圄)', 고려시대부터 조선시대까지는 '전옥서(典獄署)', 갑오개혁 때부터는 '감옥'이라는 명칭이 사용되었습니다.

한번이라도 수감된 적이 있던 사람이 44.3퍼센트(15,099명)나 됩니다. 기존에 4회 이상 수감되었던 사람은 12.8퍼센트(4,359명)나 됩니다.

만약 교도소에서 교정이 완벽하게 이루어져 출소자가 다시는 범죄를 저지르지 않는다면 수형자 수는 해마다 절반씩 줄어들어서 약 5년만 지나면 현재 수형자의 5퍼센트 미만으로 줄어들 것입니다. 이 장에서는 범죄자를 좀더 효과적으로 교화시켜서 재범률을 낮추려면 교정 방식을 어떤 방향으로 개선해야 하는지를 생각해보려고 합니다. 아울러 교화 가능성과 관련해서, 교화가 불가능해 보이는 정남규, 유영철, 강호순 같은 엽기적인 살인을 저지르는 사이코패스의 경우에는 사형을 집행하는 것이 불가피한 것인지 여부도 함께 생각해보려고 합니다.

형벌의 목적, '응보'에서 '교화'로

사람들은 대체로 교도소 수형자들이 상당한 고통을 겪으면서 지내기를 바라는 것 같습니다. 갚아야 할 죗값이 있기 때문입니다. 저도 같은 입장입니다. 교도소 생활이 결코 편해서는 안 될 것입니다. 기본적으로 피해자의 인권이나 감정이 범죄자의 인권이나 감정보다 더 존중되어야 한다고 생각합니다. 그러나 이들이 그저 고통을 겪게만 하는 것이 우리 사회에서 범죄를 막는 최선의 길일까요?

전근대 시대에는 국가가 내리는 형벌의 목적이 주로 범죄자에게 신체적 고통을 주는 것이었습니다. 중세 유럽에서는 범죄자의 목을 베는 것은 보통이고, 불에 태우거나, 심장을 꺼내어 찢거나, 머리를 바퀴에 매달아 부수거나, 십자가에 매달거나, 신체를 자르는 등 잔인한 형벌들이 집행되었습니다. 고려와 조선의 형벌인 태형·장형·도형·유형·사형도 신체적 고통을 가하는 데 초점이 맞추어져 있었습니다. 태형(笞刑)과 장형(杖刑)은 곤장으로 범죄자의 신체를 때리는 형벌이고, 도형(徒刑)은 태형과 함께 쇠를 달구는 등의 노역을 시키는 형벌입니다. 사형으로는 칼로 목을 베는 참형(斬刑), 사지를 찢는 거열형(車裂刑), 가마솥에 넣어서 삶아 죽이는 팽형(烹刑) 등이 있었습니다. 그밖에도 얼굴에 상처를 내고 먹물로 죄명을 새기는 삽면(鈒面), 머리카락을 깎아버리는 곤형(髡刑), 범죄자의 뒤꿈치를 자르는 월형(刖刑) 등이 있었다고 합니다. 범죄자에게 강력한 신체적 고통을 줌으로써 피해자의 울분을 달래고, 정의를 세우고, 일반인들에게 공포심을 주어서 범죄를 예방하려 했던 것입니다.

그러나 근대 계몽주의 시대가 열리면서 형벌의 목적이 사람에게 고통을 주는 것이 아니라 범죄를 막는 것이 되어야 한다는 생각이 퍼지게 되었습니다. 그 바탕에는 가혹한 형벌이 오히려 범죄를 증가시켜 사회적 문제가 된다는 생각이 깔려 있었습

김윤보의 『형정도첩(刑政圖帖)』은 조선시대 말기의 형정(刑政)에 관한 풍속화첩으로 범죄인을 추국, 문초, 처형, 면회하는 장면을 담은 48점의 그림들이 묶여 있습니다. 위 그림은 군수 앞에서 군졸들이 죄인에게 태형을 가하는 장면입니다. 태형은 상대적으로 작은 몽둥이로 볼기를 치는 형벌입니다. 이러한 신체형은 죄인에게 신체적 고통을 줌으로써 피해자의 울분을 달래고 범죄를 저지를 경우 신체적 고통을 받는다는 공포를 심어줌으로써 다른 사람들도 범죄를 저지르지 않도록 하려는 것입니다.

니다. 자연과학이 발전함에 따라 인간에게 과연 자유의지가 있는지, 인간도 동물처럼 생물학적 조건이나 주변 환경의 지배를 받는 것이 아닌지, 그렇다면 범죄의 책임도 개인에게만 물을 수 없는 것이 아닌지와 같은 의문이 제기되기 시작했습니다.

이러한 새로운 사고방식의 선구적인 인물은 이탈리아의 법학자 체사레 베카리아(Cesare Beccaria)입니다. 가까운 친구의 친형이 감옥 관리자였던 덕분에 형벌과 감옥의 불합리한 실상을 알게 된 그는 26세 때 형벌 제도의 개선 방향을 제시한 『범죄와 형벌』(1764)이라는 저서를 출간합니다. 코페르니쿠스가 지동설을 주장하는 저작을 출간할 때 그랬던 것처럼 베카리아도 가톨릭교회로부터 받을 검열과 비판이 두려워서 처음에는 익명으로 이 책을 출간했습니다. 예상대로 로마가톨릭은 이 책을 금서로 지정했지만, 당대 가장 영향력이 있던 사상가 볼테르가 이 책의 프랑스어판 초판(1764)에 평론을 싣고 프로이센 국왕 프리드리히 2세가 "우리는 그가 기술한 것을 따라야만 한다"고 선언할 정도로 유럽 전역에서 큰 반향을 불러일으켰습니다.

이 책의 핵심 주장은 형벌은 보복을 위해서가 아니라 범죄를 예방하기 위한 것일 때에만 정당화된다는 것이었습니다. 범죄 예방에 효과가 있으려면 범죄가 중한 정도에 따라 그에 걸맞은 형벌이 부과되어야지 저지른 범죄에 비해서 과도한 처벌을 가하면 은행강도가 사형을 당하지 않기 위해 목격자를 죽이는 것처럼 오히려 범죄가 조장될 수 있다고 주장했습니다. 또 범죄를 막기 위해서는 가혹한 처벌보다 때를 놓치지 않고 신속하게 처벌하는 것이 중요하며, 귀족과 평민과 빈민에게 공평하게 처벌이 가해져야 하고, 당시 사람이 도저히 살 수 없었던 감옥을 인간적인 시설로 개선해야 한다고도 주장했습니다. 그밖에도 어떤 행위가 금지되는지를 사전에 일반 사람들에게 널리 알려야 하고, 재판은 공개되어야 하며, 고문과 사형은 폐지되어야 한다는 의견을 피력했습니다. 지금은 이런 주장의 대부분이 제도로 수용되었기 때문에 뻔한 공자님 말씀처럼 들리겠지만, 당대에는 이 모든 주장이 현실과 달랐기 때문에 혁명적이었습니다.

감옥개량운동

베카리아의 책이 출간되고 얼마 지나지 않아서 영국에서는 존 하워드(John Howard)를 중심으로 '감옥개량운동'이 일어납니다. 그는 다섯번에 걸쳐 유럽 각국의 300여개 감옥을 직접 둘러보고 감옥의 문제점을 파악한 이후 이를 1774년 영국 의회에 나가서 증언하는 등 교도소 제도를 개선하는 법 개정에 기여합니다. 그가 지목한 기존 감옥의 핵심적인 문제점은 수많은 범죄자를 남자와 여자, 소년과 성년, 기결수와 미결수를 구분 없이 한곳에 수용(혼거)하는 것이었습니다. 그로 인해 성적으로 문란해지고 범죄가 학습되어 결국 감옥이 범죄를 예방하는 기능을 하지 못한다는 것이었습니다. 하워드는 남자와 여자, 소년 범과 성인범, 기결수와 미결수를 구분해서 수용해야 하고, 노역 도 수용자에게 고통을 주기 위해서가 아니라 교육하기 위해서 부과해야 하며, 공정한 형집행을 위해서 교도소를 국가가 관리 하고 교도관을 공무원으로 임명해야 한다고 주장했습니다.

제러미 벤담(Jeremy Bentham)이 파놉티콘식 교도소를 제안한 것도 이 무렵입니다. 파놉티콘식이란 감옥의 중심에 교도관들 이 있는 감시탑을 세우고 이를 중심으로 수형자들의 방을 방사 형으로 둘러싸도록 하여 교도관들의 모습을 수형자가 잘 볼 수 없도록 함으로써 소수의 교도관으로 다수의 수형자를 관리할 수 있도록 한 방식입니다.

영국의 감옥개량운동은 1776년 막 독립한 미국에도 전파되 었습니다. 미국에서는 퀘이커 교도 중심의 '필라델피아 교도 소 개량협회'가 월넛 감옥(1790년), 피츠버그 동부교도소(1826년), 필라델피아 서부교도소(1829년) 등을 설립해서 퀘이커교 문화 에 따라 교도소를 운영했습니다. 수형자들은 밤낮을 가리지 않 고 혼자 지냈고, 가족과의 면회조차 허용되지 않았으며, 성경 외에는 다른 읽을거리도 주어지지 않았습니다. 이들 교도소가 펜실베이니아주에 있었기 때문에 이런 교정 방식을 '펜실베이 니아제'라고 합니다. 그러나 사회적 동물인 사람을 이렇게 철 저하게 고립시키자 정신병자나 자살자가 속출했습니다. 형기 를 마치고 사회에 나가더라도 사회 부적응자가 되기 십상이었습니다. 그 결과 펜실베이니아제는 20년도 못 되어서 힘을 잃게 됩니다.

그러자 수형자를 야간에만 독방에 수용하고, 주간에는 대화 금지를 조건으로 다른 수형자들과 함께 작업을 하도록 함으로써 출소 후 사회 적응력을 높이는 교정 제도가 1823년 뉴욕주의 도시 오번(Auburn)에서 실시되었는데 이런 방식을 '오번제'라고 부릅니다. 영화 「쇼생크 탈출」(1994)을 보면 밤에는 수형자들이 각자 혼자 잠을 자지만 주간에는 함께 노동하는 것을 볼 수 있는데 이것도 오번제를 적용한 것입니다. 오번제는 다른 수형자들과의 대화를 금지하는 것을 원칙으로 하는데, 그것은 현실적으로 쉽지가 않다는 점이 문제점으로 지적됩니다. 이러한 교도소 제도의 발전 과정이 모두 현재의 교도소 모습에 반영되어 있습니다.

우리나라 교도소의 수형자 생활

교도소 생활을 다룬 우리나라 드라마 중에서 가장 인기가 많았던 작품이 「슬기로운 감빵생활」(2017~2018)이 아닌가 싶습니다. 메이저리그 진출을 앞둔 국내 최고 투수 김제혁 선수가 여동생의 성폭행범을 폭행해서 식물인간으로 만든 죄로 징역 1년형을 선고받고 수감생활을 하는 이야기입니다. 드라마이다보니 극적 재미를 위해서 비현실적인 설정이 많이 나오지만 교도 관들은 그나마 이 드라마가 기본적인 교도소 생활을 충실하게 반영한 것이라고 합니다.

가령 교도소를 배경으로 한 다른 영화나 드라마에서는 수형자들이 큰 식당에서 식판을 놓고 단체로 밥 먹는 장면이 나오지만, 우리나라 현실의 교도소에서는 「슬기로운 감빵생활」처럼 수형자들이 제각기 거실 안에서 '소지'라고 불리는 수형자의 도움으로 배식을 받아서 함께 식사를 합니다. 일과 중에는 거실 안에서 원칙적으로 누워서 지낼 수 없고 반듯하게 앉아 있어야 합니다. 등을 벽에 기댈 수도 없고 운동을 할 수도 없습니다. 취침시간은 21시부터인데 밤에도 전등을 끄지 않습니다. 전원 스위치도 없습니다. 김제혁 선수가 수감된 첫날 짓궂은 동료 수감자가 김 선수, 불 좀 끄라고 소리를 쳐서 김 선수가 전원 스위치를 찾아서 한참 동안 벽을 더듬지만 결국 찾지 못하고 다른 재소자들에게 놀림을 당하는 장면이 나옵니다. 불을 못 끄는 대신 안대를 착용하고 잘 수 있습니다.

운동은 하루에 1시간 이내만 허용됩니다. 영화나 드라마에서는 교도소 운동장에 몇명씩 모여서 우두머리를 중심으로 세를 과시하거나 잡담을 하기도 하는데, 현실의 교도소는 피자 조각처럼 좁은 공간에 한명씩 들어가서 운동을 하기 때문에 단체로 어울릴 수가 없습니다. 국내외 영화의 교도소 장면에 클리셰로 나오는 2층, 3층으로 된 이른바 극장형 벤치도 현실의

교도소 일과표

시간	일과
06:30	기상 및 점검
07~08	청소 및 아침 식사
08~11:30	오전 일과
11:30~13	점심 식사, 설거지, 교화 라디오 방송 청취
13~17	오후 일과
17	입실, 점검
17:30~18:30	저녁 식사, 청소 등 개인 정비
18:30~21	TV시청, 독서, 휴식 등
21	취침

교도소에는 없습니다.

　징역형은 강제노역을 한다는 점에서 구금만 되는 '금고형'과 구분됩니다. 대부분은 노역을 원한다고 합니다. 노역을 하면 매일 작업장으로 가서 좀더 넓은 공간에서 몸을 움직이고 다른 사람들과 교류도 할 수 있는 반면, 그러지 않으면 운동 시간 외에는 종일 거실(감방) 밖으로 나가지 못하기 때문입니다. 노역의 종류에는 종이봉투 접기, 타이어 고무 끼우기, 의류 봉제, 옷 수선, 미싱 등이 있는데 가장 인기 좋은 작업은 목공입니다. 「슬기로운 감빵생활」에서 김제혁 선수도 목공을 합니다. 나중에 사회에 나가면 활용도가 높고 작업장려금도 상대적으로 더 받기 때문입니다. 그래서 수형자들 사이에서는 목공을 하게 되면 대기업에 취직했다고 농담을 하기도 합니다. 목공 도구는 흉기로 사용될 수 있기 때문에 교도관과 동료 재소자의 신임을 받은 사람만 목공을 할 수 있습니다. (아이러니하게도 화성 연쇄살인사건의 진범인 이춘재도 교도관들과 동료 수형자들에게 신임을 얻어서 목공 작업반장을 지냈고 목공기능대회에서 큰상도 받았습니다.)

종교활동은 일요일이 아니라 평일에 이루어집니다. 「슬기로운 감빵생활」에서는 경험 많은 동료 재소자가 교회에 가면 찬송가를 부를 수 있고, 그때 소리를 지를 수 있는 장점이 있다고 소개합니다. 그것은 평소에 큰 소리를 낼 수 없다는 뜻입니다. 거실에서는 대화가 가능하지만 크게 소리를 내서는 안 됩니다. 다른 방 사람과는 대화가 금지됩니다.

교도소에 가면 흔히 콩밥을 먹는다고 하지만 실제로는 쌀밥을 먹습니다. 과거 콩밥이 나왔던 이유는 쌀밥이 비쌌을 뿐만 아니라 고기가 없어서 콩으로라도 단백질을 보충하려고 했기 때문입니다. 출소 직후에 두부를 먹는 풍습이 생긴 유래에 대해서는 두부는 콩으로부터 풀려나서 다시는 콩으로 되돌아갈 수 없는 것이므로 다시는 콩밥을 먹지 말라는 의미라는 설명이 있습니다.

얼마 전 소셜미디어에 또래 여성을 흉기로 살해하고 시신을 훼손한 정유정과 이른바 '부산 돌려차기남'이 수감된 구치소의 식단표에 쇠고기떡국, 만두튀김, 소시지볶음, 닭고기씨개, 핫케이크 등의 메뉴가 나온다면서 네티즌들의 비판이 쇄도한 적이 있었습니다.[1] 그러나 한끼 평균 식비가 1,700원 미만이므로, 메뉴의 이름은 같더라도 당연히 사회에 있는 식당에서 나오는 정도로 좋은 것은 아닙니다.

화장실도 거실 안에 있습니다. 새로 온 수형자일수록 화장실 가까운 곳에서 잡니다. 화장실 근처는 냄새가 날 뿐만 아니라 가장 춥기 때문입니다. 화장실에서 세면, 목욕, 빨래도 다 해야 합니다. 과거에는 식기도 화장실에서 씻었는데 언젠가부터 싱크대가 들어왔습니다. 과거에는 난방이 되지 않아서 수형자들이 온수를 넣은 페트병을 안고 잤다고 합니다. 지금은 바닥에 온수나 전기를 통하게 해서 난방을 하는 곳이 다수이나, 복도에 설치된 라디에이터에서 나오는 열기를 간접적으로 쪼이는 것 외에 난방시설이 없는 곳도 존재합니다.

수형자들이 가장 힘들어하는 시기는 한여름입니다. 에어컨은 없고 선풍기가 한두대 있을 뿐입니다. 폭염이 들이닥친 날에는 건조하면 건식 사우나, 습하면 습식 사우나가 됩니다. 선풍기를 끄는 새벽 1시 이후에는 열대야로 인해 고통이 시작됩니다. 무더운 날에는 간혹 교도소 거실에 에어컨을 설치해도 되는지에 관한 논쟁이 벌어지기도 합니다. 군대에도 없는 에어컨을 교도소에 설치할 수는 없다는 견해 등 반대하는 목소리가 높습니다.

현재 가장 심각한 문제, 과밀수용

현재 우리나라 교도소의 가장 큰 문제는 과밀수용입니다. 2023년 8월 기준 교도소 정원은 49,600명인데, 실제 수용인원이 58,133명으로서 수용률이 117.2퍼센트입니다. 2016년에는 정원을 20퍼센트 초과한 적도 있었습니다.[2] 현재 대략 1평(3.3제곱미터)이 조금 넘는 4제곱미터 면적의 거실에 2명이, 3평 남짓한 거실에 5~6명이 지냅니다. 거실 안에 화장실도 있어야 하므로 실제 생활공간은 더 좁습니다. 잠을 잘 때도 옆 사람과 딱 붙어서 자기 때문에 서로 쳐다보면 불편해서 두꺼운 종이로 칸막이를 만들어놓고 자기도 합니다. 여름에는 사람이 열과 냄새를 뿜어내므로 사람이 존재 그 자체로 미워진다고 합니다. 그러니 쉽게 짜증이 나서 수형자 간에 다툼도 많아집니다. 과밀수용 문제를 해결하려면 교도소를 더 지어야 하는데 교도소 신축 사업은 진척이 어렵습니다. 교도소를 반기는 곳이 없기 때문입니다.

헌법재판소는 2016년 1인당 수용면적이 1제곱미터 남짓(신문지 2장 반 면적)한 것은 과밀수용으로 기본권을 침해한다면서 위헌이라 결정했고, 대법원도 2022년 1인당 2제곱미터 미만 과밀수용은 위법이라고 판결했습니다. 이후 대부분 교도소에서 최소 인당 2제곱미터가 확보되었지만, 그렇지 못한 경우도 있습니다. 2023년 10월에는 수형자 50여명이 과밀수용으로 인권침해를 당했다고 국가배상소송을 제기해서 일부 승소했습니다.[3] 이 국가배상소송 기사의 댓글을 보면 "교도소가 호텔인 줄 아느냐" "뻔뻔하다" "범죄자가 무슨 인권 타령이냐"는 등 소송을 제기한 수형자나 판사에 대한 비판 일색입니다. 그러한 비판도 충분히 이해할 수 있습니다.

그런데 범죄자의 인권 문제를 떠나서, 재범률을 낮추어 우리 사회의 범죄를 억제해야 한다는 측면에서 볼 때도 교도소 수용 환경이 열악할수록 바람직할까요? 교도관들의 말을 들어보면 과밀수용이 심하면 교정 프로그램의 효과를 기대하기 어려워진다고 합니다. 너무 짜증이 나고 괴로우면 차분히 앉아서 반성을 하거나 교육 내용을 받아들이기 어렵다는 것입니다. 수형자가 겪어야 하는 고통이 지나치게 크면 우리 사회나 정부에 대한 적개심이 커져서 출소하자마자 범죄를 저지를 유인이 높아진다고도 합니다. 수형자들이 고통을 겪으면서 죗값을 치르는 것도 중요하지만, 사회에 대한 분노를 줄여서 재범률을 낮게 유지하는 것이 사회 전체적인 입장에서는 더 바람직하지 않은지도 생각해볼 필요가 있습니다.

「쇼생크 탈출」의 브룩스가 출소 직후 자살한 이유

「쇼생크 탈출」은 묘한 영화입니다. 부러 찾아서 보게 되지는 않지만 케이블TV 채널을 돌리다 우연히 보게 될 때마다 마치 교도소에 갇힌 것처럼 빠져나오지 못하고 끝까지 보게 됩니다. 그래서인지 우리나라 사람들이 좋아하는 역대 영화 순위에서 항상 앞에 위치합니다. 이야기의 골자는 유능한 금융전문가 앤디 듀프레인(팀 로빈스 분)이 아내와 그 정부를 살해했다는 누명을 쓰고 종신형을 받아 쇼생크 교도소에 수감되었다가 19년 뒤 탈옥한다는 것입니다. 앤디는 수감된 상황에서도 자유로운 영혼을 잃지 않습니다. 교도소 스피커로 오페라「피가로의 결혼」을 틀어서 수형자들에게 음악을 선물해준다거나, 시의회에 편지를 집요하게 보내서 받은 지원금으로 교도소 안에 멋진 도서관을 마련해준다거나, 젊은 수형자에게 공부를 가르쳐서 검정고시를 붙게 해줍니다. 제가 가장 좋아하는 장면은 앤디가 교도관에게 세무 자문을 해주는 대가로 수형자들이 노역하던 건물 옥상에서 각자 편안한 자세로 맥주를 마시는 가운데 앤디가 두 손을 머리 뒤로 받치고 평화로운 표정으로 하늘을 바라보는 장면입니다. 비록 그의 몸은 교도소 안에 갇혀 있지만 영혼은 경계를 모르고 하늘을 흘러다니는 구름처럼 자유로워 보이고, 오히려 교도소 밖에 있는 제가 어딘가에 구속되어 살아가는 것 같습니다.

자유로운 영혼을 간직하고 있는 앤디와 대조되는 인물이 살인으로 50년간 수형생활을 한 브룩스(제임스 위트모어 분)입니다. 교도소에서 수형자들에게 책을 빌려주는 일을 했던 그는 모범적 수형생활로 인해 자신이 가석방될 수 있다는 소식을 듣자 오히려 극도로 불안해하면서 교도소에 더 남아 있기 위해 부러 동료 수용자의 목에 칼을 들이대며 난동을 피웁니다. 마지못해 가석방된 뒤에는 마트에서 허드렛일을 하며 친구도, 가족도 없이 정부가 지정해준 숙소에서 외롭게 지냅니다. 소변을 보러 갈 때도 마트의 동료에게 허락을 받으려고 할 정도로 사회 적응에 어려움을 겪습니다. 교도소에서는 책을 빌려주는 일을 하면서 중요한 사람으로 인정받았지만, 출소 이후에는 별 의미 없는 일을 하면서 곁에 대화를 나눌 사람조차 없던 브룩스는 얼마 못 가서 숙소에서 목을 매달아 자살합니다.

브룩스의 자살은 인간이 계속해서 살아가기 위해서는 의미 있는 일을 할 수 있는 직업과 친구가 있어야 한다는 것을, 교도소를 나온 사람에게는 이런 조건들이 일반인보다 더 주어지기 어렵다는 것을 여실히 보여줍니다. 직업과 친구를 가지려면 직업기술과 인간관계를 평화롭게 잘 유지하는 법을 익힐 필요가 있습니다. 교도소가 이런 '교육'을 충분히 제공하게 되면 수형자들은 출소 후 사회에 적응해서 살아가는 데 부담을 적게 느끼게 되고 그만큼 범죄를 또다시 저지를 유인이 어느 정도 줄어들게 될 것입니다. 교육에 방점을 두는 교정 방식을 '교육형주의'라고 합니다. 영화 「쇼생크 탈출」에서도 악덕 교도소장 노턴(밥 건턴 분)이 수형자들에게 직업훈련을 시키는 프로그램을 개시하면서 언론의 관심을 받는 장면이 나오는데 이것도 교

육형주의가 한창 유행하던 20세기 중반 미국 교도소의 풍경을
보여주는 장면입니다.

호텔 같은 노르웨이 할렌 교도소

교육형주의를 극단적으로 추구한 사례가 노르웨이의 할렌
(Halden) 교도소입니다. 이 교도소는 높은 울타리, 감시탑, 철조
망이 없습니다. 잔디와 나무가 가득한 주변 풍경과 뚜렷한 경
계 없이 어우러진 공간 속에 어느 작은 건축상을 받았다고 해
도 믿을 정도로 아름답고 깨끗한 최신식 건물이 들어서 있는데
그곳이 바로 교도소입니다. 수형자들은 독방을 사용하고 그 안
에는 침대, 책상, 칸막이가 된 화장실, 냉장고, 텔레비전, 심지어
비디오게임기까지 갖추어져 있습니다. 창문은 쇠창살 없이 널
찍한 통유리로 되어 있으며 그 너머로 아름다운 북유럽의 자연
풍경이 펼쳐집니다. 수형자들은 교도소 안에서 어디든 자유롭
게 다닐 수 있습니다. 부엌에 가서 다른 수형자들과 함께 요리
를 해먹을 수도 있고, 마트에 가서 요리에 필요한 재료나 그밖
의 음식을 구매 포인트가 내장된 카드로 구입할 수도 있습니다.
넓은 거실에서는 살인 전과가 있는 수형자들과 여성 교도관
이 소파에 앉아서 담소를 나눕니다. 음악 스튜디오에서는 전자
기타를 연주하거나 드럼을 칠 수 있고, 실내 체육관에서는 여

노르웨이의 할렌 교도소의 수형자들은 쾌적한 독방을 사용하고, 교도소 안을 자유롭게 다닐 수 있고, 요리, 운동, 음악 등 다양한 취미활동을 할 수 있습니다. 다른 사람들과 정상적으로 관계를 맺으면서 살아가는 방법을 교육받아야 사회에 나가서도 범죄를 저지르지 않는다는 철학을 배경으로 합니다. 이러한 '교육형주의'에 입각한 교도소가 세워진 이후 노르웨이의 재범률은 70퍼센트에서 20퍼센트대로 내려갔습니다.

러가지 운동을 할 수 있습니다. 식사는 셰프가 일반 레스토랑 수준의 음식을 만들어줍니다. 대형 자동차 정비소 같은 환경에서 자동차 수리 직업교육이 이루어집니다. 교도관들은 수형자가 오면 악수로 맞이하고 수형자들과 수시로 대화를 나누는데 이들은 수형자를 '감시'한다는 개념이 없고 대신 그들과 '상호작용'에 주력한다고 합니다.

노르웨이의 교도소는 시설이 좋은 만큼 비쌉니다. 수형자 1명에게 들어가는 비용이 연간 12만 달러이니, 우리 돈으로 1억 4천만원 이상이나 되는 셈입니다. 참고로 우리나라의 경우에는 수형자 1명당 연간 3천만원 정도 들어갑니다. 노르웨이는 왜 이렇게 많은 돈을 들여서 교도소 시설을 고급으로 유지하는 것일까요? 그 이유는 우선 수형자들이 형기를 마치면 결국 다시 사회로 돌아온다는 인식이 강하기 때문입니다. 노르웨이는 최고 형량이 징역 21년입니다. 사형도, 무기징역도 없습니다. 2011년 77명을 살해한 테러범 아네르스 베링 브레이비크도 징역 21년을 받았습니다. 그러니 아무리 악독한 범죄자라도 21년만 지나면 사회로 돌아와서 함께 살아가는 이웃이 된다는 것을 노르웨이 국민이 알고 있습니다. 또다른 이유는 출소자가 재범을 저지르지 않게 하려면 좋은 직업을 가질 수 있도록 직업기술을 비롯해 타인과 평화롭게 상호작용하는 법을 교육해야 한다고 믿기 때문입니다. 실제로 이러한 교도소가 세워진 이후 노르웨이에서 재범률이 기존의 70퍼센트에서 20퍼센트대로 내려갔습니다.

제가 구유고슬라비아 전범을 재판하는 네덜란드 헤이그 소재 유엔국제형사재판소(ICTY)에 파견 근무를 할 때 이런 말이 있었습니다. "헤이그에는 두개의 힐턴이 있다, 하나는 시내에 있는 진짜 힐턴 호텔, 또 하나는 유엔구치소(UNDU)". 유엔국제형사재판소가 재판을 진행 중인 피고인을 구금하기 위해 활용하는 구치소인 UNDU(United Nations Detention Unit)가 현대적 감각의 흰색 건물인데다 내부 시설도 좋기 때문입니다.

UNDU는 각 층에 약 5평 크기의 독방이 10여개 정도 있고, 그 안에 침대, 책상, 세면대, 화장실, TV, (인터넷은 연결되지 않은) 컴퓨터 등이 갖추어져 있습니다. 일과 중에는 독방을 벗어나서 같은 층의 어디든지 다닐 수 있기 때문에 수감자들이 다른 수감자들과 휴게실에서 TV를 보거나, 신문을 읽거나, 운동실에서 농구를 하거나, 영어나 컴퓨터 강좌를 듣거나, 종교 또는 취미활동을 합니다. 하루에 적어도 한시간은 옥외 운동을 할 수 있고 그것이 어려우면 'Air Cage'라고 불리는 실내 시설에서 신선한 공기를 마실 수도 있습니다. 각 층에 공중전화가 있어서 수감자 가족 등에게 전화를 걸 수도 있습니다. 면회는 한달에 7일간 가능한데 1회 면회는 8시간까지 허용됩니다. 배우자가 오면 한방에서 같이 지낼 수도 있고 이 면회를 통해서 수감 중에 아이를 얻은 피고인도 있습니다.[4]

제가 유엔국제형사재판소에 있을 때 피고인이던 스룹스카

공화국의 전 대통령 라도반 카라지치가 자신이 먹는 음식이 거의 다 전자레인지로 데운 것이라 건강에 해롭기 때문에 자연식을 달라는 신청을 정식으로 해서 재판이 열린 적도 있었습니다. '인종청소'와 같은 제노사이드를 저지른 사람이 전자레인지로 데운 음식은 건강에 해롭다고 이의를 제기하는 것을 어떻게 받아들여야 할지 난감했습니다. 그럼에도 불구하고 유엔은 왜 이렇게 좋은 시설을 유지하는 것일까요? 여기 수감된 인물들은 원래 나이도 들고 수형 기간도 길다는 점에서, 유엔이 이렇게 좋은 수준의 교정시설을 운영하는 것은 출소 후 재범 방지의 취지라기보다는 범죄자의 경우에도 기본적 인권이 보장되어야 한다는 인권의 원칙을 관철하기 위한 것으로 보입니다.

한편, 독일의 슈발름슈타트 교도소는 수형자에 대한 집단심리치료 프로그램으로 유명합니다. 심리치료 전문가가 인도하는 가운데 10명 안팎의 수형자들이 함께 모여서 충돌과 갈등이 일어나는 상황을 상정하고 역할극을 하거나 그 상황에 대한 의견이나 감정을 서로 나눕니다. 가령 어떤 사람이 자기가 앉으려고 하는 의자에 무례하게 발을 올려두고 있을 때 그에게 분노를 표출하거나 위협하지 않고 의자에 앉는 것을 한명씩 돌아가면서 시도하게 하고 그의 행동에 대해 다른 수형자들이 소감을 말하도록 합니다. 그러면 어떤 수형자는 말다툼을 시작하고, 어떤 수형자는 분노를 참지 못하면서 폭력을 행사하려는 조짐까지 보이지만, 또 어떤 수형자는 충돌을 피하기 위해서 자신의 욕구를 접고 물러나는 절제력을 보여주기도 합니다. 또는 특정 수형자를 한가운데 있는 의자에 앉혀놓고 다른 수형자들이 그를 둘러싸고 앉아서 그가 과거 저지른 범죄의 시점으로 돌아가서 그때의 행동에 무엇이 잘못되었는지에 대해서 질문이나 평가를 하도록 합니다. 그런 과정을 통해서 범죄자 가족이나 피해자의 입장도 생각해보도록 합니다.

앞서 노르웨이나 독일 교도소의 교정 방식은 인권 존중을 뛰어넘어 직업과 인간관계를 맺는 방식에 대한 교육을 극대화함으로써 출소 후 재범을 억제하는 데 초점을 맞추고 있습니다. 그러나 중대한 범죄를 저질러서 다른 사람과 그 가족의 인생을 파괴한 사람에게 국가가 엄청난 돈을 들여서 이렇게 좋은 시설에서 좋은 교육을 해주는 것이 '정의'의 관점에서 옳은가 하는 비판이 따라오지 않을 수 없습니다. 가령 살인범에게 가장을 잃은 피해자 가족은 정신적·경제적 고통에 평생 시달리면서 힘겨운 삶을 살아가는데 그 시간에 살인범은 최신식 시설에서 아름다운 자연 풍경을 구경하면서 체스를 두고, 셰프가 해준 요리를 먹고, 스튜디오에서 드럼을 연주해서 녹음하며 지내고 있다면 이것을 과연 정의롭다고 할 수 있을까요? 아무래도 수형자들에게 좋은 음식과 쾌적한 시설을 제공해주는 것은 우리나라에서는 정의의 관점에서 용납되기 어려울 것 같습니다. 다만, 일상은 엄정한 규율 속에서 절제하면서 살아가게 하더라도, 직업교육은 출소 후에 현실적으로 꽤 먹고살 만한 직장을 구할 수 있을 정도로 실질적으로 이루어지면 좋지 않을까 합니다. 현재 우리 교도소에서도 제빵, 제과, 용접, 미용, 요리, 자동차 정비, 바리스타, 보일러 시공 등 직업훈련이 이루어지고 있지만 대상자나 횟수, 교육하는 기술의 수준 등의 측면에서 제한이 많다고 합니다. 예산, 시설 등이 허용하는 범위에서 원하는 수형자에게 보다 고급 기술을 취득할 수 있도록 교육 기회를 확대할 필요는 있을 것입니다.

수형자에게 가석방이라는 열쇠를 주는 이유

「쇼생크 탈출」의 첫 장면은 20년간 수감된 레드(모건 프리먼 분)가 가석방 심사를 받는 장면으로 시작합니다. 레드는 가석방 위원들 앞에서 "잘못을 깨달았습니다, 새사람이 되었습니다, 저는 더이상 이 사회에 위험한 사람이 아닙니다, 신에게 맹세합니다"라면서 간절히 가석방을 희망합니다. 그러나 결과는 '기각'(rejected)입니다. 그로부터 10년 뒤, 레드는 또다시 가석방 심사를 받고 10년 전과 똑같은 말을 하지만 결과는 또 '기각'입니다. 또다시 10년이 더 지난 뒤 이제 수감생활 40년 차인 레드는 가석방 심사에서 교화되었느냐는 심사위원의 질문에 냉소가 가득한 표정으로 말합니다. "교화? 헛소리야! 그것은 정치인들이 꾸며낸 말이야. 당신 같은 젊은이가 넥타이 매고 양복 입고 직업을 가질 수 있도록 만들어낸 말이지. 죄를 뉘우쳤냐고? 후회하지 않은 날이 없소. 옛날의 젊은 나를 만나서 지금의 현실을 말해주며 정신 차리라고 말해주고 싶어. 그러나 그 젊은 녀석은 오래전 사라지고, 이 늙은 놈만 남았어. 어서 부적격 도장이나 찍고 내 시간을 그만 뺏어." 그런데 이번에는 가석방이 승인됩니다.

레드가 가석방을 간절히 원할 때는 '기각'되다가 가석방을 체념했을 때 비로소 '승인'되는 것이 단지 극적 재미를 고조시키기 위한 설정만은 아니라는 생각이 듭니다. 오랜 수감생활과 나이 때문에 교도소를 나갈 의지조차 없어졌다면 범죄를 저지를 의지도 꺾였을 것이라고 판단할 가능성이 높아진 것입니다.

가석방은 징역형 수형자가 재범 가능성이 낮다고 판단되었을 때 형기가 종료되기 전에 잠정적으로 석방을 허용하는 처분입니다. 형기를 단축하는 것이 아니라 잔여 형기를 교도소가 아닌 사회에서 집행하는 것입니다. 우리나라 형법(제72조)은 "행상이 양호하여 뉘우침이 뚜렷한 때" 무기형은 20년, 유기형은 형기의 3분의 1이 지난 후 가석방할 수 있다고 규정하고 있습니다. 여기서 '행상(行狀)'은 '몸가짐과 품행'을 가리키는 말입니다.

가석방 제도는 영국에서 유래되었습니다. 영국은 중범죄자를 당초 미국 버지니아주 메릴랜드로 유배를 보내다가 1776년 미국이 독립하자 유배지를 호주의 노퍽(Norfolk)섬으로 옮겼습니다. 이들은 출소의 희망이 없다보니 교도관의 통제에 따르지 않고, 노역도 게을리했으며, 폭동을 일으키는 경우가 잦았습니다. 유배를 오는 중범죄자가 많아짐에 따라 과밀수용 문제도 불거졌습니다. 이 모든 문제를 해결하기 위해서 1790년 아서 필립이라는 주지사가 품행이 좋은 수형자를 중심으로 조건부 사면을 해주기 시작해서 좋은 효과를 보았는데 이것이 가석방 제도의 효시가 됩니다.

가석방은 교도소의 열쇠를 수형자에게 주는 것과 같습니다. 그래야 수형자들이 교정 프로그램을 열심히 따르고 규범을 지키고 동료 수형자와 다투지 않는 등 건전한 시민에게 요구되는 자질이 키워지고 이것이 결국 재범 가능성을 낮추게 됩니다. 반대로 모범적으로 수형생활을 해도 빨리 출소할 수 있다는 희망이 전혀 없으면 수형자들이 자포자기에 빠지면서 반사회적 성향이 더 강해지거나 정신적·육체적으로 무너져서 정상적인 생활력을 잃을 수 있습니다. 또한 수형자들을 미리 사회로 내보내면 형기 종료 이후에 좀더 수월하게 사회에 적응할 수 있게 됩니다. 현실적 효용도 있습니다. 수형자를 일찍 내보내면 교도소 운영에 들어가는 인건비, 시설비, 식비, 의복비 등 비용을 그만큼 절약할 수 있고, 과밀수용의 문제도 완화할 수 있습니다. 물론 이런 현실적 문제들은 정의의 원칙을 훼손하지 않는 범위에서 부수적으로 고려되어야 할 것입니다.

가석방된 사람은 자유인이 되는 것이 아닙니다. 가석방자는 주거지를 관할하는 경찰서장의 감독을 받습니다. 경찰서장은 6개월마다 가석방자의 품행, 직업, 생활 정도, 가족관계 등에 관해 조사서를 작성하여 관계기관의 장에게 통보해야 합니다. 국내외를 여행하고자 할 때도 경찰서장이나 법무부장관에게 허가를 받아야 합니다. 1997년부터는 원칙적으로 모든 가석방자들이 보호관찰을 받고 있습니다. 2008년부터는 가석방된 경우에도 전자발찌를 부착해서 전자감독을 할 수 있습니다. 가석방자가 준수사항을 지키지 않으면 가석방은 취소되고 교도소로 와서 남은 형기를 채워야 합니다. 가석방되고 나서 남은 형기 동안 가석방 취소 사유가 발생하지 않으면 형의 집행을 마친 것으로 간주됩니다. 무기징역형을 받은 사람의 경우에는 가석방 이후 취소 사유 없이 10년이 지나면 형의 집행을 마친 것으로 간주됩니다.

우리나라의 가석방률은 선진국에 비해서 낮은 편입니다. 2020년을 기준으로 할 때 일본은 58.3퍼센트, 캐나다는 37.4퍼센트인 반면, 우리나라는 28.7퍼센트였습니다. 법률상으로는 형기의 3분의 1만 마치면 가석방이 가능하지만 내부 지침상으로는 형기의 60퍼센트를 마쳐야 가석방 심사를 받을 수 있고, 실무상 가석방 심사를 통과하는 사람의 90퍼센트 이상은 형기의 80퍼센트 이상을 마친 사람입니다. 형기를 불과 한두달 남기고 가석방되는 경우도 꽤 많습니다.

우리나라의 가석방률이 낮은 이유는 가석방을 많이 해주면 국회나 여론이 '솜방망이 처벌'을 한다고 비판하기 때문입니다. 국민들은 가뜩이나 법원에서 선고되는 형량도 낮다고 생각하는데 형기마저 다 채우지 않고 교도소 밖으로 내보낸다고 하면 정의가 제대로 실현되지 않는다는 비판을 제기할 것입니다. 교도소에서 충분히 교화되지 않은 사람이 사회로 나와서 우리 이웃에 살고 있다고 생각하면 불안해지기도 합니다. 간혹 가석방 기간 중에 수형자가 살인이나 성폭력과 같은 중범죄를 저지르기라도 하면 언론에 보도되고 그를 가석방해준 사람에게 책임과 비난이 돌아가게 됩니다.

그럼에도 저는 큰 틀에서 볼 때 법원에서 선고하는 형량은 지금보다 높아져야 하되, 가석방의 경우에는 수형자의 재범 가능성을 좀더 면밀하게 심사해서 현재보다 적극적으로 확대 실시할 수 있다고 생각합니다. 범죄자에 대한 처벌은 책임이 무거운 정도에 비례해서 벌을 받아야 한다는 책임주의와 향후 재범 가능성이라는 두가지 요소를 종합적으로 고려해야 합니다. 그런데 책임은 해당 범죄 사건 하나만 살피면 되지만, 재범 가능성은 그 범죄자의 평소의 생활태도나 성향을 지속적으로 관찰해야 판단할 수 있어서 재판 중에 판사가 재범 가능성을 실질적으로 판단하기는 어렵습니다. 그러나 교도소에서는 장시간 평소의 인격이나 생활습관, 타인과의 관계를 지속적으로 관찰할 수 있기 때문에 상대적으로 재범 가능성 판단이 용이합니다. 따라서 판결로 정해지는 형량은 책임주의의 관점에서 엄정하게 정하되, 대신 가석방은 수형자의 재범 가능성을 실질적으로 판단해서 그 가능성이 극히 낮다면 지금보다 훨씬 더 이른 시점이라도 가석방을 시키는 것이 합리적이라 생각합니다. 가석방이 된다고 해서 자유인이 되는 것이 아니고 경찰서장과 보호관찰소장의 지속적 감독과 보호관찰이 이루어지게 됩니다. 특히 최근에는 전자발찌 부착이 폭넓게 이루어지고 있는데 전자발찌가 부착되는 요즘 시대와 그렇지 않던 과거 시대의 가석방 기준이 같을 수는 없다고 생각합니다. 그렇다고 성폭력범, 상습범, 흉악범처럼 국민들이 불안을 크게 느끼는 범죄자들까지 가석방을 용이하게 하자는 것은 아닙니다.

정유정, 유영철 같은 사이코패스는 교화가 가능할까

사이코패스라는 개념은 1941년 미국의 정신과 의사인 허비 클레클리(Hervey M. Cleckley)가 처음 체계적으로 제시했습니다. 그에 따르면 사이코패스는 외모가 준수하고 지능도 높고 말도 잘하고 매력적이라서 타인에게 호감을 사지만, 거짓말을 쉽게 하고, 공감 능력이 없고, 자신의 목적 달성을 위해서 타인을 이용하거나 조종하고, 무책임하고, 냉담하고, 감정의 깊이가 얕습니다. 소시오패스라는 용어도 많이 사용됩니다. 혹자는 양자 모두 타인에 대한 공감이 부족하고, 드러나는 특징도 비슷하지만 사이코패스를 선천적인 요인에 의한 것으로, 소시오패스는 후천적 요인에 의한 것으로 나누는 견해도 있고, 반대로 소시오패스를 사이코패스의 일종이라고 하는 견해도 있습니다. 그러나 의학적으로는 '반사회적 인격장애'라는 분류가 인정될 뿐, '사이코패스'나 '소시오패스'라는 개념이 공식적으로 사용되지는 않습니다.

최근 사회적 충격을 준 사이코패스로는 정유정이 꼽힙니다. 정유정(1999년생)은 2023년 5월에 과외 교사 아르바이트 중개 앱에 가입한 뒤 중학교 3학년 자녀를 둔 학부모인 척하며 영어 과외 교사를 찾는다는 글을 올렸습니다. 20대 여성이 응했다가 거리가 너무 멀다고 거절하자 정유정은 자기 아이를 직접 선생님 댁으로 보내겠다고 하고는 스스로 교복을 입고 흉기를 든 채 부산 금정구에 있는 과외 교사의 집을 찾아갔습니다. 이어서 정유정은 그의 목과 가슴을 흉기로 찔러 살해한 뒤, 마트에서 칼, 락스, 큰 비닐봉지를 사 와서 피해자의 시신을 훼손한 뒤 여행용 캐리어에 넣고 택시를 타고 가서 야산에 버렸습니다. 정유정은 사전에 스마트폰으로 '시신 없는 살인'과 같은 검색어를 찾아보았고, 사건 직후 경찰에게는 "살인을 해보고 싶어서 죽였다"고 말했습니다.

오래전 일이라서 요즘은 잘 아는 사람이 없지만, 우리나라에서 가장 많은 사람을 죽인 사람은 '우 순경 살인사건'의 주인공 우범곤(1955년생)입니다. 사건 당시에는 세계에서 가장 많은 사람을 한자리에서 죽인 것으로 기네스북까지 올랐습니다. 우범곤은 한때 청와대 경호실에서 일한 적도 있었으나 '미친 호랑이'라는 별명이 붙을 정도로 음주 후 발현되는 폭력적 성향 때문에 좌천되어 1981년 말부터 경상남도 의령군 파출소에서 순경으로 근무하고 있었습니다. 1982년 4월 26일 낮잠을 자던 우범곤은 동거녀가 그의 몸에 붙은 파리를 잡으려다 잠을 깨우는 바람에 화가 나 술을 마신 뒤 동거녀와 그녀의 가족을 폭행한 다음, 예비군 무기고에 있던 M2 카빈총 2자루와 수류탄 8개를 탈취해서 동네를 돌아다니면서 눈에 띄는 마을 주민들 30여 명을 무차별 살해했고, 어느 상갓집에 들어가서는 부의금을 내고 문상을 한 다음에 갑자기 총을 난사해서 갓난아기를 포함해 23명을 죽이기도 했습니다. 그렇게 우범곤이 그날 죽인 피해자들의 수만 62명이었습니다. 그는 다음 날 새벽 5시 반경 어느 민가에 들어가서 자고 있던 일가족 5명을 깨운 뒤 가지고 있던 수류탄 2발을 터뜨려서 집이 무너지는 바람에 자신도 함께 죽었습니다. 당시 사이코패스라는 말이 있었다면 우범곤도 필시 그렇게 불렸을 것입니다.

사이코패스라는 말이 우리 사회에 널리 알려지게 된 계기는 유영철 사건입니다. 유영철(1970년생)은 2003년부터 2004년까지 부유층 노인이나 출장마사지사 여성 등 도합 20명을 살해한 인물입니다. 첫 살인은 2003년 서울 강남구 신사동에서 한 명예교수 부부를 둔기로 살해한 것이었습니다. 이어서 같은 해 10

월에는 서울 종로구 구기동에 침입해 집주인 80대 여성과 며느리인 50대 여성, 손자인 30대 남성을 둔기로 두개골이 깨어져서 뇌가 밖으로 흘러나올 때까지 30여차례 때려서 죽였습니다. 2004년 4월에는 노점상을 하던 안모씨를 승합차 안에서 죽이고는 흔적을 남기지 않기 위해서 두 손목을 칼로 자르고 차에 불을 질렀습니다. 그 충격으로 피해자의 세 동생 중 두명이 자살했고 나머지 한명도 자살을 시도했다가 겨우 살아가고 있습니다.

유영철은 자신의 뒷모습이 CCTV에 찍혀서 그 사진이 수배전단에 오르자 그간의 범행 수법을 바꾸어 이제는 출장마사지사들이나 전화방 도우미들을 집으로 부른 다음 여성들의 머리를 해머로 때려죽이고는 시신을 토막 내서 암매장하기 시작했습니다. 그 과정에서 피해자의 머리를 자르고 그 머리카락을 벽면에 달린 휴지걸이에 매달아 피를 빼기도 하고(방겔리스의 「Conquest of Paradise」라는 음악을 틀어놓았다고 합니다), 때로 피해자의 신원을 알 수 없도록 손가락 지문을 칼로 잘라서 변기에 버렸습니다. 심지어 시체의 뇌수를 믹서기로 갈아서 먹는 엽기적인 행각도 저질렀고, 피해자들의 내장을 먹었다는 진술도 했습니다.

유영철은 재판 중에도 판사의 말에 화가 나서 피고인석을 뛰어넘어 판사석까지 돌진하다가 제압당하기도 했고, 교도소에 수감 중에도 교도관의 목을 조르거나, 팔을 꼬집거나, 난동을 피우거나 하는 일이 잦았습니다. 그는 어릴 때 개구리를 잡아서 목을 비틀거나 해부하는 것을 좋아했다고 합니다. 그는 1993년 결혼하고 이듬해 아들도 낳았으나 절도죄, 강간죄 등으로 교도소에 장기간 수감되면서 2000년 이혼을 당했는데, 그때 아내를 살해하려다가 마음을 바꾸어서 연쇄살인을 시작했다고 합니다. 유영철은 수감 중 어느 월간지 기자와 편지를 주고받는 과정에서 범행 전후의 이야기를 털어놓으면서, "사체를 매장하고 와서야 깊은 숙면에 빠졌다. 외로움을 잊고 긴 시간을 자게 되었다. 깨어나서는 날아갈 듯이 개운했다"고 회고하는가 하면 "나는 사회를 살인한 것이다"라며 자신의 범죄를 정당화하기도 했습니다.

프로파일러 사이에서 역대 가장 지독한 사이코패스로 꼽히는 인물은 1969년생 정남규입니다. 그는 2004년부터 2006년까지 14명을 살해하고 19명에게 중상을 입혔습니다. 그는 수사와 재판 중에도 "피 냄새를 맡고 싶다. 피 냄새에서는 향기가 난다" "백명을 죽여야 하는데 다 채우지 못하고 잡힌 게 억울하다" "담배는 끊어도 살인은 못 끊겠다" "더이상 살인을 못 할까봐 조바심이 난다" "절도, 강간, 살인 중에서 살인이 가장 짜릿하다" "마음속에 항상 웅웅거리는 무엇인가가 저 밑바닥에서부터 치밀어오르고 있는데 오로지 살인을 했을 때만 고요하게 가라앉는다"고 말했습니다. 그를 면담한 표창원, 권일용 프로파일러들은 그가 범행 이야기를 할 때면 범행 당시의 표정으로 돌아가 눈빛을 반짝거리고 얼굴에 웃음기를 띠더라고 합니다. 정남규는 법정에서 판사에게 "사람을 더 죽이지 못해서 우울하고 답답하다. 빨리 사형을 집행해달라"고 말하면서 "그러지 않으면 나가서 또 살인을 저지를 것이다"고 말했습니다. 그는 과거 유영철이 자신의 짓이라고 자백했던 서울 이문동에서 발생한 20대 여성의 살인사건이 사실 자신이 저지른 것이며,* 유영철의 범행보다 자신의 범행이 더 완벽하다고 주장하여 유영철과 라이벌 의식(?) 같은 것을 드러내기도 했습니다. 정남규는 2007년 4월 사형선고를 받고 수감생활을 하던 중 2009년 11월 구치소 거실에서 비닐 쓰레기봉투를 엮어 1미터 길이의 끈을 만든 뒤 1.5미터 높이의 텔레비전 받침대에 연결해서 목을 매어 죽었습니다. 권일용 프로파일러는 정남규의 자살이 죄책감에 따른 행동이 아니라 살인에 굶주린 그가 더이상 타인을 죽일 수 없자 할 수 없이 마지막으로 자기 자신을 상대로 살인을 한 것이라고 분석했습니다.

이 정도로 잔인하게 사람을 죽이는 사이코패스들이 교화가 가능할까요? 사람의 일에는 100퍼센트는 없으므로 교화가 불가능하다고 100퍼센트 단정할 수는 없습니다. 그러나 통상의

---

* 그 때문에 유영철이 서울 이문동 살인사건 현장검증에서 살해 행위를 재연한 이후, 다시 같은 사건의 현장검증을 실시해서 이번에는 정남규가 살해 행위를 재연했습니다. 그 두번의 현장검증에 모두 참관했던 유가족들은 어떤 심정이었을까요?

상식으로는 교화가 불가능하다고 보는 것이 맞을 것입니다. 교화를 한다는 것은 형기를 마치면 다시 사회로 내보내어 우리의 이웃으로 받아들여 함께 살아간다는 것을 전제하는 것인데, 우리나라 사람 그 누구도 이런 사이코패스가 이웃에 사는 것을 받아들이지 못할 것입니다. 그런데 교도소는 범죄자를 교화해 사회로 돌려보내는 곳입니다. 교화 가능성이 없고 사회로 돌려보내도 안 된다면 사형에 처해야 하는 것일까요?

사형제는 정당한가

「쇼생크 탈출」의 주인공 팀 로빈스가 감독이 되어 만든 영화 「데드 맨 워킹」(1996)은 사형집행 과정을 가장 실감나게 보여주는 영화입니다. '데드 맨 워킹'(Dead Man Walking)은 사형수가 교도관들에게 붙잡힌 채 집행장으로 갈 때 주저하는 걸음걸이를 가리키는 말입니다. 데이트 중이던 두 연인을 강간하고 죽이고도 반성하지 않는 사형수 매슈(숀 펜 분)를 흑인 빈민을 돕는 헬렌 수녀가 6일간 만나는 이야기입니다. 잔혹한 강간살인범이자 인종차별주의자이고 나치를 신봉하며 반성하지 않는 매슈가 사형을 앞두고 인간적으로 무너져내리는 모습을 생생하게 보여주면서, 영화는 아무리 악독한 죄인이라도 국가가 사형에 처하는 것이 옳은가라는 질문을 던집니다.

사형을 다룬 우리나라 영화로는 「우리들의 행복한 시간」(2006)이 생각납니다. 사형수 윤수(강동원 분)가 봉사 차원에서 정기적으로 면회를 오는 유정(이나영 분)을 사랑하게 되지만 곧 사형이 집행됩니다. 사형수가 다른 수형자들과 모처럼 행복하게 이야기꽃을 피우며 밥을 먹고 있을 때, 교도관들이 사형집행을 하러 와서는 면회가 있다고 거짓말을 하는 클리셰는 이 영화에서도 반복됩니다. 불우하게 컸고, 그 불우함으로 인해 범죄자와 어울릴 기회가 생겼고, 다른 공범의 죄까지 짊어진 채 사형장에서 생을 마감하는 주인공의 모습을 보면 (게다가 그 주인공이 강동원이라면) 많은 사람이 사형에 찬성하기 어려운 마음이 들 것입니다.

사형반대론자로 유명했던 알베르 카뮈(Albert Camus)는 소설 『이방인』에서도 그러한 의식을 드러내고 있습니다. 『이방인』에서 주인공 뫼르소는 마침 들고 있던 친구의 권총으로 아랍인에게 5발을 쏘아 살인합니다. 검사는 뫼르소가 존속살해범과 다를 바 없는 "도덕적 기형"이므로 우발적 살인이 아닌 치밀하게 계획된 살인이라 주장합니다. 그 근거로 뫼르소가 어머니의 장례식에서 눈물을 흘리지 않았고 담배를 피우고 밀크커피를 마셨으며 장례 직후 여자를 만나 코미디 영화를 보고 잠자리도 가졌다는 점을 강조합니다. 그러나 이런 사정은 범행과 직접적 관련이 없습니다. 죽은 아랍인은 살해당하기 직전에 뫼르소 옆에 있던 친구 레이몽의 얼굴과 팔을 칼로 찔렀고 뫼르소를 겨냥해서도 칼을 꺼내며 도발했으므로 뫼르소의 행위를 정당방위로 볼 여지도 있습니다. 뫼르소는 범행 이유를 "태양에 눈이 부셔서"라고만 말함으로써 판사와 배심원들에게 반사회적 인물로 오해받게 되는데 이것은 그가 타인의 감정은 물론 자신의 감정조차 제대로 알지 못하는 인물이기 때문입니다. 그는 범행 직전 자신을 괴롭히던 태양을 "어머니의 장례식을 치르던 날과 똑같은 태양"이라 보고 "그 태양을 떨쳐버리려"고 총을 쏘았다고 하는데, 여기서 뫼르소가 어릴 때 어머니로부터 학대나 유기를 당해서 감정 교감이 어렵고 어머니 장례식에서 슬픔을 제대로 표현하지 못한 것 아닌가 짐작해볼 수도 있습니다. 그러나 결국 판사, 검사, 배심원은 뫼르소의 평소 행실, 기독교를 거부하는 태도 등 비본질적 이유로 사형을 선고합니다. 카뮈는 이를 통해 사형제가 정당한가라는 질문을 던집니다.

현실의 제도 중에서 사형 제도만큼 찬반이 극단적으로 갈리는 제도가 드뭅니다. 이에 대한 입장은 종교관, 윤리관, 국가관, 인간관에 따라 극명하게 갈라집니다. 영국, 프랑스, 독일, 네덜란드, 캐나다, 그리스, 스웨덴, 덴마크, 노르웨이, 체코, 헝가리, 스페인, 포르투갈, 멕시코, 콜롬비아 등 2018년 기준 106개국이 사형제를 폐지했습니다. 반면 미국, 일본, 중국, 대만, 싱가포르, 인도, 파키스탄, 인도네시아, 베트남, 태국, 예멘 등 57개국은 사형제를 유지하면서 집행도 하고 있습니다. 우리나라, 러시아, 스리랑카, 미얀마 등 28개국은 사형제는 존재하지만 집행은 하지 않는 나라로 분류되어 있습니다.

국제엠네스티 등 국내외 인권단체, 종교단체들은 우리 정부에 사형제를 폐지할 것을 요구하고 있습니다. 유럽연합(EU)은 사형이 인간의 존엄성과 양립할 수 없고 범죄억제력도 없다는 이유로 강력하게 반대하고, 유럽인권협약(CEDH)에도 사형제 금지를 규정하고 있습니다.[5]

사형반대론의 주된 논거는 인간의 생명은 다른 가치를 앞세울 수 없는 절대적 가치를 가지므로 사형은 위법한 범죄이며, 국가는 아무리 극악한 중범죄인이라도 끝까지 교화 노력을 해야 한다는 것입니다. 재판에 오판 가능성이 있다거나 사형제가 범죄를 막는 데 효과가 없다는 점도 흔히 언급되는 근거입니다. 그밖에도 인간의 생명은 신에게 속한 것이라는 종교적 관념도 사형폐지론자들의 사고의 바탕을 이루는 경우가 많은 것 같습니다.

반면 사형존치론은 흉악한 살인범의 경우 훼손된 정의를 바로 세우고 가족을 잃은 유족의 감정을 회복하는 데 사형 외에 다른 방법을 찾기 어렵고, 교화가 불가능한 범죄자의 경우 사회로 돌려보낼 수 없기 때문에 사형을 통해 사회로부터 영구히 격리시키는 것이 불가피하다고 봅니다. 다른 형벌도 오판 가능성을 배제할 수 없는 것은 마찬가지이고 사형을 선고할 정도로 중요한 사건은 더더욱 신중하게 재판하므로 오판 가능성은 극히 미미하고 사형이 범죄억지력을 가진다고 합니다.

저는 사형 제도가 정당성이 없다고는 말할 수 없다고 생각합니다. 물론 사람의 생명은 그 무엇보다 가치 있는 것입니다. 바로 그렇기 때문에 그토록 가치 있는 생명을 무참히 죽인 사람은 그만한 대가를 치러야 하는 것이고, 그것이 정의의 기본적인 요청입니다. 정의의 관점에서는 아무리 긴 종신형도 사형을 대체할 수 없는 지점이 있습니다. 지금의 사형은 과거처럼 사지를 찢어 죽이거나 불에 태워서 죽이는 방식처럼 고통을 극대화하는 것이 아니므로, 사형을 두고 과거의 신체형과 같이 야만적이라고 치부할 수는 없습니다. 앞서 『이방인』의 부조리한 재판은 그러한 방식의 재판 자체가 문제인 것이지 사형제 자체가 문제인 것은 아닙니다. 잘못된 사형집행으로 꼽히는 대표적인 경우가 1975년 제2차 인민혁명당 사건* 피고인 8명에 대한 사형 판결이 대법원에서 확정되자마자 20시간 만에 사형을 집행한 일인데, 이 역시 사형 제도 자체의 문제라기보다는 당시의 권위주의적 공권력 행사 방식의 문제일 것입니다. 유럽 국가들이나 남미 국가들이 사형제를 폐지한 것은 기독교 전통의 영향을 받은 것인데 기독교를 믿는 사람들은 계속 줄어들고 있습니다. 국가는 사람을 죽여서도 안 되고 수십명을 죽인 연쇄

* 1974년 중앙정보부가 유신반대 투쟁을 벌이던 전국민주청년학생총연맹(민청학련)의 배후가 북한의 지령을 받은 '인민혁명당 재건위'라고 지목하며 250여명을 구속기소한 사건을 말합니다. 그중 8명에 대해 1975년 4월 8일 대법원에서 사형 판결이 확정되자 바로 다음 날 사형이 집행되었습니다. 2007년 재심 판결로 이들 8인에게 무죄가 선고되었습니다.

살인범까지도 끝까지 교화시키려는 최선의 노력을 다해야 한다는 것은 현실의 수많은 문제를 해결해야 하는 국가를 의인화해서 완전무결한 수준의 윤리적 의무를 부과하는 것으로 지나치게 비현실적인 이상론입니다.

사형제가 범죄 억제에 효과가 없다는 주장도 항상 옳다고 볼 수 없습니다. 가령 영국의 경우 1965년 사형제가 폐지된 이후 20년 동안 그 이전의 20년에 비해서 살인이 60퍼센트 증가했고, 특히 우발적 살인과 계획적 살인의 비율이 과거 72 대 28에서 59 대 41로 바뀌었습니다. 미국에서 이루어진 한 연구(에머리대학교의 하셈 데즈바흐시Hashem Dezhbakhsh와 조애나 셰퍼드Joanna M. Shepherd의 연구)는 1960년부터 2000년까지 미국 전역의 살인범죄율과 사형집행 횟수의 추세를 분석한 결과 사형집행 횟수가 많은 주(州)일수록 살인율이 뚜렷하게 낮아진다는 결론을 보여줍니다. 미국의 로드아일랜드주에서는 사형을 집행유예한 1972년에는 살인죄가 13퍼센트 증가했고, 사형제가 폐지된 1984년에는 25퍼센트 증가했습니다. 상식적으로 생각할 때에도 자신이 타인을 죽이면 자신도 사형에 처해질 수 있는 경우와 사형을 당할 가능성이 없는 경우 사이에, 누군가를 살해할지를 결정하려는 범죄자의 내면의 관점을 고려해볼 때, 아무런 차이가 없을 리 없습니다. 우리나라 헌법재판소도 1996년과 2000년에 사형제가 합헌이라고 결정했습니다. 미국 연방대법원도 1976년 계획적인 살인죄인 모살죄(謀殺罪)에 대한 사형은 잔인하고 이상한 형벌(cruel and unusual punishment)을 금지하고 있는 수정 헌법 제8조에 반하지 않는다고 판결했습니다. 물론 그렇다고 사형을 쉽게 해도 된다는 뜻은 아닙니다. 사형은 다른 방법으로는 정의의 회복이 불가능한 경우에 극히 예외적으로 이루어져야 할 것입니다.

우리나라는 역사적으로 계속해서 사형 제도를 유지해온 나라입니다. 사형집행에 관한 규정은 형법, 형사소송법, 형의 집행 및 수용자의 처우에 관한 법률 등에 흩어져 있습니다. 사형은 법무부장관의 명령에 의하여 집행하는데, 장관은 판결이 확정된 날로부터 6개월 이내에 명령해야 하고, 명령이 있으면 5일 이내에 집행해야 합니다(형사소송법 제463, 465, 466조). 사형은 교정시설 안에서 교수(絞首, 끈에 목을 매어 죽이는 것)하여 집행합니다(형법 제66조). 사형은 교정시설의 사형장에서 집행하되, 공휴일과 토요일에는 사형을 집행하지 않습니다(형의 집행 및 수용자의 처우에 관한 법률 제91조).

사형 전날에는 되도록 먹고 싶은 음식을 줍니다. 이 전통은 미국 등 다른 나라에도 있는데, 미국에서는 유명한 사형수가 죽기 전에 어떤 음식을 주문했는지가 항상 언론에 보도됩니다. 사형을 집행할 때에는 엄중한 경계 아래 사형수에게 사형의 집행을 고지합니다. 사형수가 유언을 남기고자 하면 교무과장이 녹취해서 본인에게 읽어줍니다. 종교인이 있다면 마지막 독경을 사형수와 함께 합니다. 이때 사형수가 어떤 음식을 먹고 싶다거나 담배를 피우고 싶다면 잠시 허용합니다.

형장에서는 교도관 2~3명이 사형수의 양손을 포박하고, 흰 천으로 얼굴을 가린 다음, 양발을 매고, 교승(絞繩, 교수에 처하는 줄)을 목에 걸어서 어느 정도 조릅니다. 교도소장의 사형집행 선언에 따라 3명의 교도관이 동시에 스위치 버튼을 누르면 그 중 한 스위치에 따라 사형수가 딛고 있던 바닥이 아래로 열리면서 사형수의 목이 졸려 사망하게 됩니다. 시신을 검시한 후에도 5분 동안은 교승을 풀지 못합니다. 이후 사체를 재검시하는데 이때 사형수가 여전히 살아 있다면 처음부터 다시 집행해야 합니다.

우리 정부는 1948년 정부 수립 이후 1997년까지 총 902건의 사형을 집행했습니다. 김영삼 정부 때에는 지존파 사건 등의 범죄로 1994년 15명, 1995년 19명, 1997년 23명에 대한 사형을 집행했습니다. 그러나 김대중 정부가 들어선 1998년 이후부터는 지금까지 사형집행을 하지 않고 있습니다. 2023년 현재 59명의 사형수가 있습니다.

1998년 이래 사형이 집행되지 않고 있다보니, 그 이후 사형이 확정된 범죄자들은 사실상 '절대적 종신형'(가석방을 허용하지 않는 종신형)에 처한 것과 같게 됩니다. 그렇다보니 검사가 사형을 구형할 때에도 절대적 종신형에 처할 필요가 있다는 취지로 사형을 구형하기도 하고, 판사가 판결로 사형선고를 할 때도 사형이 사실상 가석방 없는 절대적 종신형으로 기능하는 측면이 있다는 이유를 덧붙여서 사형을 선고하는 경우가 있었습니다. 그러나 이러한 판결*에 대해서 대법원은 법률에 없는 절대적 종신형을 위해 사형을 선고하는 것은 구성요건과 형벌이 사전에 법률로 정해져 있어야 한다는 죄형법정주의 원칙에 어긋나서 적절하지 않다며 원심판결을 파기하고 고등법원으로 돌려보냈습니다.[6]

이에 법무부는 2023년 8월 14일 절대적 종신형을 신설하는 형법 개정안을 입법예고했습니다. 사실 절대적 종신형 제도가 아무런 문제가 없는 것은 아닙니다. 가석방 가능성이 전혀 없다면 범죄자에게 삶의 의욕도, 교정 프로그램에 따를 동기도 없기 때문에 교화 가능성을 기대할 수 없을 뿐만 아니라 인권침해의 소지가 있기 때문입니다. 독일 연방헌법재판소도 1978년 절대적 종신형을 위헌이라고 결정한 적이 있습니다. 그러나 사실상 사형을 집행하기 어려운 현실에서 가석방이 가능한 종신형으로는 처벌이 충분치 않은 극악무도한 범죄자들이 나오고 있으므로, 이런 상황에서 절대적 종신형은 불가피하게 만들 수밖에 없는 절충안 선택지라고 볼 수 있습니다.

---

* 원심판결의 사건에서 이모씨는 2019년 금을 거래하러 온 사람을 둔기로 때려 상해한 죄로 무기징역형을 선고받고 복역 중이었는데 교도소 안에서 같은 방 수형자의 목을 조르고 가슴을 발로 여러번 차서 살해했습니다. 1심 법원은 이씨에게 무기징역형을 선고했지만, 2심 법원은 무기징역형을 선고받은 사람에게 또 무기징역형을 선고하는 것이 무의미하다는 취지에서 사형을 선고하면서 사형이 사실상 절대적 종신형으로 기능한다는 점도 이유에 덧붙였습니다.

저는 사형을 집행해야 한다고 생각합니다. 사형을 집행하면서 EU와 마찰이 생긴다거나 세계적으로 우리나라의 평판이 안 좋아진다는 우려도 있지만, EU는 사형제를 유지하고 있는 미국, 일본, 베트남, 싱가포르 등과도 경제 교류를 하고 있습니다. 근본적으로 사형을 하고 안 하고는 주권 사항으로서 우리나라 정부와 국민들이 정의와 필요성을 고려해 결단할 사항입니다. 2019년에 성인 9,852명을 상대로 실시한 여론조사에 따르면, 사형제를 찬성하고 우리나라에서 실제로 집행해야 한다는 의견이 51.7퍼센트, 사형제는 유지하되 지금처럼 집행은 하지 않는 것이 바람직하다는 의견이 37.9퍼센트, 사형제를 폐지하는 것이 바람직하다는 의견이 7.8퍼센트였습니다.* 민주주의 주권국가에서는 다른 문제들과 마찬가지로 사형을 집행할지 여부도 국민의 뜻을 살펴서 적법한 권한을 가진 기관이 결정할 일입니다. 다만, 사형집행이 그리 간단한 일은 아닙니다. 사형수 중에서 유영철, 강호순과 같이 극악무도한 연쇄살인범만을 집행하자는 말도 있지만, 사형수들 중에서 일부만 선별해서 집행하거나 집행하지 않는 것은 그 기준과 근거를 설명하기가 쉽지 않을 것입니다. 게다가 유영철, 강호순은 최근 범죄 관련 방

---

* 일본정부가 2019년에 실시한 여론조사에서는 응답자의 81퍼센트가 사형이 필요하다고 답하고 56퍼센트가 피해자와 유족들의 감정을 고려해야 하기 때문이라고 합니다. 「"살인범이 감옥 활보 안돼" 인권 중시 美·日, 사형 집행하는 이유」, 조선일보 2023. 8. 31. A4면.

송에서 자주 언급되어 널리 알려졌지만 그보다 과거에 사형이 확정된 사형수들도 그 잔혹성은 결코 만만치 않습니다.*

저는 지금이라도 사형을 집행해야 한다고 생각합니다. 우리나라 법에 엄연히 사형제도가 있고 헌법재판소가 합헌이라고 하는 데도 행정부가 이를 집행하지 않는 것은 그 자체로 정의에 반하고, 유족에게 근거 없이 고통을 주는 것이며, 사형에 찬성하는 국민 다수의 뜻에 반하고, 법과 재판의 권위를 전체적으로 손상시키며, 흉악범죄를 억제할 수 있는 중요한 효과를 놓치는 것이라 생각합니다. 사형 여부는 우리나라의 주권 사항이므로 다른 나라의 간섭을 받거나 눈치를 볼 일도 아닙니다.

---

* 1993년 사형이 확정되어 사형수 중 최장기간 수감 중인 원언식은 1992년 '원주 왕국회관 화재사건'의 범인입니다. 아내가 다니는 예배당에 불을 질러 15명을 숨지게 하고 25명을 다치게 했습니다. 1997년 사형이 확정된 '막가파' 두목 최정수는 1996년 강남에서 차를 몰고 가던 40대 여성을 납치해 깊이 1.5미터의 구덩이를 파고 생매장했습니다. 2009년 사형이 확정된 정상진은 '논현동 고시원 방화사건'의 범인입니다. 자신이 살던 고시원에 불을 지른 뒤 탈출하는 이웃에게 흉기를 휘둘러 6명을 숨지게 하고 7명을 다치게 했습니다. 2016년 사형이 확정된 임도빈은 강원도 고성군 육군 22사단 GOP에서 동료 병사들에게 수류탄을 던지고 총기를 난사해 5명을 숨지게 하고 7명에게 중상을 가했습니다. 「여성 생매장한 막가파 두목, 26년째 수감…국내 사형수 59명은 누구」, 조선일보 2023. 8. 31. A4면.

4장

범죄의 원인은
무엇인가

지금까지 살펴본 수사, 재판, 교정은 사람이 이미 범죄를 저지른 경우에 대응하는 시스템에 관한 것이었습니다. 이제부터는 우리 사회의 범죄를 예방하는 일에 대해 생각해보려 합니다. 범죄의 예방책을 강구하려면 범죄의 원인부터 살펴보아야 합니다. 가령 범죄의 원인이 범죄자 개인에게 있는 것인지, 사회에 있는 것인지 같은 문제입니다. 이런 문제에 대한 가장 안전한 답은 범죄의 원인이 범죄자 개인에게도 있고 사회에도 있다고 말하는 것입니다. 그러나 이렇게 두루뭉술한 답변은 범죄를 막기 위한 실효적인 대책을 마련하는 데 별 도움이 되지 않습니다. 물론 아무리 치밀하게 분석하더라도 어떤 사람이 어떤 범죄를 저질렀을 때 '개인적 원인은 몇 퍼센트이고 사회적 원인은 몇 퍼센트이다'라는 식으로 콕 찍어서 말할 수는 없을 것입니다. 그러나 가능한 한 범죄의 원인을 구체적으로 따지고 들어갈수록 좀더 실질적인 범죄방지 대책을 강구하는 데 도움이 됩니다.

가령 최근에 분당 서현역 인근에서 일어난 '묻지마 흉기난동' 사건의 가해자는 병원에 입원해야 하는 조현병 환자였습니다. 이 사람이 병원에 가지 않은 이유로는, 조현병 환자를 강제입원시키는 제도가 2016년 헌법재판소의 위헌 결정 이후 서로 다른 병원의 정신건강의학과 의사 두명이 동의해야 하는 등 상당히 까다롭게 바뀐 점이 지목되었습니다. 그래서 법무부는 범죄 가능성이 있는 조현병 환자의 경우 판사가 전문가의 의견을 듣고 심사해서 강제입원을 시키는 제도를 설계 중입니다. 2022년 신당동에서 살인사건이 일어났을 때 범행 동기를 보니, 가해자가 피해자에 대한 스토킹으로 재판을 받고 있던 중 가해자는 피해자가 합의해주지 않는다고 그녀를 살해한 것이었습니다. 당시는 스토킹 범죄가 피해자의 의사에 반해서 처벌할 수 없는 반의사불벌죄라서 스토킹 범죄자로서는 처벌을 면하기 위해 피해자에게 합의를 해달라고 조르면서 오히려 스토킹을 더 하게 되는 유인이 존재하고 있었습니다. 그래서 법무부는 스토킹 범죄의 경우 반의사불벌죄 조항을 삭제하는 것으로 법 개정을 추진했고 2023년에 개정법이 국회를 통과함으로써 지금은 스토킹 범죄가 반의사불벌죄가 아니게 되었습니다. 마약범죄의 원인을 분석한 결과 처벌 외에 치료나 예방이 중요하다는 결론에 이르렀기 때문에 정부는 중독자 치료시설이나 전문 의료인력을 확보하고 교육을 강화하는 노력을 하고 있습니다.

이처럼 범죄가 발생하는 경우에는 그 원인을 되도록 구체적으로 분석해야 보다 실효적인 범죄방지 대책을 마련할 수 있습니다. 다만 우리 사회의 모든 범죄들을 놓고 일일이 그 원인을 분석하는 작업은 너무 방대하기 때문에 이 장에서는 그동안 학계에서 정평이 난 연구 결과를 중심으로 전반적인 범죄의 원인을 개관해보고자 합니다.

영혼에서 이성으로

범죄의 원인을 선과 악 같은 도덕적 본성에서 찾던 시절이 있었습니다. 성악설을 주장한 순자(荀子)에 의하면 범죄를 저지르는 것은 인간의 본성일 것입니다. 세상이 이(理)와 기(氣)에 의해 탄생, 작동하고 있다고 보는 유학자들은 선한 마음은 '이(理)'에서, 악한 마음은 '기(氣)'에서 나온다고 설명했는데, 그렇다면 '기'가 범죄의 원인이 될 것입니다. 기독교에서는 인간이 원죄로 인해 악의 본성이 있고 때때로 사탄의 유혹에 빠지기 때문에 악행을 한다고 봅니다. 인간의 영혼에 악귀가 깃들었기 때문에 범죄를 저지른다고 믿었던 고대인들의 범죄 대책은 악귀가 몸 밖으로 나갈 때까지 범죄자를 때리거나 심지어 머리에 구멍을 내는 것이었습니다.

그러다 계몽주의 시대가 열리면서 사람들은 '이성(理性)'을 중심으로 인간의 행동과 세계의 원리를 설명하기 시작했습니다. 계몽주의자들은 인간은 이성이 있다는 점에서 동물과 구별되고, 이성은 정상적인 사람이라면 모두가 보편적으로 공유하는 것으로 우주의 질서를 구성하는 로고스와도 연결되어 있다고 믿었습니다. 이러한 이성에 부합하는 상태를 '합리(合理)'라 부르고, 세상을 야만적 상태에서 합리적 상태로 변화시키는 것을 '문명화'라 부르며, 세상을 최대한 문명화하는 것을 자신들의 사명이라고 생각했습니다.

계몽주의자들은 범죄의 원인도 이성의 작용으로 설명합니다. 가령 이탈리아의 법학자 체사레 베카리아는 인간이 본질적으로 쾌락을 원하고 불쾌를 피하고자 하는 존재라 전제하고, 범죄로 인해 얻을 수 있는 쾌락이 불쾌보다 크면 범죄를 저지른다고 보았습니다. 이 무렵 경제학자들은 상품이나 용역을 구매할 때 그로 인한 효용이 크고 비용이 적은 경우에만 구매하는 '합리적 경제인'을 전제로 경제이론을 발전시켰는데 이러한 경제학적 사고를 범죄의 원인과 대책에 적용하는 학문이 '범죄경제학'입니다.

이익이 손해보다 클 때 범죄를 저지른다, 범죄경제학

이런 경제학적 사고에 범죄를 대입하면 어떤 사람이 범죄를 저지름으로써 얻을 수 있는 이익의 기댓값이 그로 인해 부담해야 하는 손실의 기댓값보다 더 크다면 범죄를 저지르게 된다고 할 수 있습니다. 가령 누군가가 어떤 범죄를 저질렀을 때 벌금 1천만원을 내야 하는데 그 범죄로 처벌받을 가능성이 30퍼센트라면 범죄로 인한 손실의 기댓값은 300만원(1,000만원×30퍼센트)이므로, 범죄를 통해 300만원보다 훨씬 더 큰 이익을 얻을 수 있다면 범죄를 저지를 것입니다. 이런 방식으로 설명하기 쉬운 범죄는 재산범죄입니다. 앞서 설명한 바와 같이 CCTV가 많아지고 있는 우리나라에서 물리적인 점유 이전이 필요한 절도나 강도가 줄어들고 온라인을 통한 사기가 급증하는 이유도 이런 방식으로 설명할 수 있습니다.

사기죄를 말할 때는 2018년에 있었던 '돈스코이호' 보물선 소동이 생각납니다. 돈스코이호는 1905년 러일전쟁 때 일본과 싸우다가 울릉도 앞바다에서 침몰한 러시아의 순양함입니다. 2018년 7월 신일그룹이라는 회사가 "113년 만에 150조원짜리 보물선을 찾았다"면서 돈스코이호 탐사에 성공하면 150배로 환급해준다며 투자자를 모았습니다. 신일그룹은 한달 전 급조된 회사였고, 그 홈페이지에 게시된 해저탐사 사진은 영화「타이타닉」(1997)의 화면들이었으며, 회사 등기부에 기재된 사

범죄경제학적 관점에서 봤을 때, 어떤 사람이 범죄를 저지름으로써 얻을 수 있는 이익의 기댓값이 그로 인해 부담해야 하는 손실의 기댓값보다 더 크다면 범죄를 저지를 수 있으며, 이런 방식으로 설명하기 쉬운 범죄가 재산범죄입니다. 2018년 7월 신일그룹은 150조 원 상당의 금을 싣고 울릉도 앞바다에 침몰했던 러시아 순양함 돈스코이호를 발견했다며 기자간담회(위 사진)를 열고 투자자를 모았습니다. 불과 한달 동안 500억원 이상의 투자 금이 걷혔지만 결국 사기로 드러났습니다.

업목적이 '인형뽑기사업'이었음에도 불구하고, 불과 한달 동안 500억원 이상의 투자금이 걷혔습니다. 어떻게 이런 허무맹랑한 말을 믿고 거액을 건네는 사람이 있을까 싶지만 사람은 의외로 사기에 쉽게 당합니다. 피해자들도 당초에는 보물선 운운하는 말이 황당하고 미심쩍었겠지만, 150조원이라는 거액과 150배라는 엄청난 수익 이야기를 하자 그것이 사기가 아닐 가능성에 그 수익을 곱한 값이 사기일 가능성에 그로 인한 손해를 곱한 값보다 훨씬 커짐에 따라 투자하게 된 것입니다.

2023년에 가장 유명한 사기사건은 단연 전청조 사건일 것입니다. 자신이 재벌 3세이고, 테슬라 최고경영자 일론 머스크와 펜싱 대결을 하기로 했고, 여성이었다가 남성으로 성전환했는데 고환을 이식해서 임신도 가능하다는 황당하기 이를 데 없는 전청조의 말을 국가대표 여성 펜싱 선수가 믿었고 스스로 임신이 되었다고도 믿었습니다. 그 역시 전청조가 월세 수천만원의 최고급 숙소에 살면서 벤틀리 승용차와 각종 명품을 선물로 안겨주는 등 피해자 내면에서 이익의 기댓값을 한껏 높여놓음으로써 행여 거짓이었을 때 입게 될 손실의 기댓값을 압도했기 때문일 것입니다.

범죄경제학은 범죄를 막기 위한 대책도 개인이 범죄를 저질렀을 때 치러야 하는 손실의 기댓값을 이익의 기댓값보다 높이는 것이 되어야 한다고 봅니다. 가장 쉬운 방법은 형량을 높이는 것입니다. 가령 앞에서 든 사례에서 벌금액을 1억원으로 높이면 손실의 기댓값은 3천만원(1억원×30퍼센트)으로 높아질 것입니다. 범죄 검거율을 높이는 방법도 있습니다. 이 사례에서 검거율이 100퍼센트라면 손실 기댓값이 1천만원이 되겠지요. 전자발찌를 통한 전자감독 제도는 범죄발생 시 검거율을 획기적으로 높임으로써 범죄를 억제하는 제도입니다. 전자발찌를 채운 뒤 살인범의 재범률이 4.9퍼센트에서 0.1퍼센트로, 성폭행범의 재범률이 14.1퍼센트에서 0.73퍼센트로 떨어졌습니다.

다윈이 범죄원인론에 미친 영향

그러나 경제학적 설명이 통하지 않는 경우도 많습니다. 범죄를 저지르면 이득이 손해보다 훨씬 더 큰 경우에도 대부분 사람은 범죄를 저지르지 않습니다. 반대로 범죄를 저지르면 이득보다 손해가 훨씬 더 큰 경우에도 범죄를 저지르는 사람이 적지 않습니다. 범죄를 떠나서 인간은 비합리적인 행동을 너무나 많이 합니다. 인간에게 이성이 있는지, 보다 근본적으로는 자유의지가 있는지부터도 분명하지 않습니다. 혹시 인간은 다른 동물들과 유사하게 자신의 신체적 조건, 성장 과정, 주변 환경에 영향을 받아서 행동하는 것이 아닐까요?

이런 사고방식을 일깨운 사람이 바로 찰스 다윈(Charles Darwin)입니다. 그는 인간이 동물과 근본적으로 다르다는 기존의 믿음에 치명적인 균열을 가했습니다. 그의 책 『종의 기원』 (1859)의 핵심 주장은 동물이 자연선택이라는 과정을 통해서 진화해왔다는 것인데, 이것은 사실상 인간도 다른 동물로부터 진화해왔다는 뜻을 내포하고 있는 것입니다. 이후 인간이 고상하고 독립적인 존재가 아니라 동물처럼 주어진 환경에 적응하면서 생물학적 욕구를 충족하며 살아가는 존재라고 믿는 사람들이 많아지게 되었습니다. 인문학에서도 자연과학의 연구방식을 차용해서 인간과 사회의 관계를 논리와 증거를 바탕으로 실증적·과학적으로 규명하여 원칙을 수립하려는 시도가 시작되었는데, 그 대표적인 인물이 프랑스의 사회학자 오귀스트 콩트 (Auguste Comte)입니다. 그는 자신의 학문을 '사회물리학'이라고도 했습니다. 이에 범죄의 원인도 이러한 새로운 방식으로 설명하는 시도가 출현했습니다.[1]

범죄를 촉진하는 신체적 특질이 있다, 범죄생물학

범죄학 연구에서 처음으로 과학적 방법을 도입한 사람은 이탈리아의 신경정신과 의사였던 체사레 롬브로소(Cesare Lombroso)입니다. 그는 교도소에서 살아 있는 범죄자 6천여명과 죽은 범죄자의 시체 380여구의 골상을 관찰한 뒤, 사회적으로 가장 규칙을 잘 지키는 직업군으로 알려진 군인들의 골상과 비교하는 연구를 진행했습니다. 그 결과 범죄자들에게서는, 귀가 술잔 손잡이 모양이고, 머리털이 무성하고, 수염이 적고, 이마가 높거나 툭 튀어나왔으며, 머리 좌우가 비대칭이고, 턱뼈가 크고 사각형이며, 몽고인이나 흑인처럼 광대뼈가 넓은 등의 신체적 특징이 나타났다고 합니다.

롬브로소는 이중 5개 이상의 특징을 가진 사람을 '생래적 범죄인'(born criminal)이라고 불렀습니다. 그는 이러한 신체적 특징들은 고대 인류에게서 발견되는 것이므로 생래적 범죄인들은 인류의 진화 과정에서 진즉 사라졌어야 하는 퇴행적인 존재이며, 따라서 이들에게 사형을 통한 도태 처분을 해야 한다고 주장했습니다(저도 머리가 곱슬이고, 눈이 작고, 광대뼈가 넓고, 이마가 높고, 머리 좌우가 비대칭이라 도태 처분 대상자에 해당하는 것 같습니다).

롬브로소의 연구 결과는 오늘날 관점에서는 터무니없어 보이지만 그의 연구 방법만큼은 롬브로소가 지금도 '범죄학의 아버지'라 불릴 정도로 현대 범죄학에 큰 영향을 미쳤습니다. 롬브로소는 기존의 자유의지, 이성, 영혼과 같이 객관적으로 검증할 수 없는 개념을 중심으로 한 관념적 추론 대신 객관적 관찰, 대조군과 비교군의 비교 분석, 통계 등 자연과학적 방법들을 활용해서 범죄이론을 펼쳤기 때문입니다. 롬브로소가 생래적 범죄인들을 도태시켜야 한다고 본 것은 당시로서는 최신 과학적 이론이었던 진화론에 근거를 둔 것이었습니다. 롬브로

L'UOMO DELINQUENTE — Vol. II.   Tav. VI.

PAZZI CRIMINALI.

Monomani: N. 32, 33, 38, 44, 49 tipo. — Maniaci: N. 31, 34, 46 tipo. — Lipemaniaci: N. 47, 48. — Dementi: N. 35 tipo, 36 tipo, 42, 45. — Imbecilli: N. 26, 28, 30, 39 tipo, 40 tipo, 41 tipo, 43 tipo. — Idioti: N. 27, 37. — Pazzia circolare: N. 29, 50.

이탈리아의 신경정신과 의사였던 체사레 롬브로소(Cesare Lombroso)는 교도소에서 살아 있는 범죄자 6천여명과 죽은 범죄자의 시체 380여구의 골상을 관찰한 뒤, 범죄자들에게 나타나는 신체적 특징을 기술하고 이러한 특징을 5개 이상 가진 사람을 '생래적 범죄인'(born criminal)이라고 불렀습니다. 오늘날 관점에서는 터무니없어 보이지만 객관적인 관찰, 비교 분석, 통계 등을 활용한 롬브로소의 연구 방법은 현대 범죄학에 큰 영향을 미쳤습니다. 롬브로소가 수집한 위의 사진 앨범은 다양한 유형의 범죄자 외모를 보여줍니다.

소 이후의 범죄학 연구들은 한동안 롬브로소의 주장을 지지하거나 그에 반대하는 내용으로 전개되었습니다.

범죄성은 유전되는가

롬브로소의 '생래적 범죄인' 개념은 범죄성이 유전될 수 있다는 것을 암시합니다. 진짜로 범죄성은 유전되는 것일까요? 이를 검증하는 데 있어서 유전자에 대한 이해가 없었던 20세기 초에는 생부모와 양부모의 경우를 비교하거나 일란성 쌍생아와 이란성 쌍생아의 경우를 비교하는 방법 등이 주로 활용되었습니다. 양쪽 모두 범죄를 저지른 일란성 쌍생아의 비율이 양쪽 모두 범죄를 저지른 이란성 쌍생아의 비율보다 높다는 점을 근거로 범죄성이 어느 정도 유전된다는 결론을 내리는 식입니다. 4천여 명의 양자를 대상으로 생부, 양부, 본인의 전과를 조사한 결과, 생부에게만 범죄 전과가 있는 경우에 자식이 범죄자가 되는 비율은 20퍼센트인 반면, 양부에게만 범죄 전과가 있는 경우에 자식이 범죄자가 되는 비율은 14.7퍼센트인 것을 확인하고 유전이 환경보다 범죄성에 더 큰 영향을 미친다는 결론을 내린 연구도 있습니다.

그렇지만 범죄성이 생물학적으로 유전된다고 단정하는 것은 신중해야 합니다. 우선 그러한 연구들이 환경적 요인을 완전히 차단했다고 보기도 어렵습니다. 가령 다른 사람의 아이를 입양할 수 있는 양부는 보통 사람들보다 가정형편이 좋은 편인 경우가 많기 때문에 환경적 영향이 완전히 배제되었다고 보기 어렵습니다. 과거에는 폭력범죄가 많았기에 강인한 육체를 물려받은 사람이 범죄를 저지르는 비율이 높았을 수도 있지만, 지금은 살인을 하는 데 총, 독약 등이 활용될 수 있고, 범죄 종류가 사기, 보이스피싱, 스캠, 배임, 횡령 등으로 다양해졌기 때문에 범죄성의 유전 가능성을 과거와 같은 잣대로 보기도 어렵습니다.

범죄성이 유전된다는 말은 실로 무서운 말입니다. 가령 어떤 사람의 부모가 살인자였다면 그 사람도 언젠가 살인할 가능성이 높다는 뜻입니다. 이런 가족을 주변의 다른 사람들이 알게 되면 피하거나 통제하려 할 것입니다. 20세기 초에는 범죄자나 정신지체자와 같은 열등한 인간은 거세시키고 좋은 자질을 가진 우월한 인간은 자손을 확산시켜 인류를 개량해야 한다는 우생학이 유행했습니다. 우생학의 창시자이자 찰스 다윈의 사촌인 프랜시스 골턴(Francis Galton)은 범죄, 가난, 문맹, 정신박약을 가진 사람들이 자식을 낳지 않도록 함으로써 유럽인들을 위대하게 만드는 방법을 『네이처』지에 발표했습니다. 심지어 엄격한 테스트를 통과한 사람들만 자식을 낳을 수 있도록 허가하는 내용의 SF소설까지 쓰고는 이것이 인류를 쇠퇴에서 구하는 안내서라고 여겼습니다. 지금 들으면 얼토당토않은 말이지만, 20세기의 첫 다섯(제26~30대) 미국 대통령들이 우생학을 찬양했고 하버드, 스탠퍼드, 예일 등 명망 있는 미국의 대학들이 우생학을 가르쳤으며, 1907년경에는 인디애나주를 시작으로, 캘리포니아, 코네티컷, 아이오와, 뉴저지 등에서 우생학적 강제 불임화가 법제화되었습니다. 심지어 아기의 피부의 흰 정도, 이목구비의 대칭성, 두상이 둥근 정도 등을 기준으로 시상하는 우생학 경진대회도 있었습니다. 1916년에는 매디슨 그랜트(Madison Grant)라는 미국인이 우생학을 바탕으로 생각이 삐뚤어진 자, 정신적 결함이 있는 자 등을 불임화하는 내용의 『위대한 인종의 소멸』을 출간했고, 이 책을 성경처럼 여긴 인물이 독일에서 강제 불임화법을 통과시켰는데 그가 바로 아돌프 히틀러입니다.[2]

남성호르몬과 범죄성의 관계

제가 아는 범죄 중에 가장 참혹하게 느껴졌던 것 중 하나가 2019년 순천 아파트 강간 살인사건입니다. 범인인 정모씨(1983년)는 이미 2007년에 강간상해죄로 징역 5년을 선고받아 형의 집행을 완료했고, 2013년에도 강간상해죄로 징역 5년을 선고받아 2018년에 전자발찌를 부착하고 교도소를 출소한 인물입니다. 그는 2019년 어느 날 술자리에서 친한 직장 동료와 심하게 다툰 다음 그 동료의 약혼녀가 사는 아파트로 찾아가서 대화 끝에 성폭행을 시도했습니다. 그녀는 저항하다가 아파트 6층 발코니 창문 밖으로 떨어져 그 아래 화단에 추락했는데 피해자는 그때까지 살아 있었습니다. 그사이 정모씨는 엘리베이터를 타고 내려가서 화단에 있는 그녀를 끌고 다시 엘리베이터를 타고 집으로 돌아와서 또다시 성폭행을 시도하다가 잘 되지 않자 피해자의 목을 졸라 살해했습니다.

실시간으로 위치가 파악되는 전자발찌를 부착하고 있었고 기존에도 중형을 두차례 받았기 때문에 정모씨는 당시 범행을 또 저지를 경우 즉시 잡히고 법원에서 중형을 받을 것임을 잘 알고 있었을 것입니다. 그러므로 이러한 범행을 저지른 것을 두고 이익과 손실을 고려한 합리적인 선택이라고 설명할 수는 없을 것입니다. 그렇다면 정모씨의 범죄의 원인을 어떻게 설명해야 할까요? 그가 주로 성범죄를 저질렀다는 점을 고려하면 왜곡된 성욕 내지 이상성욕이 눈에 띕니다. 이처럼 성범죄의 경우에는 생물학적 요인이 상대적으로 큰 것으로 알려져 있습니다. 성범죄가 성욕과 밀접한 관련이 있고 성욕은 테스토스테론에 의해 좌우되는 것이기 때문입니다. 테스토스테론은 일반적인 공격성과도 상관관계가 있어서 비단 성범죄뿐만 아니라 폭력범죄의 가능성도 높인다고 합니다. 정모씨뿐만 아니라 이춘재, 강호순과 같은 연쇄살인범의 경우에서 볼 수 있듯이 이러한 범죄자들의 삐뚤어진 성욕은 살인으로까지 이어지기도 합니다. 물론 그렇다고 범죄자 본인의 책임이 감경되는 것은 아닙니다.

어떠한 생물학적 요인이 범죄를 촉진하는가에 대한 연구는 꽤 오래전부터 진행되어왔습니다. 20세기 중반에는 남성의 경우 XY로 이루어진 성염색체가 비정상적인 XXY형 또는 XYY형인 경우에 반사회적 성향을 표출하는 경우가 많아서 범죄성이 강하다는 주장이 있었습니다.

범죄적 성향과 밀접한 관련이 있는 것으로 자주 지목되는 요인이 호르몬입니다. 사람 몸의 내분비선에서 생성되는 호르몬의 불균형으로 인한 감정의 동요가 범죄를 유발한다는 것입니다. 여성의 경우 월경 직전에 범죄를 저지르는 경우가 많아진다는 연구 결과는 다수 나와 있습니다. 1990년대에는 남성호르몬인 테스토스테론이 폭력성, 반사회적 공격성과 관련이 있고, 성범죄나 폭력범죄를 저지른 사람이 테스토스테론 수치가 높다는 연구도 있습니다.

그간 생리학, 신경학, 생화학 등이 눈부시게 발전하면서 생물학적 요인이 범죄에 미치는 영향을 주제로 삼은 연구들은 더 활발해지고 있습니다. 이들 연구의 주제가 되는 생물학적 요인은 염색체 이상, 생리적 증후군, 남성의 테스토스테론과 같은 호르몬, 뇌파의 활동성, 자율신경 조직의 기능, 신경전달물질의 기능, 뇌기능 장애, 주의력결핍 과다행동장애(ADHD), DNA, 환경독소·신경독소 등입니다. 최근에는 뇌과학이 발전하면서 인간이 의사결정을 하는 메커니즘이 점차 정교하게 밝혀지고 있는데, 이러한 연구는 범죄인이 범죄를 결행하는 생물학적 메커니즘에 대한 연구에서도 새로운 지평을 열 것으로 보입니다.

범죄는 마음에서 비롯된다, 범죄심리학

인간의 모든 행동은 마음에서 비롯됩니다. 선한 행동도 선한 마음에서 비롯되고 악한 행동도 악한 마음에서 비롯됩니다. 그렇다면 범죄도 마음에서 비롯된다고 할 수 있습니다. 왜 어떤 마음은 다른 사람을 사랑하고 도우려고 하는 반면, 어떤 마음은 범죄를 결심하고 실행하는 것일까요? 범죄자의 심리를 분석해 범죄자의 행동을 이해하고 이를 토대로 수사, 교정, 범죄 예방 등에 적용하기 위한 학문을 범죄심리학이라고 합니다. 범죄심리학의 주된 연구 대상으로는 성격, 무의식, 정신병 정도가 꼽힙니다.

범죄를 잘 저지르는 성격이 따로 있을까요? 우리는 주변 사람이 좋은 사람인가를 말할 경우 결국 그들의 성격을 말할 때가 많습니다. 어떤 사람이 좋다고 말하는 경우에는 대개 그 사람의 성격이 좋다는 뜻입니다. 반대로 어떤 사람이 나쁘다고 말하는 경우에는 그의 성격에 문제가 있다는 뜻입니다. 의학이나 심리학에서는 성격장애를 유형화하고 있습니다. 그 유형에는 사이코패스들이 해당하는 '반사회적 성격장애'를 비롯해서 자기애성, 편집성, 분열성, 경계선 지적 지능, 연극성, 강박성, 의존성 성격장애 등 다양한 종류가 있습니다.

가령 '자기애성 성격장애'자는 흔히 나르시시스트라고 불리는데 자신의 능력과 중요성을 비현실적으로 과대하게 여기고, 자신의 목적 달성을 위해 사람들을 착취, 억압, 비난, 통제하는데 거리낌이 없고, 소시오패스처럼 공감 능력이 없어 타인에게 상처를 주는 데 주저함이 없다고 합니다. 이런 설명을 들으면 아마 대부분 자신이 겪은 상사들이 떠오르는 분이 많을 텐데 저도 그렇습니다. 과거 제가 일했던 행정청의 기관장은 인사권자의 고교 후배로서 아무런 전문성 없이 낙하산으로 부임했는데도 자신이 모르는 전문 분야에 대해 황당하고 불합리한 지시를 남발했습니다. 국익이나 법 때문에 그 지시를 도저히 따르지 못하는 직원들에게는 분노 조절을 못하고 감사나 좌천으로 겁박하던 사람이었는데, 앞서 말한 자기애성 성격장애의 특성을 고스란히 가지고 있었습니다. 나중에는 결국 수사대상이 되었습니다. 이처럼 정부의 중요한 자리에 성격장애가 있는 인물을 앉히게 되면 어지간한 범죄보다 국익에 더 큰 해를 가합니다.

프로이트(Sigmund Freud) 등의 정신분석학을 바탕으로 무의식이 범죄를 야기한다는 이론도 있습니다. 프로이트는 인간의 의식은 빙산의 일각에 불과하며 그 빙산에 해당하는 것이 인간의 무의식이라고 했습니다. 인간이 의식적으로 의사결정을 하는 것 같지만 실은 그 아래의 무의식이 그런 방향으로 의사결정을 하도록 만들기 때문에 중요한 의사결정은 사실상 무의식이 한다는 것입니다.

범죄자의 성장 과정을 분석하는 것도 결국 그것이 범죄자의 무의식과 같은 깊은 내면의 형성에 어떤 영향을 미쳤는지를 살펴보는 것입니다. 가령 정남규는 어렸을 때는 아버지의 폭행과 동네 아저씨의 성폭행을, 학창 시절에는 학교폭력과 집단 괴롭힘을, 군대에서는 가혹행위와 이른바 '기수열외'(최하위 서열로 취급하며 후임들로부터 고참 대우도 받지 못하게끔 하는 군내 괴롭힘)를 당했다고 알려져 있는데, 그때 생긴 트라우마와 증오심 때문에 사람을 죽인다고 분석하는 경우도 있습니다. 유영철은 어릴 때 개구리를 잡아서 목을 비틀거나 해부하는 것을 좋아했고, 고등학생 때부터 소년원을 들락거렸으며, 이혼을 당한 후 아내를 살해하려다가 마음을 바꾸어서 연쇄살인을 시작했다고 합니다. 그러나 이러한 성장 과정과 그에 대한 분석이 범죄를 정당화하는 것으로 받아들여지지 않도록 유의해야 합니다. 성장 과정에서 크고 작은 상처를 받는 사람이 많음에도 불구하고 대부분의 사람들은 적절히 극복해서 법을 지키면서 살아가기 때문입니다.

저도 한때 정신분석학에 끌렸던 적이 있습니다. 이런저런 책들을 탐독하기도 하고 실제로 정신분석을 받기도 했으며, 그 경험을 바탕으로 『보헤미안 랩소디』(2014)라는 소설을 쓴 적도 있습니다. 그 과정에서 제가 몰랐던 저 자신의 내면의 모습들을 다수 발견하기도 했습니다. 그러나 정신분석을 통한 무의식의 분석에는 한계가 많았습니다. 우선 정신분석학파마다 무의식을 보는 입장이 다릅니다. 앞서 설명한 것도 초기 프로이트학파의 아주 단편적인 언급일 뿐이며, 프로이트 계승자들 사이에서만 해도 무수한 견해 차이가 있습니다. 무의식은 개념상 의식으로 확인되지 않는 것이므로 객관적으로 확인하거나 검증할 수도 없습니다. 따라서 무의식을 기반으로 보편적인 범죄의 원인을 규명하고 대책을 마련한다는 것은 현실적으로는 가능한 일이 아닌 것 같습니다.

과거에는 정신병을 범죄성의 원인으로 지목한 연구들도 많았습니다. 독일의 쿠르트 슈나이더(Kurt Schneider)라는 학자가 정신병질의 유형을 10가지로 분류한 것이 가장 유명합니다. 이에 따르면 의지박약성 정신병질자는 성매매, 알코올중독, 마약중독에 빠지기 쉽고, 사소한 자극에도 병적으로 과도하게 흥분하고 전후를 고려함이 없이 닥치는 대로 폭언하는 폭발성 정신병질자는 살인이나 폭행, 모욕, 손괴 같은 죄를 저지르기 쉽습니다.

정신병과 관련해서 요즘 특히 문제가 되는 것이 조현병입니다. 최근 일어난 분당 서현역 칼부림 사건의 범인 최원종도 조현병 환자입니다. 그는 "제가 스토킹 피해를 당하고 있었다. 간략히 말하면 제가 몇년간 조직적인 스토킹 피해자였고 범행 당일 괴로웠다. 저의 주변에 스토킹 조직원이 많이 있다고 생각이 들어서 그래서 사람들을…"이라고 말했습니다.[3] 이른바 '강남역 살인사건'의 범인 김성민도 조현병 환자로 밝혀졌습니다. 그는 2016년 5월 17일 새벽 1시경 강남역 인근 길가 주점의 화장실에서 20대 여성을 흉기로 10여차례 찔러서 살해했습니다. 그는 2008년부터 조현병으로 4차례 입원한 전력이 있고 범행 당시에도 조현병으로 인해 여자들이 자기 흉을 보고 지하철에서 일부러 자기 어깨를 치고 간다는 피해망상이 심했던 것으로 밝혀졌습니다. 2019년 4월 17일 새벽 4시 반경 경남 진주시의 아파트에서 자신의 집에 불을 지른 뒤 화재로 대피하던 주민들에게 칼을 휘둘러 5명을 죽이고 17명에게 중상을 가해 사형을 선고받은 안인득도 조현병 환자로 밝혀졌습니다.

조현병 환자의 범죄를 보면 가족에게 위해를 가하는 경우도 상당한 비중을 차지합니다. 가족이 음식에 독을 타서 자신을 죽이려고 한다는 망상이 생겨서 존속살해나 존속살해미수를 저지르는 경우가 적지 않습니다. 제가 판사로 일할 때도 조현병에 걸린 서른 초반인 아들이 일흔 넘은 아버지의 머리를 칼로 수차례 찔러 존속살인미수죄로 기소된 사건을 재판한 적이 있습니다. 어머니가 진즉에 가출해서 아버지는 일흔 노인이 될 때까지 평생 조현병인 아들을 홀로 키우며 살아왔는데, 경제적으로 궁핍해지자 어느 날 아들이 아버지가 자신을 굶겨 죽이려고 한다고 생각하고 칼로 아버지의 머리를 수차례 찌른 것이었습니다. 법정에서 아들은 아버지를 향해 큰 소리로 욕설을 해 댔지만 머리에 붕대를 감고 나온 아버지는 아들의 선처를 부탁 했습니다. 이런 사건을 만나면 통상의 양형 기준이 무의미해집 니다. 저는 치료감호와 함께 상당히 긴 기간의 징역형을 선고 했습니다. 기본적으로 피고인의 죗값만큼 징역형을 받아야 한 다는 고려도 있었지만 부수적으로는 그의 아버지에게 평생 처 음으로 아들의 부양에서 벗어나 쉴 시간을 드리고 싶었습니다.

소말리아의 인기 직업 1순위, 해적

범죄의 사회적 원인을 이야기할 때면 떠오르는 것이 2010년 대 초까지도 기승을 부렸던 소말리아 해적입니다. 2011년에 우 리나라의 '삼호주얼리호'도 소말리아 해적에게 납치되었는데, 납치 6일 만에 청해부대의 해군 특수전전단이 급습해서 해적 8명을 사살하고 석해균 선장을 비롯한 인질 21명 전원을 구출 한 일이 있습니다.

이 지구상의 많은 나라 가운데 왜 유독 소말리아에만 해적이 많을까요? 그 이유는 소말리아의 정치적 상황에서 비롯됩니 다. 소말리아는 권력자들 사이의 오랜 내전으로 사실상 무정부 상태가 되었습니다. 그러자 혼란을 틈타 해안 지역에서는 다른 나라의 어선들이 최첨단 기술로 소말리아 어민들이 포획하던 참치, 크랩 등의 어자원을 싹쓸이해가기 시작했습니다. 참다못한 소말리아 어민들이 자경단을 꾸려서 경비하기 시작했는데 그 과정에서 외국 선박을 나포해 몸값을 받는 것이 경제적으로 큰 돈벌이가 된다는 것을 깨닫게 되었습니다. 이내 해적 일은 산업화되었습니다. 해적들은 해적단을 꾸려서 마치 크라우드 펀딩을 받듯이 유럽인들을 포함한 외국의 투자를 받았고, 해적단은 그 돈으로 무기를 사서 되도록 많은 인질극을 벌인 다음 몸값을 투자자와 나누었습니다. 국민소득 500달러 미만인 나라에서 평균 연봉이 8만 달러에 달하는 해적은 아이들이 커서 되고 싶어하는 직업 1순위이자 여자들이 꼽는 최고의 신랑감이 되었습니다.

이러한 해적 범죄의 주된 원인이 해적 개개인의 도덕의 문제라고 말하기는 어려울 것입니다. 좀더 근본적 원인은 소말리아의 무정부 상태로 인한 정치적·경제적 불안정이고, 따라서 해적 범죄에 대한 대책도 해적들을 교도소로 보내는 것만이 아니라 소말리아를 정치적·경제적으로 안정시키는 것일 겁니다. 당시 반기문 유엔사무총장은 2009년 해적 활동을 줄이기 위해서라도 국제사회가 소말리아의 사회적·경제적 안정을 도와야 한다고 촉구했고 이에 EU도 2억 5천만 달러의 지원 계획을 밝혔습니다.[4] 여기서부터는 이처럼 사회적 문제가 범죄를 야기하는 원인이 되는 경우를 살펴보도록 하겠습니다.

사회는 범죄의 배양기, 범죄사회학

19세기에 사회학이 활발하게 태동하기 시작하면서 범죄와 사회적 환경의 관계를 실증적으로 입증하는 연구가 다각도로 시도되었습니다. 초기에 유행하던 연구 방식 중 하나가 범죄 통계를 지역별로 비교하면서 범죄의 원인을 탐색하는 연구인데 이런 연구자들을 범죄지리학파라고 합니다. 가령 프랑스의 앙드레-미셸 게리(André-Michel Guerry)는 1825년부터 1830년 사이의 범죄 통계를 지도에 표시하는 방법으로 프랑스의 빈민 구역에서 사기와 절도가 가장 적게 발생했다는 점을 확인함으로써 빈곤이 범죄의 절대적 원인이 아니라는 것을 밝혔습니다. 벨기에의 학자 아돌프 케틀레(Adolphe Quételet)는 여러 나라의 범죄율 통계를 계산하여 범죄율이 국가의 지리적 위치, 기후, 계절, 국민의 연령 분포, 교육수준과 함수관계에 있다고 보았고, 일반 범죄는 따뜻한 지방에서 많이 발생하는 반면 재산범죄는 추운 지방에서 많이 발생한다는 '범죄의 기온 법칙'을 주장했습니다.

구성원의 특성에 별 차이가 없는데 지역별로 범죄율이 다르다는 것을 확인하게 되면 범죄의 원인을 사회에서 찾게 됩니다. 케틀레도 "사회는 범죄를 예비하고 범죄자는 그것을 실천하는 도구에 불과하다"고 주장했습니다. 물가와 실업률이 높아지면 범죄율이 높아진다는 사실을 밝혀낸 프랑스의 알렉상드르 라카사뉴(Alexandre Lacassagne)도 "사회는 범죄의 배양기이며 범죄자는 미생물에 해당하기 때문에 벌해야 할 것은 범죄자가 아니라 사회이다"라고 주장했습니다. 이탈리아의 엔리코 페리(Enrico Ferri)는 물이 온도에 따라 일정량의 설탕을 녹여낼 수 있는 것처럼 한 사회가 내포하는 범죄의 양도 사회적 조건에 따라서 달라진다는 '범죄포화의 법칙'을 제시했습니다.

범죄학자들은 지역별로 범죄율이 다른 경향을 파악하는 데서 더 나아가 왜 그러한 차이가 발생하는지를 연구하기 시작했습니다. 이에 대해 현대 범죄학의 가장 중요한 학자인 프랑스의 에밀 뒤르켐(Émile Durkheim)은 아노미(anomie) 이론을 제시한 것으로 유명합니다. 아노미 이론은 사회구성원들이 사회 규범에 도덕적 권위를 인정하는 기준이 낮을수록 범죄가 증가하는데 급변하는 현대사회에서는 변화에 걸맞은 새로운 규범이 적시에 생겨나지 않기 때문에 그전까지 규범이 부존재하는 아노미 상태가 초래되어 범죄가 증가한다고 설명합니다.

범죄학은 유럽뿐만 아니라 미국에서도 활발하게 연구되었는데, 특히 1920년대 미국의 시카고학파는 범죄를 사회학적으로 분석한 것으로 유명합니다.* 시카고학파는 인간이 살아가

---

* 시카고대학은 석유 재벌 존 데이비슨 록펠러가 출연해서 1892년에 개교한 학교인데, 초대 총장인 윌리엄 하퍼(William Harper)가 사회 문제를 해결하는 데 도움이 될 수 있는 실증적인 학부를 만들겠다는 목표로 사회학부를 창설

는 도시나 사회를 동식물이 살아가는 생태계와 기본적으로 같은 것으로 보고, 생물학자들이 숲을 관찰하는 방식으로 시카고라는 도시 생태계를 관찰했습니다. 가령 어니스트 버지스(Ernest W. Burgess)라는 학자는 도시를 5겹의 동심원 지역(중심상업지역, 빈민가가 형성되는 퇴화지역, 노동자 거주지역, 고소득층 거주지역, 통근자가 거주하는 교외지역)으로 나누고 각 지역별로 범죄율의 차이가 난다는 점을 설명했습니다. 이들 지역별로 범죄율에 차이가 나는 이유로 '사회해체' 개념이 제시되었습니다. 새로운 거주자들이 유입되면서 기존 공동체가 일관된 가치 규범을 제시하지 못하게 됨으로써 범죄 등 사회 문제를 초래하는 현상을 말합니다. 사회해체의 대표적인 사례가 도시화입니다. 도시화가 급격히 이루어지는 지역을 중심으로 범죄율이 치솟았는데 그 이유에 대해서는 새로운 인구가 유입되면서 규범이 존재하지 않는 아노미 상태가 일어나기 때문이라는 설명, 도시에 사는 사람들은 개인주의적 성향이 더 강하기 때문이라는 설명, 도시의 문화적 이질성이 갈등을 조장하고 반사회적 행위 충동을 야기한다는 설명 등이 제시되었습니다.

시카고학파 이후에도 미국에서 범죄를 야기하는 사회적 요인에 관한 연구들이 계속 이루어졌습니다. 인간의 모든 행동이

했습니다. 사회 문제를 해결함으로써 보다 나은 사회를 만드는 데 기여하고자 했던 시카고대학 사회학부가 대표적인 사회 문제라고 할 수 있는 범죄의 원인과 대책을 연구하기 시작한 것은 당연한 수순이었습니다.

학습에 따라 이루어지는 것과 같이 범죄도 범죄성이 있는 집단이나 사람들과 친밀하게 접촉하는 과정에서 학습된다는 '차별적 접촉'이론, 어떤 사람을 범죄자로 낙인찍음으로써 그에게 내재된 범죄적 성향이 더욱 발현된다는 낙인이론, 부와 명예 같은 목표를 합법적으로 쟁취하는 사람은 소수에 불과하므로 그밖의 사람 사이에서는 긴장이 발생하는데 이때 범죄라는 수단을 통해서라도 그런 목적을 추구하려는 압력이 생긴다는 긴장이론 등이 대표적입니다.

경제적 환경이 범죄에 미치는 영향

사회적 환경 중에서 범죄에 가장 큰 영향을 미치는 요소는 경제적 환경일 것입니다. 경제 상황이 좋지 않으면 실업자가 많아지고 가계소득이 줄어서 이른바 '생계형 범죄'나 '장발장 범죄'가 늘어납니다. 반면 경제 상황이 좋으면 돈이 많이 도는 만큼 사기나 횡령 같은 재산범죄가 늘어납니다. 호황이든 불황이든 경기에 변동이 있으면 긴장과 갈등이 높아져서 범죄가 증가하고, 경제가 안정되면 범죄가 줄어든다고 보는 시각도 있습니다.

경제 상황이 범죄에 미치는 영향을 논할 때면 생각나는 사건이 대구 '간병살인'사건입니다. 2021년 22세 청년 김모씨가 몸을 움직이지 못하는 아버지에게 음식을 주지 않고 방치해 존속살해죄로 징역 4년형을 선고받은 사건입니다. 그의 아버지가 뇌출혈로 쓰러져 온몸을 움직이지 못하는 상태가 되었기 때문에 코에 끼워진 호스로 음식을 계속 주입해주고, 대소변도 치워주고, 욕창이 생기지 않게 2시간마다 체위도 바꿔주는 간병인이 필요한 상태였습니다. 그러나 김씨는 시급 7천원 받는 편의점 아르바이트를 하고 있을 뿐 다른 재산이 없었고, 어머니는 집을 나갔고 고모들은 연락이 되지 않았습니다. 김씨의 호주머니는 금세 비어갔고 월세 30만원을 여러번 연체했으며 휴대전화와 도시가스도 끊겼습니다. 김씨에 따르면 어느 날 아버지가 자신에게 속삭이듯 말했습니다. "미안하다. 너 하고 싶은 거 하면서 행복하게 살아라. 필요한 거 있으면 아버지가 부를 테니까, 그전에는 아버지 방에 들어오지 마라." 며칠 후 김씨가 아버지 방문을 열었더니 부패한 냄새와 함께 아버지의 시신이 발견되었고 김씨는 존속살해죄로 체포되어 수사와 재판을 받았습니다.

아버지의 간병비를 다른 가족이나 국가가 마련해줄 수 있었다면 이런 비극적인 일이 일어났을까요? 아마 아닐 겁니다. 이 사건에는 우리 사회의 근본적인 문제가 반영되어 있습니다. 아버지는 고령화를, 김씨는 청년실업 문제를, 김씨의 가족은 가족해체로 인한 돌봄의 개인화 문제를 직간접적으로 겪고 있습니다. 과거 대가족 시대에는 집안에 어른이든 아이든 아프거나 일자리를 잃은 가족이 있어도 모두가 어려움을 나누고 서로 도우면서 살아갔습니다. 그렇지만 개인주의가 확산되고 1인가구가 절반 이상을 차지하면서 가족의 돌봄을 활용하는 길이 사라지고 있습니다. 그렇다면 다른 사람의 돌봄을 구해야 하는데 이런 돌봄은 모두 비용을 동반합니다. 돈이 아주 많은 사람은 관계가 없겠지만 보통 사람들은 크고 작은 돌봄을 외부에서 구하는 것이 큰 부담이 됩니다. 그러다보면 김씨의 경우 같은 일이 발생하게 됩니다. 이처럼 사회적 환경이 범죄에 영향을 미칠 경우에 오롯이 개인에게만 범죄의 책임을 묻는 것이 옳은가 하는 생각이 들게 됩니다.

사회 속의 작은 사회가 낳는 범죄

특수한 정치적·사회적 분위기가 특정 범죄를 야기하는 경우도 있습니다. 가령 제2차세계대전 때 독일의 나치는 홀로코스트라는 제노사이드(genocide)*를 저질렀습니다. 저는 제노사이드가 세상에서 가장 끔찍한 범죄라고 생각합니다. 어떤 국가가

---

* 인종·민족을 뜻하는 그리스어 '제노'(geno)와 살해를 뜻하는 라틴어 '사이드'(cide)를 합성한 '제노사이드'는 특정 민족이나 인종을 대량으로 학살한다는 의미입니다. 이 용어는 라파엘 렘킨(Raphael Lemkin)이라는 폴란드계 유대인 변호사가 만든 것으로 1948년 유엔 총회에서 제노사이드 협약이 채택되면서 널리 쓰이게 되었습니다.

제노사이드를 저질렀다는 것은 한 사람으로 치면 사이코패스의 엽기적 살인을 저지른 것 이상으로 패륜적인 행위를 했다는 말입니다. 나치는 유대인 600만명을 비롯하여 슬라브인, 집시, 장애인 등 1천만명 넘게 죽였습니다. 독일군은 총알을 아끼기 위해서 '치클론B'*라는 살충제를 사용하기도 했습니다. 그러나 제2차대전 당시는 물론이고 이후 오랫동안 독일의 기성세대는 자국이 심각한 범죄를 저질렀다고 생각하지 않았습니다. 그저 자신들이 패전했기 때문에 그런 책임추궁을 당하는 것일 뿐이라고 생각했습니다. 그러다 1960년대 후반 젊은 층을 중심으로 과거 부모 세대들이 일으킨 전쟁이 용인 가능한 수준을 넘어선 범죄였다는 목소리를 내기 시작했고 이후 알려진 바와 같이 독일은 과거사에 대한 반성을 적극적으로 하기 시작했습니다.

나치의 홀로코스트의 실무 책임자는 아돌프 아이히만(Adolf Eichmann)이었습니다. 그는 독일이 패전한 후에 아르헨티나로 도망가서 15년 동안 건설회사 직원으로 신분을 위장하고 살았으나, 그의 아들이 하필 유대인 홀로코스트 희생자의 딸과 사귀

---

* 이 살충제를 만든 사람은 아이러니하게도 프리츠 하버(Fritz Haber)라는 유대인이었습니다. 농업생산성 향상을 위해 살충제를 만든 그는 결국 그 살충제를 활용한 나치의 홀로코스트를 피해 가족과 함께 영국으로 망명했습니다. 하버는 공기 중에서 질소를 뽑아내는 '하버·보슈법'을 만들어서 인공비료 생산을 가능하게 함으로써 인류가 기아를 극복하는 데 기여한 공로로 노벨상을 탄 인물입니다.

면서 아버지의 정체를 말하게 되자 그 여자친구가 이스라엘 정부에 신고하는 바람에 결국 이스라엘 정보기관인 모사드 요원들에게 납치되었습니다. 그는 1962년 사형이 집행되기 전 7개월간 재판을 받았는데, 이 재판을 시종일관 관찰한 해나 아렌트(Hannah Arendt)라는 유대인 정치철학자는 아이히만이 악마가 아니라 오히려 성실한 관료였다면서, 사람이 거대한 기계 속 톱니바퀴로서 관료제의 타성에 젖을 경우 선악에 대한 판단력을 상실할 수 있다는 '악의 평범성'이라는 명제를 제시했습니다. 거대한 사회구조 안에서 인간은 개인적 도덕성의 수준과 무관하게 악마나 사이코패스가 하는 짓을 저지를 수 있다는 것을 보여줍니다.

국내 사례 중에서 정치적·사회적 분위기가 범죄를 야기한 경우로는 형제복지원 사건이 떠오릅니다. 형제복지원은 1975년부터 1987년까지 부산에 있었던 부랑자 강제수용소입니다. 1987년에 이곳의 실상이 세상에 드러나면서 본격적인 조사가 시작되었을 때 이곳에서 폭력 등으로 사망한 것으로 확인된 사람의 수가 512명이었습니다. 이후 '진실·화해를 위한 과거사 정리위원회'(진실화해위원회)의 조사 결과에 따르면 확인되는 사망자 숫자는 657명까지 늘어납니다. 그래서 이 사건을 한국판 홀로코스트라고 하고, 형제복지원을 한국의 아유슈비츠라고도 합니다. 제가 「알쓸범잡」 첫 방송에서 소개한 사건이기도 한데, 당시 촬영을 위해 그곳에 가보았을 때 1980년대 인권유린의 상징이라 할 수 있는 형제복지원 건물은 온데간데없고, 대신 오늘의 시대를 상징하는 아파트가 대규모로 들어서 있었습니다.

당시 형제복지원의 원장은 하사관 출신의 박인근이라는 인물입니다. 아마추어 복싱협회 임원을 지낼 정도로 복싱에 일가견이 있었던 그는 사무실에 수갑 30개, 참나무 몽둥이 10개 정도를 비치해놓고 바닥 타일에 피가 흥건하게 고일 정도로 사람을 두들겨 팼다고 합니다. 박인근은 형제복지원 수용자들을 군대처럼 1, 2, 3소대로 편성하고, 수용자 중에서 소대장, 부소대장 등을 뽑아서 그들로 하여금 다른 수용자들을 군대식으로 통제, 구타하도록 했습니다. 여성 수용자 중 4분의 1이 성폭행을 당했고, 여성이 임신하면 주사를 놓아서 낙태를 시켰으며, 소대장들이 어린 남자아이들을 성노예로 삼기도 했습니다.

수용자들은 원장의 돈벌이를 위한 운전면허 시험장이나 성당을 만드는 공사에 동원되어 새벽부터 밤까지 돌을 짊어지고 경사가 가파른 언덕을 오르내리는 등 강제노역에 시달렸습니다. 원장이 국가보조금을 횡령해 밥을 제대로 주지 않았기 때문에 이들은 늘 허기지고 영양실조에 시달렸습니다. 부러진 칫솔 하나를 어린아이 50명이 함께 썼다는 진술도 있습니다. 어른은 물론이고 아이들조차 병이 걸려도 병원에 데려가는 일은 없었습니다. 수용자가 죽으면 시체는 땅에 매장하거나 소각장에서 불태웠습니다. 의과대학에 해부용 시체로 돈을 받고 파는 경우도 있었습니다. 박인근은 사람이 죽어도 좀처럼 사망신고를 하지 않았습니다. 수용자가 사망하면 그의 몫에 해당하는 정부보조금을 받을 수 없었기 때문입니다. 구청이나 우체국 등 외부에서 사망자를 찾는 전화가 오면 대역을 내세웠습니다. 1987년에 검찰이 압수수색을 했을 때 원장실 금고에 20억 원이 넘는 현찰과 예금증서가 있었다고 하니 그가 이런 식으로 빼돌리거나 착취한 금액이 얼마나 컸을지 짐작할 수 있습니다.

형제복지원은 부랑인들을 수용하는 시설입니다. 부랑인이란 당시 걸인, 앵벌이, 껌팔이 등으로 불리던 사람들입니다. 1950년에 한국전쟁이 발발하고, 1960년대에는 보릿고개로 대표되는 식량난이 극심해지면서 우리 사회 곳곳에 부랑인들이 크게 늘었습니다. 특히 1980년대 초 전두환 정권이 들어서고 1986년 서울아시안게임과 1988년 서울올림픽 개최가 확정되자 정부는 외국의 시선을 의식해서 '아름다운 거리 만들기'라는 도시환경미화사업을 시작했는데 그 일환으로 노상의 부랑인들을 보이지 않는 곳으로 보냈습니다. 그때부터 형제복지원은 '부산시 부랑인 선도차'라고 적힌 승합차를 몰고 다니면서 부산역이나 공원을 배회하는 사람들을 무차별적으로 데려가기 시작했습니다.

부랑인 납치도 문제이지만, 부랑인이 아닌 데도 감금된 사람이 형제복지원 수용자의 70퍼센트에 이르렀습니다. 부산역에서 기차를 놓쳐서 잠을 자던 사람들도, 부산역 근처 식당에서 친구들과 밥을 먹다가 잠시 밖에 나가서 담배를 피우던 사람도

부산 형제복지원 사건은 1975부터 1987년까지 부랑인을 선도한다는 명목으로 군, 구청, 경찰로 구성된 부랑인 단속반이 공원이나 거리를 배회하는 사람들을 납치, 불법감금, 강제노역, 구타, 성폭행, 살해 암매장 등을 자행한 사건입니다. 2022년 8월 '진실화해위원회'의 조사 결과에 따르면 부랑인 단속, 수용, 시설 운영 등 전반적인 과정에서 인권침해가 발생했고, 이곳에서 폭력 등으로 목숨을 잃은 사람이 657명이나 되었습니다. 당시의 권위적인 정치적·사회적 분위기와 시설의 폐쇄성이 결합하여 발생한 중범죄입니다.

잡혀갔습니다. 2012년부터 '진실화해를 위한 과거사정리 기본법'이 국회에서 통과된 2020년 5월까지 국회에서 1인 노숙시위 및 단식농성을 하며 형제복지원 사건 진상규명을 요구했던 한종선씨도 그런 경우입니다. 1984년 한종선씨가 초등학교 2학년 때 가족과 함께 나들이하고 집에 돌아오는 길에 아버지가 그와 그의 누나를 잠시 파출소에 데려다놓고 급한 볼일을 보러 간 사이에 형제복지원 차량이 파출소 앞에 와서 이들 남매를 차에 실어 형제복지원으로 데려갔고, 이후 2년 6개월 동안 참혹하게 폭행을 당했습니다. 한종선씨와 함께 진상규명을 촉구했던 최승우씨는 1982년 13세 때 학교에서 돌아오는 길에 가방에 빵이 들어 있었다는 이유로 경찰에 의해 성기 고문을 받았고, 할 수 없이 절도를 자백하자 형제복지원으로 보내져 4년 8개월 동안 수용되었다고 합니다. 이렇듯 무차별적으로 데려감으로써 1986년에는 전국 36개소의 부랑인 시설에 1만 6,149명이 수용되었고 형제복지원에만 해도 3,900명의 인원이 수용되었습니다. 그러나 박인근은 부산 시민들에게 박수와 존경을 받았습니다. 부랑인들이 사라져서 길거리가 눈에 띄게 깨끗해졌기 때문입니다.

형제복지원 내부에서의 참상이 계속해서 유지될 수 있었던 것은 형제복지원 자체가 닫힌 공간이어서 외부의 감시나 간섭이 있을 수 없었기 때문입니다. 형제복지원의 철문은 높고 두꺼웠습니다. 밖에 있는 사람들이 안을 들여다보지도 못했습니다. 감시와 감독을 해야 할 공무원이나 경찰이 그런 일을 제대로 하지 않았습니다. 가정폭력도, 학교폭력도, 직장 갑질도, 국가권력의 횡포도 그러한 닫힌 공간에서 창궐하게 됩니다. 이른바 '도가니' 사건(인화학교 성폭력사건)도 폐쇄된 특수학교에서 가능했던 일입니다. 군대에서 수많은 가혹행위가 발생하는 것도 군이 폐쇄된 곳이기 때문입니다. 이처럼 외부와 단절되어 폐쇄된 공간에서는, 마치 자욱한 연기로 가득 찼지만 환기가 안 되는 고깃집처럼, 고유한 질서와 규율과 문화가 사람들을 통제하게 됩니다. 폐쇄공간에는 구성원의 최소한의 인권을 보호하는 법의 기능이 침투할 수가 없습니다. 따라서 모든 닫힌 공간에는 비상구를 내놓아야 합니다. 안에서 밖을 볼 수 있고 밖에서 안을 들여다볼 수 있는, 환기를 시킬 수 있는 창문도 나 있어야 합니다.

시대에 따라 달라지는 범죄

시대에 따라 영웅적인 행위가 범죄가 되기도 하고, 반대로 범죄행위가 적법한 행위로 둔갑되기도 합니다. 유관순 열사의 3·1운동도 당시 일제가 만든 법에 따르면 범죄였습니다. 1919년 3월 1일에 서울에서 처음 일어난 3·1운동은 하루에 그친 것이 아니라 몇달 동안 전국적으로 확산되었습니다. 유관순 열사의 가족이 살던 천안 병천에서는 한달 뒤인 4월 1일에 대규모 운동이 일어났는데, 이때 일본 헌병이 총을 발포하고 칼로 사람을 찌르는 바람에 유관순 열사의 아버지를 비롯한 19명이 사망하고 30명이 중상을 입었습니다. 이 과정에서 일제 법원이 판결로 피고인 유관순에게 뒤집어씌운 범죄는 소요죄와 치안방해죄(보안법위반)였습니다.

소요죄는 지금 우리나라 형법에도 있는 범죄로서, 다중이 집합해서 폭행, 협박, 손괴를 함으로써 성립하는 범죄입니다. 아버지가 사망한 것을 알게 된 유관순 열사가 헌병 소장을 붙잡고 "자신의 나라를 되찾으려고 하는 정당한 일을 하고 있는데 어째서 군기(군사용 무기)를 사용하여 민족을 죽이느냐"고 말하자 헌병이 총을 겨누기에, 유관순 열사가 죽지 않으려고 그의 가슴에 매달렸는데 이를 폭행으로 보고 소요죄를 적용한 것입니다. 만세운동 자체에 대해서는 보안법에 규정된 치안방해죄라는 죄명을 적용했습니다. 판결문에 적시된 범죄사실은 "피고 유관순은 경성에 있는 이화학당 생도인데, (…) 자택에서 태극기를 만들어 이를 휴대하고 동일 오후 1시경 동 시장으로 달려가 그곳에서 수천명의 군중 단체에 참가하여 전시 태극기를 흔들며 이들과 함께 '조선독립만세'라 외치고 독립시위운동을 함으로써 치안을 방해했다"는 것입니다.*

---

* 그런데 이 보안법은 원래부터 일본에 있었던 법이 아니고 일제가 1907년 7월 27일에 만든 법입니다. 이 시점이 헤이그 특사를 파견한 책임을 물어 고종을

그러나 3·1운동은 우리 입장에서는 민주공화국을 세우기 위한 민주주의 혁명이었습니다. 4월 11일 상해에서 대한민국 임시정부가 수립되었는데 이때 공포한 임시헌장의 제1조는 '대한민국은 민주공화국'이었습니다. 불과 10년 전까지 황제가 통치하는 전제군주국이었던 대한제국이 한일강제병합 9년 만에 3·1운동과 함께 수립된 임시정부에서 입헌군주제도 아닌 민주공화국을 선포한 것입니다. 3·1운동이 일어난 두달 동안 수백만의 민중이 '우리나라'의 독립을 외쳤는데, 이것은 우리 국민들이 우리나라의 주권이 자신들에게 있다는 것을 경험하는 중요한 계기가 되었습니다. 이듬해인 1920년 4월 21일자 동아일보에 "민주주의란 단어가 한여름 뜨거운 날씨처럼 온 천하를 횡행한다"는 기사가 실릴 정도였습니다. 이러한 의미에서 3·1운동은 새로운 민주공화국을 세우겠다는 민주주의 혁명이라 할 수 있는 것입니다.

반대로 민주주의를 훼손하는 심각한 범죄가 적법한 정당행위로 둔갑될 뻔한 적도 있었습니다. 바로 전두환의 쿠데타입니다. 영화 「서울의 봄」(2023)에 나오듯이, 보안사령관이자 10·26사

___

양위시킨 1907년 7월 19일로부터 일주일 뒤라는 점에서 알 수 있듯이, 이 법은 고종 폐위로 인한 집회나 시위를 봉쇄하기 위해서 만든 법입니다. 당시 조선은 전제군주제로서 법을 만들 때 국회를 통과할 필요가 없었기 때문에, 이 법은 법부대신 조중응이 법안을 만들고 당시 통감인 이토 히로부미(伊藤博文)가 승인하여(1907년에 체결된 한일신협약으로 조선은 법령제정 시에 일본 통감의 승인을 거쳐야 했습니다) 황제가 서명함으로써 만들어졌습니다.

건의 합동수사본부장이었던 전두환이 1979년 12월 12일 정승화 육군참모총장을 강제 연행하고 하나회 소속 부대장들을 동원해서 군 전체를 장악해버린 것입니다. 전두환은 이듬해인 1980년 4월 중앙정보부장 서리를 겸직함으로써 우리나라 양대 정보기구 수장 자리를 차지한 다음 비상계엄의 전국 확대, 국회 해산, 국가보위비상대책위원회 설치를 골자로 하는 집권 시나리오를 수립했습니다. 전두환이 권력을 차지하려는 조짐이 보이자, 5월 초부터 대학생들은 전두환 퇴진을 외치면서 민주화 요구 시위를 벌였고 정치권은 대통령 직선제(임기 4년, 1회 중임)를 골자로 하는 헌법 개정안을 5월 20일 국회에서 통과시키기로 했습니다. 그러자 전두환은 이를 막기 위해서 5월 17일 24시부터 비상계엄을 전국으로 확대하고 정치활동 금지, 국회 폐쇄, 집회시위 금지 조치를 단행하면서 학생, 정치인, 언론인, 재야인사 2,699명을 구금해버렸습니다.

이러한 민주주의 파괴 행위에 대한 항거로서 바로 다음 날부터 광주에서 일어난 사건이 5·18광주민주화운동입니다. 5월 18일부터 시위 현장에 투입된 공수부대가 곤봉을 휘두르거나 총에 대검을 꽂은 채 광주 시민들을 무자비하게 공격했고, 그래도 시위가 진압되지 않자 5월 21에는 도청 앞에서 공수부대가 실탄을 장착하고 시위대를 향해 조준사격을 했습니다. 5월 18일부터 10일 동안 193명이 죽고, 65명이 실종되었으며, 후에 후유증으로 376명이 사망했고, 3천여명이 부상을 입고, 1,500여명이 구속되거나 고문을 당했습니다.

　전두환 정권은 광주민주화운동을 정부를 전복하려는 불법적인 폭동이라 규정한 반면, 시민을 상대로 한 공수부대의 공격을 적법한 공권력 행사로 규정했습니다. 그러나 이후 5·18광주민주화운동은 광주 시민들의 저항권 행사로 평가됩니다. 저항권은 헌법적 권리로서, 민주적 기본질서를 파괴하는 자에 대해서 헌법 질서를 유지하기 위해서 예외적이고 최후의 수단으로 저항할 수 있는 권리를 말합니다. 근대 국가가 폭력을 독점적으로 행사할 수 있는 공권력을 가지게 된 것은 시민들이 사회의 질서유지를 위해서 사회계약을 통해 국가에 그 권한을 몰아주었기 때문이라는 사회계약론에 바탕을 두고 있습니다. 그러니 국가가 불법적으로 그 권력을 행사할 경우에는 시민들이 그 계약을 취소하고 저항할 수 있는 권리가 있습니다. 저항권을 명문으로 규정하는 미국, 프랑스, 독일 헌법과는 달리 우리 헌법은 저항권에 대한 언급이 없지만, 헌법재판소는 2014년 공권력을 행사하는 자가 민주적 기본질서를 침해하는 경우 국민이 폭력·비폭력, 적극적·소극적으로 저항할 수 있는 권리가 있다는 것을 인정했습니다. 자유민주주의 체제를 파괴하려는 권력에 대해서는 국민이 저항권으로 맞설 수 있다는 사실을 권력자도, 국민도 알 필요가 있습니다.

사회적 환경이 범죄에 미치는 영향

　범죄의 원인을 사회적 환경에서 찾을 때 유의할 점은 사회적 환경이 범죄를 유발하는 측면이 있다고 해서 범죄를 저지른 개인의 책임이 면책되는 것이 아니라는 점입니다. 같은 사회적 환경 속에서도 범죄를 저지르지 않는 사람이 다수이기 때문입니다. 이런 점을 고려하면 범죄자 개개인이 범죄를 저지르는 데 있어서 사회적 환경이 범행을 좀더 용이하게 하거나 범죄를 저지르고 싶은 마음을 촉발하는 계기가 될 수는 있지만 결국 범죄를 실행하는 것은 개인입니다.

　살아가는 것은 누구에게나 쉽지 않은 일입니다. 생존하는 것 자체만을 위해서도 갖가지 신체적·경제적·사회적 어려움에 직면하게 되고 그 과정에서 고통과 절망, 그리고 실존적 외로움을 겪게 됩니다. 그 속에서 누군가는 자신의 어려움을 덜기 위해서 남에게 피해를 가하면서까지 범죄를 저지르는 반면, 누군가는 끝까지 규범을 지키며 타인에게 해를 가하지 않으려 애씁니다. 1995년에 삼풍백화점이 무너졌을 때도 백화점의 명품들을 품에 한가득 훔쳐가면서 얼굴에 만족스러운 웃음을 띠던 사람들이 있었던 반면, 죽음의 위험을 무릅쓰고 다친 사람들을 구하느라 땀을 뻘뻘 흘리는 시민들도 있었습니다. 우리가 인간이 존엄하다고 하는 것은 후자의 인간들이 존재하고 그 수가 결코 적지 않기 때문일 것입니다.

결국 범죄를 저지르는 것은 개인의 책임이라 하더라도, 범죄자 본인이 아닌 사회구성원들이나 공동체, 정부가 다른 개개인의 인성, 가치관, 성격, 성장 과정, 생활 방식, 경제적 환경을 일일이 간섭, 통제, 조종할 수는 없습니다. 따라서 범죄의 큰 원인이 사회적 환경에 있는 경우는 물론이고 개인에게 있는 경우에도, 우리가 할 수 있는 일은 결국 범죄를 억제할 수 있는 방향으로 사회의 환경과 구조를 바꾸는 것입니다. 그래서 이 책도 '범죄사회'를 말하는 것입니다.

5장

「마이너리티 리포트」의
범죄예방 시스템은
현실화될 수 있나

스티븐 스필버그 감독이 연출하고 톰 크루즈가 주연한 「마이너리티 리포트」(2002)라는 영화가 있습니다. 이 영화에서 범죄예방관리국은 범죄가 일어날 일시, 장소를 정확히 예측한 다음 존 앤더턴(톰 크루즈 분) 팀장을 범행 예상 현장으로 급파해서 살인을 막고 범인도 체포합니다. 가령 자신의 아내가 자기 집 침대에서 다른 남성과 동침하려는 것을 목격한 남편이 내연남을 죽이려는 순간 존 앤더턴이 뛰어들어 살인을 막고 그 남편을 살인미수죄로 체포하는 식입니다. 이처럼 범죄를 저지르기 직전에 공권력이 출동해서 범죄를 막을 수 있는 시스템이 존재한다면 정말 범죄가 거의 사라질 수 있을 것입니다. 영화 말고 현실에서도 언젠가 이런 시스템이 구현될 수 있을까요?

우선 가장 기술적으로 어려운 부분은 범죄 발생을 예측하는 일일 것입니다. 범죄를 결심하는 것은 범죄자의 마음속에서 일어나는 일이라서 누가, 언제, 어디서 범죄를 저지를지 예측하는 것은 기술적으로 아주 어려운 일입니다. 이 영화가 1956년에 나온 필립 K. 딕(Philip K. Dick)이라는 SF작가의 소설을 원작으로 한 영화라서 그런지 몰라도 범죄예측 시스템을 인공지능과 같은 최신 기술이 아니라 예언자 3명을 활용해서 구축합니다. 이중 2명 이상의 예언을 '다수의견 보고서'(Majority Report)라 부르고 나머지 1명의 예언을 '소수의견 보고서'(Minority Report)라고 부르고 있는데, 이 자체로 범죄예측 시스템이 100퍼센트 정확할 수 없다는 것을 보여주고 있습니다.

사람의 마음이나 상황은 유동적이어서 그 사람이 언제, 어디서 범죄를 저지를지까지 정확하게 예측하는 것은 아무리 기술이 발전하더라도 쉽지 않겠지만, 현재의 인공지능 기술로도 사람별로 범죄를 저지를 확률이 어느 정도 되는지는 대략적으로 계산해낼 수 있을 것이라 생각합니다. 각종 온라인 쇼핑몰에 들어가면 저의 취향을 저격하는 상품들이 추천되고 있습니다. SNS나 인터넷 검색창에서 제가 어떤 단어를 검색하는지, 어떤 영상에 오래 머무는지, 검색하는 시간대가 어떤지, 얼마 정도 소비하는지와 같은 정보를 수집해서 다각도로 분석하고 있기 때문입니다. 가령 폭력적인 어휘를 자주 쓰고 폭력적인 영상을 자주 보는 사람이 주변에 있는 특정인을 상대로 "죽여버리고 싶다"는 말을 다른 친구와의 대화 중에 자주 한다면, 평화로운 어휘를 쓰고 평온한 영상을 자주 보고 타인을 도우려는 성향이 드러나는 사람에 비해서 폭력범죄를 저지를 확률이 높을 것입니다. 그런 범죄를 저지를 타이밍을 앞서 말한 영화처럼 정확하게 특정하지는 못하더라도 하루 중의 어느 시간이나 일주일 중 어느 요일과 같이 범죄 가능성이 특별히 고조되는 시기를 특정할 수 있을 것입니다.

물론 이러한 범죄예측은 기술적인 어려움도 있지만 윤리적·민주적 정당성을 얻기도 쉽지 않을 것입니다. 국민 개개인의 사생활뿐만 아니라 내면까지 검열하는 측면이 있기 때문입니다. 이런 조치는 전국민을 잠재적 범죄자로 취급하는 것으로 보일 수 있을 뿐만 아니라, 권력이 국민을 통제하는 수단으로 남용될 가능성도 적지 않습니다. 중국의 경우에는 모든 국민의 얼굴이 정부 시스템에 등록되어 있고 거의 모든 장소에 CCTV가 설치되어 있으며, 심지어 범죄를 저지르려고 하면 시스템에서 경보가 울리는 장치도 일부 있다고 합니다.

중국에서 오래 산 분의 전언에 따르면 중국인들이 과거에는 도로에서 차든 사람이든 신호등의 신호를 무시하는 경우가 대부분이었는데 지금은 교통규칙을 잘 지킨다고 합니다. 고속도로 통행료를 내지 않고 지나가면 고속도로 전광판에 차량과 차주 이름이 뜬다고 합니다. 중국 판사에 따르면 중국 법원은 인공지능 시스템으로 판사가 졸고 있는지 감시하기도 한다고 합니다. 싱가포르도 감시와 검열이 상당합니다. 이런 나라에서는 범죄 발생률은 분명히 떨어지겠지만 그만큼 권력에 대한 견제나 국민의 자유는 약해지거나 위축될 것입니다.

일반예방과 특별예방

영화가 아닌 현실에서 정부가 하는 범죄예방은 크게 '특별예방'과 '일반예방'으로 나뉩니다. 쉽게 말하면 일반예방은 일반인들이 범죄를 저지르지 않도록 하는 것이고, 특별예방은 범죄를 저질렀던 전과자가 다시 범죄를 저지르지 않도록 하는 것입니다. 이중에서 우리 정부는 일반예방보다 특별예방에 더 많은 역량을 쏟고 있습니다. 왜냐하면 일반예방은 대상자를 잠재적 범죄자로 간주하는 것처럼 보일 여지가 있기 때문입니다. 가령 법무부가 범죄예방 교육을 하겠다고 예비군훈련을 소집하듯이 일반 국민들을 강당에 강제로 불러모을 수가 없습니다. 판사가 유죄판결을 할 때 부수적으로 수강명령을 한 경우에나 강의를 들으라는 명령을 강제할 수 있는 것입니다.

법무부에는 '범죄예방정책국'이 있고 그 산하에 전국 60여 개 준법지원센터(구 보호관찰소)가 있는데 여기서도 대부분의 인력과 시간을 들이는 일이 특별예방입니다. 일반예방 조치는 하기 어려운 반면 특별예방 조치가 가능한 이유는 대상자가 기존

에 범죄를 저질렀다는 사실이 특별예방 조치의 정당성 근거가
되기 때문입니다.

범죄를 저지른 전력이 있는 사람이 또다시 범죄를 저지르지
않도록 하기 위한 가장 효과적인 방법은 무엇일까요? 그것은
사람이 따라다니면서 감시하는 것입니다. 2023년에 나온 드라
마 「이로운 사기」는 보호관찰관을 주인공으로 삼은 최초의 드
라마입니다. 보호관찰관 고요한(윤박 분)은 집행유예를 받은 사
람이나 가석방된 사람들을 관찰하는 일을 합니다. 대상자인 이
로움(천우희 분)의 집 근처에서 그녀가 집으로 오기를 기다리다
가 제때 귀가하는지를 살펴보기도 하고, 대상자 앞에 불쑥 나
타나서 어디를 다녀왔는지, 누구를 만났는지를 물어보기도 합
니다. 대상자에게 불쑥 전화를 걸어서 지금 어디에 있는지 물
어보기도 하고 어디에 있다고 하면 진짜 거기에 있는지 가보기
도 합니다.

현실의 보호관찰관은 이밖에도 전자발찌 위치추적을 통해
서 대상자가 어디에 있는지 확인하고, 대상자가 전날과 다른
행적을 보이면 전화를 걸어보거나 직접 만나서 특별한 사정이
있는지도 확인합니다. 정기적으로 대상자를 면담하면서 요즘
어떻게 지내는지, 직장은 잘 다니는지, 과거 공범을 만나는지
등을 확인합니다. 음주 제한이 있는 대상자에 대해서는 음주
측정도 합니다.

특별예방의 핵심, 보호관찰 제도의 유래

오래전부터 영국과 미국에는 보석 제도가 있었습니다. 법원이 범죄자로부터 보석금과 함께 범죄를 저지르지 않겠다는 약속을 받고 범죄자를 석방해주는 것입니다. 그런데 당시 보석 제도는 석방을 해준 이후에 아무도 그 범죄자를 관리하지 않는 것이었습니다. 따라서 판사 입장에서는 재범 가능성이 낮아 보이더라도 보석금이 없거나, 보석금을 내더라도 재범 가능성이 있어 보이는 범죄자에게는 실형을 선고할 수밖에 없었습니다.

1841년 어느 날 미국 매사추세츠주 보스턴의 한 법원에서도 이런 이유로 판사가 알코올중독자인 피고인에게 징역형을 선고하려고 했습니다. 그런데 그때 존 오거스터스(John Augustus)라는 구두 제조자이자 금주 운동가가 손을 들고 자신이 그 피고인을 데리고 살면서 바꿔보겠다고 나섰습니다. 판사는 반신반의하면서 징역형 선고를 미루고 3주 후에 법정에서 다시 보자고 했습니다. 그런데 3주 후 다시 법정에 나온 피고인은 거짓말처럼 새로운 사람이 되어 있었습니다. 놀라움을 금치 못한 판사는 결국 그 피고인에게 징역형 대신 1센트의 벌금만을 선고했습니다. 법원에서 유죄판결을 받으면 교도소로 가거나 보석금을 내고 석방되는 것 외에는 다른 방법이 없다는 고정관념이 무너지고 제3의 길이 열리기 시작한 순간이었습니다.

이후 존 오거스터스는 18년 동안 1,946명의 대상자를 선도했는데 이중 재범을 저지른 사람은 놀랍게도 단 10명에 불과했다고 합니다. 단순히 보호만 한 것이 아니라 대상자를 특성에 따라 분류하고, 환경을 개선하고, 개개인의 상태를 조사해서 보고서를 작성해 법원에 제출하는 등의 체계적인 활동도 추가로 했습니다. 영미에서 보호관찰을 가리키는 '프로베이션'(probation)이라는 용어도 그가 직접 만들었습니다.* 그래서 존 오거스터스는 보호관찰의 아버지로 불립니다. 그의 사례가 미국 전역에 전파되어 매사추세츠주에서는 1878년에 보호관찰 제도가 최초로 입법화되었고 1963년 알래스카주를 마지막으로 미국 모든 주의 법체계에 보호관찰 제도가 도입되었습니다.[1] 이후 보호관찰 제도는 영국(1887년), 독일(1922년), 일본(1949년)에서도 입법화되었습니다.

우리나라에서 보호관찰은 1989년 7월에 소년법으로 처음 도입되었습니다. 소년에 대한 보호관찰은 매주 토요일마다 청소년들을 출석시켜 유명 강사의 강연을 듣게 하거나 역할극을 하게 하거나 지역별 보호선도위원(현 법사랑위원)의 지도를 받게 하는 방식으로 진행되었습니다. 대상자가 준수사항을 위반하

---

* 미국에서는 프로베이션(probation)과 파롤(parole)을 구분합니다. 전자는 선고유예나 집행유예를 할 때 부가하는 것으로 징역형 대신 부과하는 것이고, 후자는 가석방을 할 때나 형기 종료 이후에 부가하는 것입니다. 이들 양자의 성격은 적잖이 다르지만 우리나라에서는 이 둘의 명칭을 구분하지는 않습니다.

더라도 제재보다는 선처를 했습니다. 성인에 대한 보호관찰은 1997년 형법 개정으로 개시되었습니다. 성인범에 대한 보호관찰은 청소년의 경우와는 달리 대상자가 준수사항을 위반할 경우 집행유예 취소나 지명수배와 같은 적극적인 조치를 실시했습니다. 2013년에는 살인, 강도 등 중범죄자에 대해서는 교도소에서 형기를 마친 뒤에도 재범 위험성이 있을 경우 전자발찌를 부착하고 보호관찰을 실시하는 제도가 도입되었습니다. 2018년에는 벌금형에 대한 집행유예 제도가 도입되면서 벌금형을 받은 사람에 대해서도 보호관찰이 이루어질 수 있게 되었습니다.[2]

보호관찰은 재범 억제에 효과가 있는가

법무부 소속 공무원인 보호관찰관이 범죄자를 개별적으로 관리, 관찰하고 있다면, 그렇지 않은 경우에 비해서 아무래도 재범률이 낮아질 수밖에 없을 것입니다. 보호관찰 대상자가 보호관찰을 받는 중에 범죄를 또 저지르는 비율은 7퍼센트 정도입니다. 2011년 7.6퍼센트 이래 7퍼센트대에서 등락을 거듭했고 2020년에는 7.3퍼센트였습니다. 소년대상자의 재범률이 성인대상자보다 높아서 전체 평균이 올라가는 편인데, 성인대상자의 재범률만 놓고 보면 2020년의 경우 약 5퍼센트였습니다.

보호관찰을 통해 범죄가 억제되는 메커니즘은 4장에서 설명한 범죄원인론과도 연결됩니다. 보호관찰관이 계속해서 주시하고 있기 때문에 범죄를 저질렀을 때 적발될 가능성이 높아지므로 범죄를 저지를 유인이 떨어집니다(범죄경제학). 다른 범죄자와의 접촉을 차단함으로써 학습이나 접촉을 통해 범죄를 저지르게 될 가능성도 차단됩니다(차별적 접촉이론). 교도소에 구금되는 것에 비하면 범죄자로 낙인찍는 효과가 덜합니다(낙인이론).

법무부에서 일하면서 보호관찰관들의 고충을 많이 듣게 되었습니다. 보호관찰관의 스트레스가 119구급대원의 4배가 넘는다는 연구 결과도 있습니다. 대상자가 보호관찰관에게 폭력을 행사하는 일은 수시로 일어나고 흉기를 휘두르거나 돌로 내리찍으려고 하는 일도 있습니다. 요즘은 보호관찰관을 상대로 각종 민원을 제기하거나 고소·고발을 해서 괴롭히는 일들도 잦습니다. 이런 송사 대응은 기관 차원에서 도와주기가 어렵고 기본적으로 개인이 혼자서 해야 하는 데다 장기간 진행되기 때문에 많은 정신적 스트레스와 경제적·시간적 손해를 가져옵니다. 대상자가 자살이나 사고로 죽으면 시신에서 전자발찌를 제거하는 일도 해야 합니다. 그럼에도 인력은 많이 부족해서 보호관찰관 1인당 대상자가 100명을 넘는 실정입니다. 보호관찰관 1인당 대상자가 영국이 15명, 일본이 21명, 미국이 54명인 것에 비해 지나치게 많습니다. 공공 영역 중에 인력이 부족한 곳이 많기는 하지만 보호관찰 업무는 우리 사회를 범죄로부터 지키기 위해서 아주 효과적인 제도인 만큼 보다 많은 지원과 국민들의 관심이 필요합니다.

전자발찌는 재범률을 얼마나 낮추는가

대상자에게 전자발찌(공식 명칭은 '위치추적 전자장치'입니다)를 채워서 감독하는 제도를 '전자감독'이라 합니다. 전자감독을 처음 한 사람은 1983년 미국 뉴멕시코주 앨버커키 지방법원의 판사였던 잭 러브(Jack Love)입니다. 스파이더맨 만화를 보다가 스파이더맨이 악당의 몸에 뭔가를 붙여놓고 위치를 파악하는 것에서 착안한 잭 러브 판사는 소년범을 교도소 대신 집에 머물게 하면서 그의 몸에 전자장치를 부착해 집에서 벗어나면 신호가 가도록 만든 기계를 개발해달라고 컴퓨터 판매원 마이클 고스(Michael T. Goss)에게 의뢰했습니다.

그렇게 만들어진 장치의 이름이 판매원의 이름을 따서 지은 '고스링크'였습니다. 당시는 GPS가 상용화되기 이전이었기 때문에 지금처럼 실시간 위치추적을 할 수는 없었고 단지 집에 설치한 단말기와 사람에게 부착한 장치의 거리가 멀어지면 경보가 울리고 감독자에게 신호가 가는 방식이었습니다. 그마저도 기술적 문제가 많아서 다섯차례 정도만 사용되었다고 합니다. 이후 미국 등에서 전자감독 시스템이 점차 발전하게 되었

고 1990년대 후반에는 영국, 프랑스, 스웨덴도 전자팔찌를 붙이는 전자감독을 실시했습니다.[3]

　우리나라에서도 1999년부터 법무부에서 전자감독 제도 도입을 검토했습니다. 지금은 발에 부착하는 전자 '발'찌이지만 당시에는 팔에 부착하는 전자 '팔'찌를 중심으로 논의가 이루어졌습니다. 지금이야 대부분 받아들이고 있지만, 전자팔찌 논의가 나왔을 당시의 여론은 아무리 범죄자라고 하더라도 전자팔찌를 채우는 것은 지나친 인권침해가 아닌가 생각하는 사람들이 적지 않았습니다. 사람에게 족쇄 같은 것을 채우는 것이 짐승이나 노예로 취급하는 듯한 느낌을 주기 때문이었습니다.

　그러다 전자팔찌가 필요하다는 쪽으로 사회 분위기가 급변한 데에는 2003년부터 2004년간 20명을 살해한 유영철 사건과 2004년부터 2006년까지 14명을 살해한 정남규 사건 보도가 결정적인 영향을 미쳤습니다. 이들의 범행 외에도 여성과 아이들에 대한 성폭행, 유괴, 살인 등의 범죄가 늘어가는 추세였습니다. 이러한 상황에서 2005년부터 정치권에서 대상자에게 '전자팔찌'를 채우자는 목소리가 나왔고 이에 따라 전자장치를 부착하기 위한 법률 제정안이 발의되었습니다. 그러나 법안만 발의된 채 인권침해 소지로 인한 반대 등으로 별다른 진척이 없었습니다. 이러한 상황에서 또 하나의 충격적인 사건이 사회를 휩쓸며 공분을 일으켜 전자발찌를 부착하는 법률이 2007년에 전격적으로 국회를 통과되게 되었는데 그 사건이 바로 2006년

용산초등학생 성추행 살인사건(김장호 사건)입니다.

이 사건은 2006년 2월 17일에 용산에 살던 11세 여자아이가 비디오테이프를 반납하러 갔다가 실종된 후 16시간 뒤에 의정부 공터에서 불에 탄 시신으로 발견된 사건입니다. 범인은 용산의 신발가게 주인 김장호(당시 52세)였습니다. 신발을 구경하고 있던 아이는 김장호가 강제추행을 하려고 하자 저항을 했고, 그러자 김장호가 구두수선용 칼로 찌르고 추행한 것입니다. 이때 김장호의 아들이 이를 보고는 여자아이의 시신을 나무 상자에 넣고 의정부까지 가서 불을 지른 것이었습니다.

이 사건에서 특히 문제가 된 것은 김장호가 바로 5개월 전에 똑같이 자신의 가게에서 구경하던 5세 여자아이를 추행했다가 재판에서 징역 1년에 집행유예 2년을 선고받고 풀려난 지 5개월 만에 이렇게 극악무도한 범죄를 저질렀다는 점입니다. 이로 인한 사회적 공분으로 입법이 급물살을 타고 추진되어 2007년에 앞서 말한 법안이 국회를 통과하고 2008년부터 시행된 것입니다. 다만, 전자장치를 손목에 부착하면 부착 사실이 주변에 쉽게 드러나기 때문에 발목에 부착하는 것으로 정해졌습니다.

이후 발생한 조두순 사건(2008년)과 김길태 사건(2010년)은 전자발찌의 적용 범위와 부착 기간을 확장시켰습니다. 조두순 사건은 2장에서 설명한 바와 같습니다. 김길태는 이미 성범죄로 수배 중이던 2010년 2월 부산 사상구에서 초등학교를 졸업하고 중학교로 진학하기 직전이던 13세 초등학생 여자아이를 성폭행하고 살해한 다음 물탱크 안에 유기했습니다. 김길태는 그전에도 2001년경 교회에 가던 30대 여성 주부를 납치해서 자신의 옥탑방에 가두어놓고 성폭행을 한 적이 있고, 1997년에도 성폭행을 한 적이 있었습니다. 이들의 범행으로 또다시 사회적 공분이 일어나자 국회는 법 개정을 통해서 전자발찌를 부착할 수 있는 대상 범죄를 미성년자유괴범죄(2009년), 살인범죄(2010년), 강도범죄(2014년)로 확대하고, 부착 기간도 당초 5년에서 10년(2008년), 30년(2010년)으로 연장했습니다. 전자발찌 제도는 점차 국민적 공감대를 얻으면서 그 적용 범위가 더 넓어져, 2019년부터는 가석방을 할 때 범죄의 종류를 가리지 않고 전자발찌를 부착할 수 있게 되었고, 2020년부터는 재판 중에 구속된 피고인을 풀어주는 보석을 할 때도 전자발찌를 부착할 수 있게 되었습니다.

현재 사용되고 있는 전자발찌는 검정 띠에 아이들 주먹만 한 장치가 붙어 있는 형상입니다. 방수도 됩니다. 배터리를 정기적으로 충전해야 합니다. 이 검정 띠는 웬만한 절단기로 잘라도 끊어지지 않는다고 합니다. 그럼에도 전자발찌를 자르고 도망가는 사람들이 간혹 있기는 합니다. 2021년에는 성범죄 등으로 징역형을 받은 강윤성이 교도소에서 출소한 후 3개월여 만에 40대 여성을 살해한 후 전자발찌를 끊고 도망갔다가 그로부터 이틀 뒤에 50대 여성을 또 살해하는 사건이 벌어지기도 했습니다. 법무부 범죄예방국 직원들은 그렇다고 해서 절대로 끊

1999년 법무부에서 전자감시 제도 도입을 검토할 당시만 해도 인권침해를 우려하는 여론도 있었습니다. 2000년대 이후 여성과 아동에 대한 성범죄, 살인 등의 범죄가 늘어나면서 사회적 공분이 확산되었고 전자발찌 제도에 대한 국민적 공감대가 형성되면서 그 적용 범위도 넓어졌습니다. 현재 전자발찌를 부착한 사람에 대해서는 서울과 대전의 중앙관제센터에서 그 위치와 현황을 파악하고 있으며, 전자발찌 제도 도입 후 재범률도 유의미하게 떨어졌습니다.

어지지 않는 것을 목표로 전자발찌를 제작하다보면 띠가 너무 두껍고 무거워져서 실용성이 떨어지는 문제가 있다고 합니다.

전국의 전자발찌를 부착한 모든 사람을 서울과 대전의 중앙관제센터에서 관리하고 있습니다. 저는 「알쓸범잡」 촬영 때 서울의 중앙관제센터에 가보았는데 영화 「마이너리티 리포트」에 나오는 것처럼 커다란 화면에 지도를 바탕으로 5천여명의 전자발찌 부착자들에 대한 각종 정보가 종류별로 떠 있었습니다.

전자발찌 부착자가 학교나 유치원과 같은 출입금지구역에 진입하거나 기타 준수사항을 위반한 경우에는 경고음이 울리게 됩니다. 대상자가 이동할 때에는 이동 속도도 정확히 알 수 있기 때문에 그가 걸어가는지, 자전거를 타고 가는지, 차를 타고 가는지도 알 수 있습니다. 수상한 곳으로 이동하고 있으면 전화를 걸어보기도 합니다. 전화를 받지 않으면 5분 대기조가 출동합니다. 한번은 전자발찌 부착자가 자동차를 탄 것처럼 빠른 속도로 야산 근처를 맴돌기에 관제센터 담당자가 수상해서 전화를 걸어보니 전화를 받지 않았습니다. 이에 5분 대기조가 출동하여 확인해보니, 대상자가 칼로 여성 택시기사를 위협해 야산으로 가도록 해서 성폭행을 하려 하고 있던 상황이어서 피해가 발생하기 직전에 막을 수 있었다고 합니다. 영화 「마이너리티 리포트」와 유사한 상황이 된 셈입니다.

피해자의 위치도 파악되기 때문에 전자발찌 부착자가 피해자의 반경 1킬로미터 범위 안에 들어가게 되면 경고음이 울림니다. 그러면 관제센터의 담당자가 대상자에게 전화를 걸어서 어디로 가는 길인지 묻고 피해자와 마주치지 않는 다른 방향으로 갈 것을 권고합니다. 빅데이터로 대상자가 범행을 주로 저질렀던 시간을 파악해서 대상자가 그 시간에 외출해도 경고음이 울립니다. 기술이 발전하면서 전자발찌도 점점 더 발전될 것으로 전망됩니다. 현재는 대상자의 피부를 통해서 흘러나오는 체액을 분석해서 대상자가 음주를 얼마나 하고 있는지를 판단할 수 있는 전자발찌도 개발 중이라고 합니다.

전자발찌를 부착하기 시작한 이후 기존에 비해 재범률이 확연히 떨어졌습니다. 살인의 재범률은 4.9퍼센트에서 0.1퍼센트로 떨어졌습니다. 말하자면, 기존에는 살인을 저질러서 교도소에 수감되었다가 출소한 사람들 20명 중에서 1명이 살인을 저질렀다면, 이들에게 전자발찌를 부착하자 1,000명 중에서 1명만 살인을 저지른다는 뜻입니다. 성폭력범죄도 기존에 14.1퍼센트에서 2022년 현재 0.73퍼센트로 감소했습니다. 무엇보다도 전자발찌 제도가 시행된 이후에는 유영철, 정남규, 강호순과 같은 연쇄살인범이 거의 사라졌습니다.

앞서 범죄 원인으로서 범죄를 통해 얻을 수 있는 이익이 손실보다 큰 경우를 예로 들면서 범죄를 통해 얻는 손실을 크게 만들기 위해서는 형량을 높이는 방법도 있지만 검거율을 높이는 방법도 있다고 했습니다. 이중 후자의 검거율을 획기적으로 높임으로써 범죄를 억제하는 방법이 전자발찌입니다. 전자발찌를 부착하고 있으면 그가 현재 어디에 있는지, 과거에 어디에 있었는지가 실시간으로 파악되기 때문에, 전자발찌를 부착한 사람의 입장에서는 범죄를 저지를 경우 적발될 가능성이 매우 높아집니다.

전자발찌의 한계, 정모씨 사건

그러나 전자발찌가 모든 문제를 해결할 수 있는 것은 아닙니다. 전자발찌의 가장 큰 한계는 대상자가 어디에 있는지는 알수 있지만, 무엇을 하는지는 알 수가 없다는 것입니다. 4장에서 언급한 순천 아파트 강간살인사건에서 범인 정모씨는 전자발찌를 부착한 상태에서 여성 피해자에게 성폭행을 시도하고 끝내 자살했습니다.

정모씨가 이렇게 끔찍한 강간살인을 저지르는 중에도 중앙관제센터는 그 사실을 알지 못합니다. 전자발찌 부착자가 저지른 재범의 절반 이상이 이들의 집 반경 1킬로미터 범위 안에서 일어났다는 것도 전자발찌의 이러한 한계를 잘 보여줍니다. 이런 한계를 극복하기 위해서 최근에는 전자발찌 부착자가 있는 곳 인근의 CCTV를 연결해서 영상을 실시간으로 볼 수 있는 시스템을 가동하고 있지만, 개인의 집 안에서 벌어지는 이런 범죄까지 볼 수는 없습니다.

이런 문제를 해결하는 데 있어서 시민들 사이에서 종종 언급되는 것이 화학적 거세입니다.

우리나라에도 화학적 거세 제도가 있을까

영화 「이미테이션 게임」(2015)은 제2차세계대전 당시 독일의 암호를 풀어서 연합군의 승리에 기여한 천재 수학자 앨런 튜링 (Alan Turing)의 이야기를 다루고 있습니다. 케임브리지대학의 수학과 교수로 일하던 그는 제2차세계대전 중이던 어느 날 영국군으로 불려가 독일군의 암호를 푸는 임무를 맡습니다. 독일군은 매일 아침 6시에 새로운 암호를 배포하는데, 그것을 해독할 수 있는 경우의 수는 수천억가지의 수십억배였기 때문에 사람들이 아무리 많이 모여서 작업을 한다고 해도 그날 일과 중에 해독할 수가 없었습니다. 그래서 앨런 튜링은 암호를 해독하는 기계를 만들게 되었고, 영국군은 이를 활용해서 독일군의 암호를 해독하여 노르망디 상륙작전 등 중요한 작전에서 연합군이 승리하는 데 결정적인 기여를 합니다. 그런데 앨런 튜링은 동성애자였고, 당시 동성애는 범죄였습니다. 그에 대해 법원에서 동성애를 이유로 유죄판결이 내려지자 그는 교도소에 수감되거나 아니면 화학적 거세를 받는 것 중 선택을 해야만 했습니다. 결국 튜링은 연구를 계속하기 위해 화학적 거세를 받았고,

그로부터 불과 2년 뒤인 1954년 41세의 나이로 자살합니다.

물리적 거세는 고환을 외과 수술을 통해 물리적으로 제거하는 것이고 화학적 거세는 약을 먹어서 남성호르몬을 억제시키는 것입니다. 20세기 초 유럽에서 우생학의 영향으로 덴마크 (1929년), 독일(1933년), 노르웨이(1934년), 핀란드(1935년), 스웨덴 (1944년), 체코(1966년) 등의 국가에서 성범죄자에 대한 물리적·화학적 거세 제도가 도입되기 시작했습니다. 그러나 20세기 중반 이후 우생학에 대한 비판, 나치의 대량학살 등에 대한 반감, 인권의식의 신장 등으로 이러한 물리적·화학적 거세 제도가 덴마크, 독일, 노르웨이, 핀란드에서는 사문화되고, 스웨덴, 라트비아, 아이슬란드에서는 폐지되었습니다.

한편, 미국에서는 1982년 애리조나주 대법원이 '화학적 거세'(chemical castration)라는 개념을 성범죄자에 대한 처벌수단의 하나로 언급하기 시작했고, 1996년 캘리포니아를 시작으로 플로리다, 몬태나, 조지아, 위스콘신 등 8개 주에서 이를 공식적으로 제도화했습니다. 21세기 초반에 들어서면서 그동안 사문화되어가던 유럽의 성충동 약물치료 제도가 새로운 성범죄 대책으로 재조명되기 시작했고, 2009년 폴란드가, 2012년 몰도바가 화학적 거세 제도를 입법화했습니다.[4]

우리나라에서 화학적 거세는 '성폭력 범죄자의 성충동 약물치료에 관한 법률'이 시행된 2013년부터 실시되었습니다. 이 법에 따른 '성충동 약물치료'의 정의는 '약물을 투여하거나 심리치료를 통해서 성도착증을 약화 또는 정상화시키는 치료'를 말합니다(제2조 제3호). 여기서 성도착증은 쉽게 말해서 관음증, 노출증, 가학증 내지 피학증, 소아성애증, 물품이나 동물에 대해 성욕을 보이는 등의 변태성욕을 말합니다.

앞서 언급한 정모씨는 순천 아파트 강간살인사건 이전에도 두차례 강간상해죄로 징역형을 받았는데, 2017년에 저지른 두 번째 강간상해죄 재판 당시 검사는 이미 성충동 약물치료를 청구했습니다. 그러나 법원은 범인에게 성도착증이 있다는 증거가 분명하지 않다면서 그 청구를 기각했습니다. 만약 그가 그때 성충동 약물치료를 받았다면 그 이후의 참혹한 강간살인사건의 희생자는 생기지 않았을 가능성이 높습니다.

법원이 판결로 성충동 약물치료명령을 하게 되면 대상자는 강제로 약물을 투여해야 합니다. 그러나 교도소나 국립법무병원에 수용된 사람 중에도 자발적으로 약물을 투약하려는 사람에게는 국가가 비용을 치르고 약물을 줍니다. 루크린이라는 이름의 류프롤리드 아세테이트 성분의 약이 자주 사용되는데,[5] 이 약은 1년 투약에 500만원 정도가 들 정도로 비싸다고 합니다. 약물치료명령을 집행할 때는 대상자가 주사를 맞는 장면을 보호관찰관이 직접 확인합니다.

이런 약물을 투약할 경우 남성호르몬 억제로 인한 우울증, 근육 약화, 골다공증 등의 부작용이 생길 수 있습니다. 앨런 튜링도 젖가슴이 커지는 등의 부작용을 겪었습니다. 전문가들은 이런 부작용은 투약을 멈추면 금방 증세가 호전된다고 합니다. 우리나라에서는 현재 50여명이 성충동 약물치료를 받고 있습니다. 스스로 성충동을 억제할 수 없다고 호소하던 범죄자가 약물을 투여하고는 성욕이 크게 생기지 않아 마음이 안정된다고 긍정적으로 평가하는 경우도 있습니다. 국립법무병원의 전문가들도 약물이 성범죄 충동을 제어하는 효과가 확연히 보인다고 합니다. 성충동 약물치료 이후 성범죄를 또 저지른 사람은 현재까지는 없습니다.

조현병 환자를 치료함으로써 재범을 막는 일

약물치료는 조현병의 경우에도 유효합니다. 조현병이나 약물중독은 일종의 질병이기도 합니다. 그렇다면 이것이 범죄의 원인이 된 경우에는 교도소에 수감하는 것 외에도 치료를 하는 것이 재범을 막는 효과적인 방법이 될 것입니다. 이에 우리나라 사법 시스템은 '치료감호' 제도를 운영하고 있습니다. 형사재판을 할 때 치료감호가 필요한 사람에 대해서는 검사가 치료감호 처분을 청구하고 판사가 치료감호가 필요하다고 판단되면 판결문의 주문에 징역형을 선고하면서 추가로 "피치료감호청구인을 치료감호에 처한다"라고 선고합니다. 이런 치료감호 판결을 받은 사람은 공주에 있는 국립법무병원(구 치료감호소)으로 보내져서 치료감호를 받게 됩니다.

치료감호를 통해 국립법무병원에 수용된 사람들은 세 종류입니다. 첫째, 정신질환자, 둘째, 약물중독자, 셋째, 성도착증 등 정신성적 장애가 있는 사람들입니다. 약물중독자는 약물중독재활센터에, 소아기호증(소아애호증) 환자 등은 인성치료재활병동에 분리 수용합니다. 국립법무병원은 외부 출입구가 교도소처럼 보안이 철저하지만 그 내부는 일반 정신건강의학과의 폐쇄병동과 크게 다르지 않습니다. 병상이 1,000여개 정도 되는데 그중 80퍼센트 이상이 조현병 환자입니다.

일반적으로 조현병의 유병률은 1퍼센트 정도이므로 생각보다 상당히 많은 편입니다. 전국적으로 현재 조현병 환자는 약 18만명 정도 있는 것으로 추산되고, 조현병으로 입원해 있는 사람은 6만명이 넘습니다. 이 숫자는 현재 교도소에 복역하고 있는 수형자 수인 5만 8천여명보다도 많습니다. 문제는 조현병 환자 곁에 가족이 없거나 가족이 있어도 제대로 돌보지 못하는 경우가 많아지고 있다는 것입니다. 약을 제대로 복용하지 않으면 가족이 정신병동으로 보내야 하는데 그것이 쉽지가 않습니다.

2017년 이전에는 보호의무자가 정신건강의학과 전문의 1명하고만 동의하면 강제입원이 가능했습니다. 그러나 이 제도에 대해서는 멀쩡한 가족을 재산 다툼이나 감정적 복수를 위해서 강제입원시키는 방식으로 남용될 수 있다는 점과 인권침해적 요소가 있다는 문제점이 지적되어왔습니다. 이와 같은 문제의식에서 헌법재판소는 2016년 당사자의 동의를 받지 않고 강제로 입원시키는 것은 위헌이라고 결정했습니다. 2017년에 도입된 현행 제도는 보다 신중을 기하기 위해서 2명 이상 보호의무자가 신청하고 서로 다른 병원에 소속된 정신건강의학과 전문의 2명이 동의해야만 강제입원이 가능합니다. 그밖에도 경찰이나 지방자치단체가 전문의와 함께 강제입원을 결정할 수 있는 행정입원, 응급입원 제도가 있으나, 경찰이나 지자체의 일부 공무원들은 이런 일에 소극적입니다. 대상자가 잘못된 결정이라면서 두고두고 소송이나 고소·고발을 계속하면서 보복을 하는 경우가 있기 때문입니다. 그렇다보니 마땅히 정신건강의학병동에서 치료를 받아야 할 조현병 환자들이 관리되지 않은 채 사회에 방치되는 경우가 늘고 있습니다.

조현병 환자인 최원종이 저지른 2023년 8월의 분당 서현역 흉기난동 사건을 계기로 법무부는 2023년 8월부터 '묻지마'식 흉악범죄 등으로 타인에게 위해를 가할 우려가 큰 일부 중증 정신질환자에 대해서 법관의 결정으로 병원에 입원하게 하는 사법입원제를 추진하고 있습니다. 사법입원제가 이때 처음 언급된 것은 아닙니다. 2018년 대학병원 정신의학과 교수이던 고(故) 임세원 교수가 환자가 휘두른 흉기에 숨진 사건이 있을 때에도, 2019년에 아파트에 불을 지르고 주민들에게 칼을 휘둘러 5명을 죽이고 17명에게 중상을 가한 안인득 사건 때도 사법입원제가 논의되었습니다. 안인득의 경우 평소 그의 형이 정신병원에 입원시키려고 했으나 병원에서 안인득 본인의 동의를 요구해서 할 수 없었다고 합니다. 이후 경찰이나 지자체에 조치를 요구했지만 도움을 받지 못했다고 합니다. 2023년에 안인득 사건의 피해 유족이 국가를 상대로 국가배상청구를 해서 승소했을 때 저는 법무부 송무심의관으로서 피해자들의 조속한 피해 회복을 위해 국가의 책임을 인정하고 국가의 항소를 포기하는 일을 했습니다.

누군가에게 범죄의 책임을 묻기 위해서는 범죄자에게 책임을 질 수 있는 능력, 즉 책임능력이 있다는 것이 전제되어야 합니다. 그런데 조현병이 심해서 범죄를 저지른 것으로 인정되면 책임능력이 미약하거나 없다고 판단되어서 재판에서는 심신미약 또는 심신상실로 인정됩니다. 심신미약의 경우에는 형을 감경할 수 있고, 심신상실의 경우에는 피고인이 무죄가 됩니다. 2016년 '강남역 살인사건'을 저지른 김성민은 30년의 징역형 외에 치료감호에 처할 것과 20년간 전자발찌를 부착할 것을 명하는 판결을 받았습니다. 이 사건의 재판부도 무기징역형을 선택했지만 심신미약이 인정되었기 때문에 유기징역형으로 감경한 것입니다.

이 사건은 워낙 범행이 충격적이고 사회적 공분도 컸기 때문에 징역 30년형이라는 상대적으로 무거운 형이 선고되었지만, 조현병 환자의 범죄에 대해서는 대개 이보다 훨씬 낮은 형량이 선고됩니다. 이들에게 심신미약이 인정되는 경우도 많고 피해자가 부모나 자식이어서 피해자나 유가족이 피고인의 선처를 구하는 경우가 많기 때문입니다. 살인의 경우에도 징역 5~7년형 등 징역 10년 미만이 적지 않습니다. 그렇다고 해서 이들을 짧은 기간만 구금하고 사회에 돌려보내면 재범을 저지를 가능성이 높고 다른 사람들이 불안해지게 되는데 이때 징역형 외에 별도로 치료감호를 선고하는 것이 더 큰 의미를 가지게 됩니다.

치료감호와 징역형을 함께 선고받는 경우 통상 치료감호를 먼저 하고 형기가 남는 경우에 교도소에서 징역형을 집행합니다. 치료감호는 완치될 때까지 하는 것이기 때문에 선고할 때 기한을 특정하지 않고 법에서 일괄해서 15년을 최장 한도로 규정하고 있습니다. 치료감호를 한 기간은 징역형의 형기에서 빼줍니다. 가령 앞서 말한 김성민의 경우에는 치료감호를 15년간(치료감호는 최장 15년이 한도입니다) 받은 뒤에 징역 30년 중에 남은 15년을 교도소에서 보내게 되는 것입니다. 만약 징역 10년형과 치료감호를 받은 사람의 경우에는 치료감호 10년을 받고 나면 더이상 교도소에서 징역형을 집행하지 않고 출소하게 됩니다.

2016년부터는 구금 없이 치료 의무만을 부과하는 치료명령 제도가 도입되었습니다. 검사가 기소유예를 하거나, 판사가 선고유예 또는 집행유예를 하면서 정신질환이나 약물중독을 치료할 것을 명하는 것입니다. 그러나 이 제도는 그리 활성화되지 않고 있습니다. 판사가 이러한 치료명령을 하려면 검사가 청구해야 하고, 검사가 이를 청구하기 위해서는 정신감정을 받는 등 복잡한 절차를 거쳐야 합니다. 한달에만 수백건을 처리하는 검사 입장에서 기소유예나 집행유예를 할 사건은 상대적으로 경미하고 중요성이 낮기 때문에 거기에 그만큼 많은 역량을 쏟기 어렵습니다.

건축 설계로 범죄를 예방하는 셉테드

제가 사는 아파트 단지 안 놀이터는 단지 한가운데에 있어서 다른 아파트 동들이 둘러싸고 있습니다. 아이들이 그곳에서 놀고 있으면 범죄 피해를 당할까봐 걱정할 필요가 없습니다. 놀이터 주변을 오가는 사람들이 많고, 아파트 안에서도 놀이터가 잘 보이기 때문입니다. 어느 간 큰 사람이 조명이 환한 중앙 무대 같은 그 놀이터에 와서 아이들에게 해코지를 할 수 있겠습니까. 그러나 저의 어린 시절 동네 놀이터는 으슥한 곳에 따로 떨어져 있었습니다. 싸움이 빈번하게 일어났고, 불량배가 아이들 돈을 빼앗기도 하며, 본드를 흡입하는 청소년들도 있었습니다.

이처럼 도시의 주요 시설의 위치를 정하거나 건축물의 구조를 설계함으로써 범죄를 예방하는 일을 '셉테드'(CPTED, Crime Prevention Through Environmental Design)라고 합니다.[6] 범죄학자인 레이 제프리(C. Ray Jeffery)가 1971년에 발간한 『환경설계를 통한 범죄예방』이라는 책에서 건축 환경을 적절히 설계하고 효과적으로 활용하면 범죄 발생률과 범죄에 대한 두려움을 줄일 수 있다고 한 데서 비롯된 개념입니다. 이것은 범죄예방 대책을 마련하는 데 있어서 범죄를 저지르는 사람보다 범행이 일어나는 장소, 공간, 상황에 초점을 맞추는 접근 방식입니다. 아무리 범죄적 성향이 강한 사람이 있다고 하더라도 많은 사람이 보고 있거나, 환하거나, CCTV가 설치되어 있는 등 범죄를 저지르기 어려운 상황에서는 범죄를 저지르지 않으려고 합니다. 범죄의 분포에 관한 통계를 살펴보면 특정 지역이나 장소에서 범죄율이 높게 나올 때가 있습니다. 왜 하필 그 지역, 그 장소에서 범죄가 많은지를 분석해 그곳의 공간을 개선하면 범죄율을 낮출 수 있습니다.

미국의 오스카 뉴먼(Oscar Newman)이라는 건축가는 1972년에 『방어공간』이라는 책에서 건축을 통해 범죄예방 효과를 거둘 수 있는 방어공간(defensible space)이라는 개념을 제시했습니다. 그는 바로 옆에 붙어 있는 뉴욕시의 반다이크 하우스와 브라운스빌 하우스가 위치, 규모, 인구밀도, 인구구성에서 거의 차이가 없음에도 불구하고 범죄 발생률이 3배 이상 차이가 나는데, 그 이유를 범죄를 방어할 수 있는 방어공간의 유무에서 찾았습니다. 이 연구의 영향으로 미국 연방 법무부는 1974년부터 셉테드 사업을 추진하기 시작해 방어공간이 형성되지 않은, 범죄율이 높은 지역에서 일부 건물을 철거하고 건물을 신축할 때는 셉테드 원칙을 반영하기 시작했습니다. 1980년대에는 셉테드 정책의 인기가 미국에서는 시들해졌지만 영국, 덴마크, 네덜란드, 오스트리아, 호주 등 서구 국가들이 셉테드를 범죄예방을 위한 정책으로 도입했습니다.

우리나라에서는 2005년 경찰청이 최초로 셉테드 추진계획을 발표했고, 법무부도 2014년 초부터 셉테드 정책을 실시하고 있습니다. 셉테드는 단순히 형사사법 절차를 주관하는 정부 기관만이 아니라 환경을 설계하는 다양한 주체들의 참여를 필요로 하는 범죄예방 조치입니다. 특히 건축이나 도시계획과 관련되어 있기 때문에 국토교통부의 정책이나 지침에도 2009년경부터 셉테드 개념이 반영되고 있습니다. 지방자치단체들도 환경개선 사업의 일환으로 셉테드를 고려하고 있습니다. 서울시는 2012년에 서울 마포구 염리동의 범죄예방디자인 사업에 적용한 것을 시작으로 폭넓게 셉테드 정책을 시행하고 있습니다. 2010년 13세 여자아이를 강간살해하고 물탱크 안에 시신을 유기했던 김길태 사건이 발생한 부산 사상구 덕포동은 동네 전체에 CCTV가 한대뿐이고, 골목이 너무 좁고 구불구불하고 방향을 알 수가 없어서, 범죄자가 범행을 저지르고 도망가기도 쉽고, 피해자가 범행의 시도를 인식하더라도 회피하기 어렵다는 비판이 있었습니다. 이에 따라 부산의 청학동 해돋이 마을에서 음습한 벽과 골목을 깔끔하고 밝은색으로 바꾸고, 구조를 개선해서 시야를 확보하고, 범죄의 위협을 느낀 사람이 급히 들어가서 버튼을 누르면 부스가 잠겨서 바깥에서 열 수 없도록 하는 공중전화 부스 같은 '안전지킴이존'을 만드는 등 셉테드 개념을 기반으로 한 환경개선 사업이 실시되었습니다.

어두운 길바닥에 "안심하고 귀가하세요"라는 글자를 환한 불빛으로 비추거나, 학교폭력이 자주 발생하던 공간의 벽에 암벽타기를 할 수 있도록 핸드홀드를 붙여서 운동시설로 변모시키거나, 전신주 기둥에 범죄의 위협을 받을 때 누를 수 있는 비상벨을 설치하거나, 계단실이나 복도에 큰 창문을 만들어서 시야가 확보되도록 만든다거나, 현관문을 유리문으로 만들어서 외부에서도 그 안쪽이 잘 보이게 하는 것도 셉테드 개념이 반영된 것입니다.

그러나 셉테드를 통해서 공간적으로 주민들의 감시가 용이한 경우에도, 범죄가 발생하거나 범죄가 발생할 조짐이 보일 때 주민들이 아무런 조치를 취하지 않는다면 셉테드를 통한 범죄예방 효과가 있을 수 없습니다. 이에 지역주민들 간의 긍정적 관계를 강화하고 공동체 의식을 제고해서 응집시키는 작업이 뒤따라야 합니다(이를 '2단계 셉테드'라고도 합니다).

교육은 범죄예방에 효과가 있을까

교육도 잘만 하면 범죄예방에 상당한 효과가 있습니다. 범죄를 막기 위한 교육을 '법교육'이라고도 합니다. 가령 최근 관공서나 직장에서 의무적으로 성폭력 예방교육을 실시하고 있는데, 여기에 참여하는 분들의 만족도가 높지는 않지만 그래도 이런 교육을 하지 않는 것에 비하면 상당히 효과가 있다고 생각합니다. 성범죄는 최근 우리 사회의 문화나 인식이 크게 변해서 같은 행동이라도 과거보다 심각한 문제로 비화되는 경우가 많습니다. 우리 사회에서 지난 10년간 강력범죄가 20퍼센트 정도 늘었는데(2012년 28,895건→2021년 35,126건),[7] 이는 강력범죄 중에서 살인, 강도, 방화는 대폭 감소한 반면, 성폭력 범죄의 건수는 40퍼센트 이상(2012년 23,365건→2021년 32,898건) 늘었기 때문입니다.[8] 이들 범죄자 중에서 어떤 성적인 행동이 형사법적으로 문제가 되는지 이해하지 못하고 있었던 사람들이 적지 않은 만큼, 이러한 교육을 하게 되면 성범죄 발생률을 줄일 수 있을 것입니다.

마약예방 교육의 중요성

요즘 우리 사회에서 가장 큰 우려를 자아내는 범죄는 마약범죄입니다. 마약사범은 지난 8년 동안 377퍼센트로 증가(2012년 582명→2020년 2,198명)했고[9] 우리나라는 '마약청정국' 대신 '마약신흥국'이라 불리고 있습니다. 더 우려스러운 것은 미성년자가 마약을 투약하고 판매하는 경우가 늘어가고, 누구나 마음만 먹으면 인터넷에서 피자 한판 가격으로 필로폰을 손쉽게 구할 수 있다는 것입니다. 특히 코로나19 이후 많이 번지고 있고, 20대 사이에서 가장 빠르게 확산되고 있다고 합니다. 1인가구의 증가로 타인을 의식할 필요 없이 혼자 사는 사람이 많아지는 것도 마약중독의 증가와 관련이 있습니다. 마약중독은 그 자체로 끝나지 않고 또다른 중범죄로 이어질 뿐만 아니라, 몸을 가누지 못하는 중독자들이 즐비한 필라델피아 좀비 거리나 아편전쟁 전후의 중국처럼 온 사회를 파괴합니다.

판사 시절 저는 마약범죄 전담 판사로 일한 적이 있어서 마약중독자들을 다수 보았습니다. 전과가 많은 사람들은 눈빛부터가 희미하고 목소리에도 힘이 없습니다. 자신들도 마약을 끊고 싶지만 의지만으로 끊기가 어렵다고들 합니다. 특히 나이가 20세 정도밖에 안 되는 젊은 남자·여자가 마약에 중독되어서 수의를 입고 나오는 것을 보면 저도 모르게 한숨이 나옵니다. 20세이던 한 여성은 필로폰을 투약해서 구속되었는데 임신한 상태였기 때문에 교도소에서 딸을 출산했습니다. 10대 때부터 필로폰에 중독되었다고 하니 그녀와 그 딸이 안타깝기 그지없었습니다.

마약범죄를 재판하다보면, 중독자들 곁에 아무도 남아 있지 않다는 것을 확인할 수 있습니다. 부모도, 자식도, 배우자도 결국 떠납니다. 남은 사람은 같이 마약을 투약하거나 사고파는 사람들인데, 이들은 결국 수사기관에 잡혔을 때 범죄를 신고할 수 있는 관계라서 친구가 될 수가 없습니다. 그러면 외톨이가 되고, 그래서 더더욱 마약을 찾는 악순환에 빠져듭니다. 그러다 보면 아이큐가 70, 80 전후로 떨어지는 경우가 많고, 결국 직장을 잃게 되어 경제적으로 궁핍해지며, 마약을 더이상 살 수 없어서 금단현상에 시달리다가 자살로 삶을 마감하기도 합니다.

어느 마약 경험자가 말하기를 일상생활 속에서 얻을 수 있는 최대한의 기쁨이 주먹 크기라면, 필로폰을 투약했을 때 느끼는 쾌락의 크기는 수영장의 물 정도로 크다고 합니다. 성관계 중 오르가슴의 100배 이상의 쾌락이 4시간에서 72시간까지 지속된다고 합니다. 그러니 한번 그 쾌락을 맛보면 도저히 그것을 잊을 수가 없는 것입니다. 따라서 마약범죄를 근절하는 데 있어서는 이미 마약에 중독된 사람을 처벌하고 치료하는 것도 중요하지만, 무엇보다 마약에는 애초에 손을 대지 않도록 하는 것이 훨씬 더 중요합니다. 그러기 위해서는 앞서 말한 마약의 위험성을 어린 학생이나 젊은 사람들을 상대로 교육해야 합니다. 대마초는 담배보다 중독성이 적으니 대마초는 법적으로 허용하자는 주장도 있습니다. 그러나 중독자들 이야기를 들어보면, 대마초는 마약 세계의 입장권 같은 것이어서 대마초에 손을 대는 순간 금세 필로폰 등 강한 다른 마약에도 접근하게 되므로 대마초 합법화도 섣불리 허용해서는 안 된다고 합니다.

특히 마약범죄는 물론이고 중요한 범죄에 대해 학교에서부터 교육이 강화될 필요가 있습니다. 범죄자들은 재범이 많고, 그중에서도 소년일 때부터 범죄 전력이 있거나 비행행위를 한 경우가 아주 많습니다. 따라서 어린 시절부터 범죄예방 교육을 구체적으로 받으면 사회 전체적으로 범죄를 막는 효과가 더 큽니다. 앞서도 말했지만, 정부가 '일반예방' 차원에서 범죄 전력이 없는 일반 시민들을 불러 모아서 범죄예방을 위한 교육을 실시하는 것은 쉽지가 않습니다. 그러나 학생의 경우는 다릅니다. 학생은 교육을 받을 의무가 있고, 매일 정기적으로 교육의 현장에 모이기 때문입니다. 그러한 교육의 기회가 있을 때 범죄예방 교육을 충분히 하는 것이 필요하다고 생각합니다. 우리 사회에 어떤 범죄가 기승을 부리고 있고, 그것으로 인해서 어떤 피해가 생기고, 그러한 범죄를 저지른 사람은 어떤 책임을 지게 되는지 교육하면 좋겠습니다. 우리 세대가 학교 다닐 때 들었던 것처럼 그저 나쁜 짓 하면 감옥에 가서 콩밥을 먹는다는 정도의 교육이 아니라, 우리 사회 범죄의 현황과 범죄 대응 시스템에 관한 정확하고 자세한 교육이 이루어지면 좋겠습니다.

6장

사는 듯 사는 삶을
위한 입법

범죄를 제대로 막기 위해서는 법 자체를 고쳐야 할 때가 있습니다. 좁게는 형벌이나 형사 절차에 관한 법을 바꾸어야 할 때도 있고, 어떠한 사회적 갈등을 근본적으로 해소하기 위해서 형사법 외에 다른 사회구조에 관한 법을 바꾸어야 할 때도 있습니다.

이 장에서는 입법에 대해 말해보려고 합니다. 저는 법무부 법무심의관으로 2년 4개월 정도 일하면서 입법 실무를 했기 때문에 그 경험을 바탕으로 말해보려 합니다. 법은 국회가 만드는데 행정부인 법무부에서 일하면서 어떻게 입법 업무를 하느냐고 의아해하는 분도 있을 수 있겠지만 정부도 입법에서 중요한 역할을 합니다. 법은 국회가 통과시키는 것이지만 국회가 법을 통과시키려면 그 대상이 되는 법률안을 누군가가 제출해야 합니다. 그런데 그 법률안을 제출할 수 있는 주체가 10명 이상의 국회의원과 정부입니다.

여기서 법무심의관이 하는 일은 크게 두가지인데, 하나는 국회의원이나 다른 부처가 마련한 법안을 심의하는 것입니다. 여기서 '심의(審議)'한다는 것은 법안의 내용을 꼼꼼히 살펴보면서 헌법, 민법, 상법, 소송법 등 기본법 체계와 충돌하지는 않는지 검토해서 찬성, 반대, 조건부 찬성 등의 의견을 법무부 입장으로 제출하는 것입니다. 국가가 어떤 일을 도모할 때 국방부는 안보적 관점에서, 외교부는 외교적 관점에서, 기획재정부는 재정적 관점에서 정부를 대표해서 의견을 제출하듯이 법무부는 법체계의 관점에서 정부를 대표해서 의견을 내는 것입니다.* 이런 식으로 제가 법무심의관으로서 검토한 법안이 연간 5천~6천건이었습니다.

법무심의관이 하는 또다른 일은 소관 법령의 법안을 직접 만드는 것입니다. 모든 법률은 그 법률을 소관하는 정부 부처가 정해져 있습니다. 법전을 찾아보면, 법률명 오른쪽 바로 아래에 소관 부서가 '국'이나 '과' 단위로 명찰처럼 적혀 있습니다.

---

* 흔히 반대 의견을 낼 때에는 직설적으로 '반대'라고 하지 않고 '신중검토'라고 합니다. 전체적으로는 수용할 수 있지만 일부 조항만큼은 수정이 필요하다고 보일 때는 '보완검토'라고 하며, 별다른 문제가 없어서 찬성할 수 있을 때는 '입법정책적 사항'이라고 의견을 표명합니다.

가령 도로교통법은 경찰청이 소관하지만 교통안전법은 국토교통부가 소관합니다. 저작권법은 문체부가 소관하고 특허법은 특허청이 소관합니다. 법무부는 민법, 상법, 형법, 민사소송법, 민사집행법, 가사소송법 등 기본적 법률 약 160여개를 소관하고 있고, 법무심의관은 민법, 주택임대차보호법, 상가임대차보호법 등 78개 법령을 소관하고 있습니다.

제가 법무부 심의관으로서 법안을 마련해서 국회에 제출한 법안은 약 20여건* 정도 됩니다. 이중에서 국회를 통과해서 실제로 법률로 확정된 법안들로는, '만 나이' 법안, 미성년자 빚 대물림 방지 법안, 전세사기를 막기 위해 임대인의 세금 체납 정보를 알 수 있도록 하는 법안, 코로나19로 폐업한 상가임차인들에게 해지권을 부여하는 상가임대차보호법 개정안, 생모가 협조하지 않는 경우 친부의 출생신고를 용이하게 할 수 있도록 하는 법안, 가정폭력 가해자가 가정폭력 피해자의 가족관

---

* 중대한 부양의무를 위반한 사람의 상속권을 박탈하는 상속권상실제도를 신설하는 민법 개정안(이른바 구하라법), "동물은 물건이 아니다"라고 규정하는 민법 개정안, 반려동물을 강제집행의 대상에서 배제하고 위자료와 교환가치 이상의 치료비를 인정하는 법안, 독신자도 친양자 입양을 할 수 있도록 하는 민법 개정안, 유류분 권리자에서 형제자매를 삭제하는 민법 개정안, 30년만의 가사소송법 전부 개정안, 전국의 공익법인을 총괄하는 시민공익위원회 설치를 위한 공익법인법 개정안, 재산권 외에 인격권을 시민의 기본 권리로 신설하는 민법 개정안, 인격적 표지를 영리적으로 이용하는 권리(퍼블리시티권)를 신설하는 법안, 디지털 거래가 많아지는 현실을 반영하여 디지털콘텐츠계약법 신설을 위한 민법 개정안, 순직한 군인·경찰의 가족에게 위자료 청구권을 인정하는 국가배상법 개정안 등입니다.

법무부 법무심의관이 하는 일은 크게 두가지인데, 하나는 국회의원이나 다른 부처가 마련한 법안을 심의하는 것이고, 또다른 하나는 소관 법령의 법안을 직접 만드는 것입니다. 제가 법무심의관으로서 법안을 마련해서 국회에 제출한 법안은 약 20여건이었습니다. 위 사진은 "동물은 물건이 아니다"라고 규정하는 민법 개정안을 발표하는 장면이고, 아래 사진은 전세사기 방지를 위한 임대차 제도개선안을 발표하는 장면입니다.

계등록부 등을 함부로 볼 수 없도록 제한하는 법안, 새로 태어난 아이들이 빠짐없이 출생신고가 될 수 있도록 산부인과 의사가 출생 통보를 하도록 하는 법안, 손해배상액 산정 시 병역의무 대상 남성을 차별하지 않는 법안, 아동학대를 방지하기 위해 친권자의 징계권을 인정하지 않는 법안 등이 있습니다.

피자를 굽는 일과 피자 레시피를 만드는 일

법무심의관으로서 법안을 만드는 일은 판사로서 재판하는 일과는 근본적으로 다릅니다. 판사는 국회가 만든 법을 여러 사안에 같은 기준으로 적용합니다. 피자 만들기에 비유하자면 사법(재판)은 전국 각지의 피자 가게에서 제각기 마르게리타 피자를 만들지만 누가 보더라도 저건 마르게리타 피자이구나 할 수 있도록 주어진 레시피에 충실하게 똑같은 피자를 만드는 일입니다. 그래야 '엿장수 판결'이라는 비판을 면합니다. 이에 반해 입법은 새로운 레시피를 만드는 일입니다. 마르게리타 피자 레시피의 내용을 변경하거나 기존에 없는 새로운 피자의 레시피를 만드는 것입니다.

레시피를 만든다는 것은 지금 당장 먹을 피자가 아니라 미래에 탄생할 피자를 설계한다는 뜻입니다. 흔히 법은 기존의 체제를 지키는 수호자 같은 보수적인 역할을 하는 것으로 알려져 있습니다. 제가 판사로 일하면서 재판한 사건들은 죄다 과거에 발생한 사건들이었습니다. 가령 올해가 2024년이면 2023년에 접수된 사건은 아주 기록이 얇고 종이가 깨끗한 신건이고, 머리를 싸매고 끙끙대는 사건은 주로 2021년, 2022년에 접수된 사건들이었습니다. 그러나 법무심의관으로서 검토한 법안들은 모두 아직 법이 되지 못한 법의 '미생'이고 우리 사회의 미래의 꿈이자 청사진입니다. 이런 법안이 국회를 통과해서 법률로 확정되면, 그 법이 내포한 청사진에 부합하도록 우리 사회의 모습을 신속하고 강력하게 변화시킵니다. 판사 시절에는 법이라는 것이 과거를 지키는 수문장처럼 느껴졌지만, 이제는 법이 미래를 여는 열쇠로 보입니다.

트롤리 딜레마로 보는 사법과 입법의 차이

마이클 센델(Michael Sandel) 교수의 『정의란 무엇인가』라는 책의 맨 첫 부분에 나오는 이야기는 '트롤리 딜레마'입니다.[1] 시속 100킬로미터로 달리던 트롤리의 브레이크가 갑자기 고장났는데, 그대로 주행하면 선로 앞쪽에서 일하던 노동자 5명이 죽게 되고 운전사가 손잡이를 돌려서 선로를 바꾸면 이쪽에서 일하던 1명만 죽게 됩니다. 트롤리 딜레마는 이 경우에 운전사는 손잡이를 돌려야 하는지, 가만히 있어야 하는지를 묻습니다.

그런데 이 질문은 조금 모호한 부분이 있습니다. 이 질문이 운전사에게 손잡이를 돌려야 하는 의무를 부과하는 법을 만드는 것이 바람직한가를 묻는 것일까요? 아니면 손잡이를 돌리지 않고 가만히 있다가 5명을 죽게 한 운전사를 처벌하는 것이 옳은가를 묻는 것일까요? 전자의 질문은 이 딜레마를 입법의 문제로 이해하는 것이고, 후자는 사법의 문제로 이해하는 것입니다.『정의란 무엇인가』에서는 이러한 딜레마 상황에서 '공리주의'에 따르면 5명 대신 1명을 죽이는 선택을 하는 것이 정의롭다고 할 것이고, 인간을 수단이 아닌 목적으로 다루라고 하는 칸트(Immanuel Kant)의 윤리관에 따르면 그렇지 않다는 식의 논의를 펼칩니다.

대표적인 공리주의자인 제러미 벤담(Jeremy Bentham)이 말한 '최대 다수의 최대 행복'은 사회가 법을 만드는 국면에서 소수의 특정 계급에만 이로운 방향이 아니라 사회구성원 전체에게 최대 행복이 돌아가는 방향으로 법이 설계되어야 한다는 데 방점이 있었습니다. '최대 다수'는 전체 국민으로 수렴하므로 오늘날 민주주의의 취지에 부합하는 원칙이라고도 볼 수 있습니다. 저는 벤담이 트롤리 딜레마를 다룬다면 그가 무조건 5명 대신 1명이 죽는 선택을 해야 한다고 말하지는 않으리라고 생각합니다. 대신 트롤리 딜레마에 처한 사람에게 손잡이를 틀어야 하는 의무를 부과하는 법을 만드는 것이 과연 사회 전체적으로 최대 다수의 최대 행복을 증진시키는가를 따질 것입니다. 그런

의무 부과가 심각한 문제점(가령 운전사에게 지나치게 큰 부담을 주어서 오히려 사고가 더 자주 발생한다거나 사람들이 처벌이 두려워서 운전사가 되려고 하지 않는다거나)을 야기해서 오히려 최대 다수의 최대 행복을 감소시킨다면, 벤담은 그런 의무를 부과하지 않아야 한다고 주장할 것입니다.

　이상은 입법의 관점이고, 이제는 사법의 관점에서 봅시다. 만약 트롤리 딜레마 사건이 우리나라의 법정에 오면 어떻게 재판이 이루어질까요? 이때는 브레이크가 왜 작동하지 않았고 그에 대해 누구에게 얼마나 책임이 있는가가 주된 쟁점이 될 것입니다. 브레이크 제작 회사가 하자 있는 브레이크를 만들었기 때문인지, 당초 브레이크는 멀쩡했는데 트롤리 회사가 돈을 아끼려고 사용기한을 넘겨 사용하느라 노후화되었기 때문인지, 정비를 담당하는 사람이 트롤리를 사전에 제대로 정비하지 않았기 때문인지 등이 주로 다투어질 것입니다. 원인을 밝히기 위해 전문가의 감정도 동원될 것입니다. 책임이 누구에게 있는지가 드러나면 그가 5명이든 1명이든 그 죽음에 대한 책임을 질 것입니다. 이처럼 입법과 사법은 사안을 보는 차원이 다릅니다.

교정적 정의와 배분적 정의

신을 믿던 시대에는 종교가 정의를 담당했습니다. 나쁜 짓을 하면 죽어서 지옥에 가고, 부자가 천국에 가는 것은 낙타가 바늘구멍에 들어가는 것보다 어렵다고 믿었습니다. 이 시대에는 정의가 신을 대체했습니다. 우리 사회는 정의에 관심이 많습니다. 제가 어릴 때 본 만화영화의 주인공도 죄다 정의의 사도였고, '정의'에 관한 책도 잘 팔립니다. 그래서인지 정치인들도 수시로 '정의' 카드를 꺼내 듭니다.

그런데 정의가 존재할까요? 역사학자 유발 하라리(Yuval N. Harari)는 호모 사피엔스가 네안데르탈인 등 다른 인류를 제치고 홀로 살아남은 비결이 바로 허구를 바탕으로 하는 상상의 질서를 집단적으로 믿는 능력이라고 하면서, 그 예시로 국가, 민족, 회사, 정의 같은 것을 듭니다.[2] 이러한 개념들은 내가 믿고, 남이 믿고, 같은 사회를 살아가는 모두가 존재한다고 믿어야, 즉 이른바 상호주관적 믿음이 있어야 진짜로 존재하는 것과 같은 효과가 생기게 됩니다. 그리스 로마 신화도 고대 사람들은 진짜라고 믿었지만 지금은 그저 신화일 뿐입니다.

요즘은 우리 사회에 정의가 존재한다고 믿는 사람이 점차 줄어드는 것 같습니다. 그러나 법률가는 적어도 정의의 존재는 긍정해야 한다고 생각합니다. 정의의 존재를 믿지 않는 법률가는 신의 존재를 믿지 않는 신부나 목사와 같습니다. 신의 존재를 믿지 않고도 얼마든지 신학 공부를 하여 교회 강단에서 설교를 할 수는 있겠지만 그것은 아무런 힘도 의미도 없는 우스꽝스러운 일이 됩니다. 정의를 믿지 않는 법률가가 소송을 잘해서 큰 명예나 돈을 얻는 것도 마찬가지입니다. 일반 시민들은 우리 사회에 정의가 실종되었다고 탄식하고 비판하고 냉소에 빠져도 되지만 법률가는 정의를 세워야 하는 책임이 있는 것입니다. 좋은 성직자들을 보면서 일반 사람들이 신에게 호감을 느끼고 신의 존재를 믿게 되듯이, 시민들도 주변에서 그런 법률가들을 보고서 정의가 존재한다는 것을 확신하게 될 것입니다.

아리스토텔레스(Aristoteles)가 말하는 '정의'의 종류 중에 교정적 정의와 배분적 정의가 있습니다.[3] 교정적 정의는 정의로운 상태가 훼손되었을 때 이를 원래 상태로 교정하는 정의입니다. 법질서를 훼손한 사람에게 응분의 처벌을 가함으로써 세우려는 정의가 교정적 정의입니다. 반면, 배분적 정의는 사회의 가치를 구성원들에게 공평하게 나눔으로써 달성되는 정의입니다. 부자에게 세금을 얼마나 더 많이 거두어야 하는가, 사회적 약자에게 어느 정도로 특별대우를 하는 것이 적정한가 같은 문제들이 배분적 정의와 관련됩니다. 정의의 여신이 한 손에는 칼, 한 손에는 저울을 들고 있는 것처럼 양자는 한 몸처럼 밀접하게 연관되어 있기도 합니다. 그러나 편의상 이하에서는 교정적 정의를 주된 토대로 한 입법과 배분적 정의에 주된 기반을 둔 입법을 구분해서 차례로 살펴보겠습니다.

스토킹의 범죄화

세상이 급변하는 만큼 어떤 행위는 기존에 범죄로 여겨지지 않았지만 새롭게 범죄로 규정해서 처벌할 필요가 생기기도 합니다. 최근에 범죄화된 대표적인 사례가 스토킹입니다. 법무부가 2020년에 입법예고한 '스토킹 범죄의 처벌 등에 관한 법률'이 2021년 국회를 통과하면서 스토킹이 범죄가 되었습니다. 스토킹은 상대방을 따라다니거나, 직장·학교·집과 같이 상대방이 일상적으로 생활하는 장소에서 기다리거나, 문자메시지 혹은 이메일을 보내고 전화를 하거나, 물건을 가져다 놓거나 함으로써 불안감이나 공포심을 일으키는 행위를 말합니다.

과거에는 이러한 행위가 범죄라는 인식이 없었습니다. 비를 맞으면서 좋아하는 여자를 집 근처에서 기다리거나, 꾸준히 편지를 보내는 일들이 영화나 드라마는 물론 일상에서도 로맨틱한 행위로 받아들여지기도 했습니다. '열번 찍어 안 넘어가는 나무 없다'는 말이 연애 조언으로 자주 입에 오르내렸습니다. 그러나 이러한 행위는 그 자체로 상대방에게 불안과 긴장을 조성할 뿐만 아니라 성폭력이나 살인과 같은 중범죄로 이어지기도 합니다. 이에 더해 사회문화적으로도 개인의 사생활 영역

보호가 점점 더 중시되면서 스토킹이 범죄로 규정된 것입니다.

당초 스토킹은 반의사불벌죄로 규정되었습니다. 반의사불벌죄는 피해자가 처벌을 원치 않으면 처벌하지 않는 범죄입니다. 피해자 의사와 무관하게 수사를 개시할 수는 있지만 피해자가 처벌을 원치 않는다고 하면 공소를 제기할 수 없기 때문에 사실상 수사도 중단하게 됩니다(피해자가 처벌의 의사표시를 밝혀야 비로소 수사와 처벌이 가능해지는 친고죄와는 다릅니다). 폭행죄나 명예훼손죄가 대표적인 반의사불벌죄입니다. 그러나 2023년 7월 11일부터는 법이 개정되어 스토킹이 더이상 반의사불벌죄가 아니게 되었습니다. 반의사불벌죄로 운영되면 가해자가 합의해달라고 조르면서 또다시 스토킹을 하거나 압박할 위험성이 존재하기 때문입니다. 그 위험성이 현실화된 것이 바로 '신당역 살인사건'입니다.

신당역 살인사건은 2022년 9월 14일 저녁 9시경 서울 지하철 2호선 신당역 여자화장실에서 전모씨(당시 31세)가 서울교통공사 입사 동기였던 피해자를 흉기로 수차례 찔러 살해한 사건입니다. 전씨는 이미 여자화장실에서의 불법 촬영과 피해자에 대한 스토킹 혐의로 재판을 받고 있었는데, 그동안 피해자에게 사과하며 합의를 요구했으나 피해자가 끝내 합의를 해주지 않고 검사가 징역 9년을 구형하자 1심 판결 선고를 하루 앞두고 끔찍한 범행을 저지른 것입니다.[4] 이에 법무부는 곧바로 반의사불벌죄 조항을 폐지하는 법안을 입법 추진했고 이 법안이

2023년 6월 국회를 통과해서 이제는 법이 되었습니다. 즉, 피해자가 처벌을 원하든 원치 않든 국가기관이 처벌할 수 있는 것입니다.

살인죄의 공소시효를 폐지한 태완이

공소시효는 범죄를 저지른 후 일정한 기간이 경과하면 공소 제기를 허용하지 않는 제도입니다. 공소를 제기하지 못하므로 재판도 열릴 수 없고 그러므로 결국 처벌할 수가 없습니다. 공소시효가 지난 사건을 누군가가 고소, 고발하면 검사는 '공소권 없음'이라는 불기소처분을 합니다. 공소시효를 지난 사건을 검사가 모르고 기소하면 판사는 '면소' 판결을 선고합니다. 엄밀히 따지자면 공소시효가 완료되더라도 수사를 못 할 바는 아니지만, 어차피 범인을 확인하고 잡아도 처벌할 수가 없으므로 사실상 공소시효가 지난 뒤에는 수사를 하지 않습니다.

공소시효는 형벌 조항에 기재된 법정형을 기준으로 정해지고 있는데(형사소송법 제249조), 현재는 사형에 해당하는 범죄는 25년, 무기징역형에 해당하는 범죄는 15년입니다. 그런데 2007년 이전까지 법률상 공소시효는 사형에 해당하는 범죄는 15년, 무기징역형에 해당하는 범죄는 10년이었습니다. 따라서 사형이 규정되어 있는 살인죄의 공소시효는 15년이었습니다. 그래서 유영철, 정남규, 이춘재처럼 아무리 많은 사람을 잔인하게 죽여도 15년만 지나면 처벌할 수 없습니다. 이춘재도 처제를 살인한 사건으로 복역하고 있을 뿐, 화성 연쇄살인사건을 구성하는 10여건의 살인에 대해서는 공소시효가 만료되어 처벌받지 않습니다. 1991년 발생한 '개구리 소년 실종사건'도 이후 소년들의 두개골에서 수십차례 뾰족한 흉기에 찍힌 자국들이 발견되어 타살이 분명했지만 2006년에 공소시효가 만료됨으로써 더이상 처벌하는 것이 불가능하게 되었습니다.

어떤 면에서 범죄자에게 면죄부를 주는 듯한 공소시효는 대체 왜 존재하고 있는 것일까요? 법학자들은 흔히 '법적 안정성' 때문이라고 말합니다. 법적 안정성은 법치주의의 큰 기둥들 가운데 하나로, 어떤 사실관계가 오래 지속되어 이를 기반으로 한 법적 이익이 축적되면 그 이익을 해치는 것을 쉽게 허용하지 않는다는 것입니다. 민법에도 소멸시효라는 제도가 있어서 원칙적으로 10년 이상 채권을 행사하지 않으면 채권이 소멸됩니다. '권리 위에 잠자는 자'는 보호할 필요가 없다는 것입니다.

철학자 하이데거(Martin Heidegger)는 인간 존재의 핵심을 시간에서 찾습니다. 인간은 신과 달리 시간에 얽매여 있는 존재입니다. 신에게는 오로지 현재만 있지만 인간은 과거를 돌아보면서 미래를 향해 나아가는 시간이라는 무빙워크 위에 서 있는 존재입니다. 인간이 죽는다는 것은 이러한 시간의 흐름에서 벗어난다는 것입니다. 범죄도 시간에 얽매여 있습니다. 시간이 갈수록 범죄의 흔적은 희미해지고 그래서 수사가 어려워지고 그 범죄를 처벌함으로써 거둘 수 있는 효과도 감소합니다. 수사기관이 과거 사건에 얽매여 있으면 새롭게 발생한 범죄들을 수사하기도 어렵습니다. 제때 범인을 잡지 못한 데에는 국가에도 책임이 있는데, 아무리 범인이라 하더라도 언제 체포되어 처벌받을지 몰라 끝없이 불안에 떨게 하는 것은 지나치게 가혹하다는 고려도 있습니다.

그런데 이 모든 논거가 모든 범죄의 경중을 막론하고 들어맞는 것은 아닙니다. 경미한 범죄의 경우에는 일정 시간이 지나면 더이상 수사나 기소를 하지 않는 것이 합리적인 것 같지만, 화성 연쇄살인사건과 같은 극악무도한 범죄에 대해서까지 15년만 지나면 면죄부를 준다는 것은 많은 사람들이 정의롭지 않다고 여길 것입니다. 후자의 여론을 바탕으로 살인과 같은 중대 범죄의 공소시효를 없앤 법이 바로 이른바 '태완이법'입니다. 이 법으로 인해 2000년 8월 1일 이후 발생한 사건 중에서 법정형으로 사형이 규정된 살인 범죄의 경우에는 공소시효가 적용되지 않습니다.

1999년 5월 20일 대구에서 6세 태완이가 학습지 공부를 하기 위해서 학원에 가는 길에 정체불명의 남자가 태완이 뒤에서 목을 잡고 얼굴을 향해 검은 비닐봉지에 담긴 황산을 뿌렸습니다. 태완이는 두 눈을 잃고 전신의 절반에도 화상을 입었으며 상상을 초월하는 고통 속에서 사경을 헤매다 49일 만에 세상을 떠났습니다. 경찰은 수사본부를 꾸리고 장기간 수사를 했으나 결국 범인을 잡지는 못했습니다. 태완이의 부모는 계속해서 수사를 촉구하고 치킨집을 하는 이웃집 남자를 상대로 고소까지 했으나 끝내 무혐의 결정이 나오고 수사는 마무리가 되었습니다. 공소시효가 만료되는 2015년(원래 2014년이지만 재정신청으로 공소시효가 일시 정지되었습니다)이 다가오자 태완이 사건을 비롯한 살인사건에 대한 공소시효를 폐지해야 한다는 사회적 목소리가 커지기 시작했습니다. 결국 2015년 7월 24일 형사소송법 제253조의2로 '사람을 살해한 범죄로 사형에 해당하는 범죄에 대해서는 공소시효를 적용하지 않는다'는 취지의 규정을 신설하는 법이 국회를 통과했고, 같은 해 7월 31부터 시행되었습니다.

이 법은 시간적 적용범위도 최대한 넓혀서 법 시행 당시 아직 공소시효가 만료되지 않은 사건에도 소급해서 적용할 수 있도록 했습니다. 기존에 살인죄의 공소시효가 15년이었기 때문에 입법 시점인 2015년 7월 31일부터 정확히 15년 전인 2000년 8월 1일 이후에 발생한 모든 살인사건도 공소시효가 폐지되었습니다. 그 덕분에 2000년 8월 10일 발생한 약촌오거리 택시기사 살인사건, 맥주병에 남은 쪽지문으로 범죄자를 잡은 2002년 발생한 호프집 주인 살인사건 등에서 수사를 통해 진범을 밝혀내어 처벌할 수 있었습니다. 그러나 아쉽게도 정작 1999년에 발생한 태완이 사건은 이미 공소시효가 만료되어 이 법의 적용을 받지 못했습니다.

민사상 불법행위책임을 강화하는 방안

지금까지는 범죄자를 형사법적으로 처벌하는 방안에 대한 이야기를 주로 해왔습니다. 그러나 범죄를 막기 위해서는 범죄자에 대해서 민사상 불법행위책임을 묻는 방안도 함께 강화되어야 합니다. 범죄자에 따라서는 소액의 벌금이나 실제로 교도소에 가지 않는 집행유예가 붙은 징역형을 받는 것보다 수천만원의 손해배상청구소송을 더 두려워하는 경우가 적지 않습니다.

2023년 7, 8월경을 전후로 특정 지역에서 칼부림, 살인, 테러를 저지르겠다는 이른바 살인예고 글을 인터넷 커뮤니티에 게시하는 행위가 유행처럼 번졌습니다. 이에 저는 법무부 송무심의관으로서 경찰청 및 검찰 등과 TF를 구성해서 대표적으로 서울 신림역에서 칼부림하겠다고 예고했던 사람과 제주공항 등을 테러하겠다고 예고한 사람을 상대로 수천만원의 배상금을 청구했습니다. 살인예고 글 게시자에 대한 수사와 함께, 법무부가 수천만원의 손해배상청구소송을 제기한다는 소식이 보도되자[5] 살인예고 글 게시행위는 금세 자취를 감추었습니다.

범죄를 비롯한 불법행위를 저지른 사람을 상대로 민사상 손해배상소송을 제기하는 것은 불법행위를 응징하고 향후 재발을 방지하는 데 상당히 효과가 있습니다. 징역형을 살게 하는 것이 아니라 돈을 내라고 하는 것은 별 위력이 없는 것 아닌가 생각하는 사람도 있지만, 소송을 당해서 법정에 나가는 일, 원고의 서면에 반박하는 서면을 내면서 대응하는 일 자체가 상당히 부담스러운 일입니다. 징역형과 같은 형사 처벌은 범죄자를 강력하게 제재할 수 있지만 피해자의 피해가 금전적으로 회복되지는 않는 반면(범죄자가 징역 10년을 선고받고 교도소에 가더라도 피해자는 손해배상금을 전혀 받지 못하는 경우도 많습니다), 민사상 불법행위책임은 피해자가 손해액을 배상받을 수 있다는 점에서 형사책임에 비해 뚜렷한 장점도 있습니다.

그럼에도 불구하고 범죄자에 대한 민사상 손해배상청구가 자주 활용되지 않는 이유는 법원이 인정하는 정신적 손해액이 사람들의 기대치보다 현저히 낮기 때문입니다.

이런 문제를 개선하기 위해서 법무부는 인격권을 민법에 도입하는 법안을 마련해서 2021년 4월 제가 직접 입법예고 브리핑을 했고 이후 국회에 제출했습니다. 인격권은 사람의 명예나 신용뿐만 아니라 생명과 신체 자체, 사람의 초상, 목소리, 사생활, 개인정보에서 비롯되는 인격적 이익까지 포함합니다. 불법행위로 인해 손해배상청구를 하려는 사람이 당신은 대체 무슨 권리를 침해당했느냐는 질문을 받았을 때, 과거에는 정신적 손해를 입었다고만 말할 수 있었지만 인격권이 도입되면 인격권이 침해되었다고 주장할 수 있습니다. 인격권이 인정되면 원치 않게 사진이나 동영상 촬영을 당했을 때, 원치 않게 녹음이 되었을 때, 모욕이나 갑질을 당했을 때, 악성 댓글이 달렸을 때, 학교폭력이나 디지털 성폭력으로 아이들이 단순한 정신적 피해를 넘어 인격적인 성장 자체가 어렵게 되었을 때, 환경이 극도로 오염되었을 때, 최근 서이초등학교 교사 사건처럼 교사가 심각한 교권 침해를 당했을 때, 배우 고(故) 이선균씨처럼 사생활이 노출되어 심각한 인권침해를 당했을 때 인격권 침해를 주장할 수 있습니다. 그러면 기존의 정신적 손해로 인한 위자료보다 손해액이 훨씬 더 커질 수 있습니다. 이 법안은 인격권 침해의 우려가 있는 경우에는 특별히 불법행위에 대한 중단이나 예방적 조치를 취할 수 있도록 했습니다.

정인이 아동학대사건을 막기 위한 입법

2020년 10월 13일 생후 16개월의 여자아이인 정인이가 숨을 거두었습니다. 사인은 외력에 의한 복부 손상이었습니다. 부검 결과 소장과 대장이 파열되고 췌장이 절단되어 있었고 후두부, 쇄골, 대퇴골이 골절되어 있었습니다. 배 속의 출혈로 복강 전체가 피로 가득 차 있었고, 가슴과 양팔에 10군데의 골절이 있었습니다. 전문가들은 아이가 높은 곳에서 떨어지거나, 교통사고가 나거나, 높은 곳에서 뛰어내려 아이를 밟아야만 생길 수 있는 결과라고 합니다. 저도 텔레비전에서 정인이 사망 전날 어린이집 보육교사가 정인이를 안고 있는 장면을 보았는데, 그때 정인이의 눈빛이 모든 것을 체념한 듯해서 마음이 많이 아팠습니다. 아마 모든 이들이 같은 심정이었을 겁니다. 정인이를 학대한 양모에게는 살인죄 등이 인정되어 징역 35년형이, 그 남편인 양부에게는 아동복지법위반(아동학대)죄로 징역 5년형이 확정되었습니다.

사회적으로 더 큰 공분이 일었던 이유는 정인이가 다니던 어린이집 교사, 정인이의 상태를 살펴본 소아과 의사 등이 아동학대로 세차례나 경찰에 신고했는 데도 결국 제대로 조치가 이루어지지 않았다는 점 때문이었습니다. 이런 문제를 해결하기 위해서 수많은 법안들이 봇물처럼 쏟아져나왔습니다. 저는 이런 법안이 논의되는 국회 법제사법위원회(법사위) 소위원회에 직접 참여하기도 했습니다. 이중에는 급조되어 현실성이 떨어지는 법안도 적지 않았습니다. 가령 아동학대 신고가 있으면 무조건 아이와 부모를 분리해서 지내도록 하는 법안들이 한 축을 이루기도 했는데, 그 아이를 분리해서 제대로 키울 시설이나 인력이 충분치 않은 상태에서 법으로 무조건 분리조치만 강제하면 경찰이 경찰서에서 아이를 키울 수도 없고, 이미 과밀상태인 아이들을 보호하는 기관에 억지로 많은 아이를 더 보내면 기존에 있던 아이들도 제대로 보호를 받지 못해 문제가 생길 수 있습니다. 모든 부모와 자식의 갈등관계의 양상이나 학대 여부가 정인이 사건처럼 명확한 것도 아니고 가족 안에서 벌어지는 일의 진상을 외부인이 잘 알 수도 없습니다. 이런 상황에서 나쁜 결과가 일어났다고 해서 담당자에게 항상 큰 책임을 묻게 되면, 경찰 등 관련 기관 안에서 아무도 그 자리에 가지 않으려고 하고, 누가 억지로 가더라도 얼마 안 가서 사직하거나 또 자리를 옮기려 합니다. 그러다보면 담당자의 전문성이 쌓이지 않고, 그래서 결국 더 큰 사고가 생기게 됩니다. 현실은 항상 간단하지가 않습니다. 좋은 의도로 강력한 조치를 실시해도 금세 부작용이 날 때가 너무 많습니다.

법무부 법무심의관실이 실무에 관여했던 법안 중 정인이 사건을 계기로 국회를 통과한 법안이 친권자의 징계권 조항(민법 제915조)을 삭제하는 법안입니다. 이로써 지난 60년 이상 민법에 존재하고 있던 부모의 징계권 조항이 사라졌습니다. 아동학대를 하는 부모가 가장 자주 하는 변명이 부모로서 자기 자식에 대한 징계권을 행사한다는 것이었습니다. 그 징계권이 반드시 체벌을 의미하는 것은 아니 데도, 많은 사람들이 지식을 때려도 되는 줄 착각하고 있는 경우가 의외로 많았습니다. 다만, 부모의 정당한 교육이나 훈육은 이 조항이 있든 없든 가능한 것입니다.

2023년 국회를 통과한 출생통보제 법안('가족관계의 등록 등에 관한 법률' 개정안)도 저희 법무심의관실에서 아동학대를 근본적으로 막기 위해 직접 만든 법안입니다. 감사원이 2023년 보건복지부 감사를 하면서 2015년부터 2022년까지 7년 동안 의료기관에서 출생했지만 출생신고가 되지 않은 아동이 2,236명에 이르고, 이중 12퍼센트에 해당하는 249명의 아이들은 이미 사망한 상태라는 사실을 밝혀내어 적지 않은 사회적 파장이 일었습니다. 당시 생존이 확인된 아이는 1,025명이었지만 800여 명은 생사가 확인되지 않았습니다.

아이들이 출생신고가 되어 있지 않으면 학교도 병원도 제대로 가기 어렵고, 아동학대를 당하거나 심지어 살해를 당해도 파악하기조차 어렵게 됩니다. 저와 직원들은 감사원 결과가 나오기 전에 이미 이러한 문제의식을 가지고 보건복지부와 의사협회 등 관련 기관들과 긴 협상을 하면서 조율한 끝에 법무부 안으로 법안을 국회에 제출해놓았는데, 위 감사원 감사 결과 발표로 인해 사회적 파장이 일면서 그 대책 마련의 일환으로 그 법안이 신속하게 국회를 통과할 수 있었습니다. 그 골자는 의료기관의 장이 출생일로부터 14일 이내에 아이가 출생했다는 정보를 건강보험심사평가원에 제출해야 하고(의사들이 건강보험심사평가원과 연계된 전산시스템을 사용하기 때문에 입력하기가 편리합니다), 건강보험심사평가원은 지체없이 모친의 주소지를 관할하는 시읍면의 장에게 출생 사실을 통보해서 출생신고가 되게 챙기도록 하는 것입니다.

가정폭력을 저지른 배우자나 부모가 가족관계증명서를 교부받을 수 없거나 열람하더라도 주소나 주민등록번호 등 개인정보를 볼 수가 없도록 한 법안도 제가 법무심의관 때 직접 초안을 기초했습니다. 드라마 「더 글로리」(2023)에서 문동은(송혜교 분)의 나쁜 엄마가 문동은이 사는 곳을 쫓아다니며 괴롭히면서 하는 말이 "핏줄이 쉽게 끊어지나, 서류 한장 떼면 다 나와"였습니다. 그러나 저희가 만든 법 때문에 2022년부터는 서류를 떼도 다 나오지 않습니다.

동물은 물건이다, 아직

연쇄살인범 중에서 동물학대 전력이 있는 사람들이 많습니다. 유영철도 첫 살인 전에 동물을 상대로 연습을 했다고 합니다. 강호순이 시베리안 허스키로 보이는 큰 개를 껴안고 훈훈한 분위기로 찍은 사진이 유명한데, 강호순은 그 개를 비롯해서 농장으로 데려온 개 50마리를 죽였다고 합니다. 동물을 죽이다보니 사람을 죽이기가 쉬웠다고도 진술했습니다. 중학생인 딸 친구를 유인해서 수면제를 먹이고 살인한 이영학은 기르던 개 여섯마리를 망치로 때려죽였는데, 그 장면을 본 딸이 자기 말에 무조건 복종하기 시작했다고 합니다. 미국의 FBI는 387건의 연쇄살인범들을 분석해본 결과 그들이 범행을 저지르기 전에 힘없는 작은 동물들을 상대로 연습을 거쳤다는 공통점을 발견했다고 합니다. 동물을 학대하는 것을 즐기는 이가 사람을 존중할 리 없습니다.

길고양이에게 독약을 먹여서 죽이거나, '캣맘'에게 고통을 주려고 캣맘이 밥을 주는 자리에 토막 낸 고양이들을 놓아두는 등 동물학대 사건들은 계속해서 일어나고 있습니다. 2019년에는 경북 포항의 한동대학교에서 독극물과 덫을 사용한 길고양이 연쇄살인사건이 벌어진 적이 있습니다. 그 직전에 '길고양이에게 먹이를 주지 말고 돌봄을 하지 말고 치료도 하지 말라, 따르지 않으면 그 피해는 고스란히 고양이들에게 돌아갈 것이다'라는 경고장이 붙었습니다. 2021년에는 속칭 '동물판 n번방'이 적발되어 사회적 공분이 일었습니다. 이 방은 SNS 단체방 중에 참가자들이 동물을 잔혹하게 학대하는 것을 관람하는 '고어전문방'입니다. 여기에 올린 영상을 보면 누군가가 작대기를 고양이의 입에 밀어넣기도 하고, 때리다가 기름을 부어서 불에 태워 죽이기도 하며, 그렇게 죽인 고양이의 머리를 구워 먹은 소감을 말하기도 합니다. 더 충격적인 것은 그것을 보는 대화방 참가자들의 반응입니다. 재미있다고 하거나 심지어 귀엽다는 말도 합니다. 어떤 사람은 고양이 맛이 어떤지 꼬치꼬치 물어봅니다. "길고양이를 죽이고 싶은데 어떻게 구해야 할까요?" "무엇인가 죽일 만한 게 나타났으면 좋겠다"는 댓글도 있습니다. 많은 참가자들이 10대입니다.

통계에 따르면 동물보호법 위반 건수는 2010년 69건에서 2019년 914건으로 13배 이상 증가했습니다. 건수가 늘어난 것도 문제지만 범죄의 내용이 갈수록 잔혹해지는 것이 우려스럽습니다. 반면 동물학대에 대한 처벌은 경미합니다. 1980년대 이전에는 동물학대는 범죄가 아니었습니다. 1991년에 동물보호법이 처음 만들어졌을 때 동물학대죄의 최고 형량은 벌금 20만원이었습니다. 2008년에 동물보호법을 대대적으로 개정하고 동물학대죄 처벌을 강화했을 때에도 벌금형의 액수가 500만원으로 상향되었을 뿐, 징역형은 없었습니다. 지금도 남의 반려동물을 죽이거나 다치게 한 사람에게 위자료나 치료비를 충분히 받기 어렵습니다. 이러한 현상의 근본적 원인은 어디에 있을까요? 그것은 법체계상 동물은 연필이나 휴대폰과 같은 물건이라는 데 있습니다.

법적으로 물건이라는 것은 무슨 의미일까요? 제가 저의 휴대폰을 아무리 심하게 내리쳐서 부수더라도 아무런 법적 책임이 없습니다. 다만 남의 휴대폰을 부수면 재물손괴죄로 처벌을 받을 수 있고, 민사법상 손해배상을 해주어야 합니다. 그 배상은 통상 동일한 종류의 휴대폰의 가치(교환가치)에 해당하는 돈을 물어주는 것인데, 중고 물건의 경우에는 감가상각을 제하고 물어주면 됩니다. 수리비가 교환가치보다 많이 나오면 교환가치만 배상하면 됩니다. 물건을 손괴한 경우 교환가치를 배상해주면 특별한 사정이 없는 한 추가로 위자료를 인정하지는 않습니다. 동물이 물건이라는 것은 이러한 손해배상 법리가 동물에 그대로 적용된다는 뜻입니다. 가령 강아지를 해치는 경우, 반려동물은 따지자면 일종의 중고품이기 때문에 그 분양가를 기준으로 수명과 연령을 계산해서 교환가치만큼 배상해주고, 치료비가 더 많이 나와도 교환가치까지만 인정하고, 위자료도 인정하지 않아야 합니다. 당연히 우리 상식에 맞지 않습니다. 현재 동물보험은 생명보험이 아니라 화재보험에 속해 있습니다. 도로교통법상 도로에서 운전자가 사고를 내서 사람이 부상을 당하면 구호할 의무가 생기고(제54조) 물건이 떨어져 있으면 제거할 의무가 생기는데(제72조), 동물은 물건이므로 구호 의무는 생기지 않고 제거할 의무만 생깁니다.

동물이 물건이라니까 이상하신가요? 수천년 역사 동안 인간도 물건으로 취급되었습니다. 미국에서는 불과 160년 전인 1862년까지만 해도 노예제도가 합법이었습니다. 조선에서도 노비의 몸값이 법에 정해져서 거래되었습니다. 노예무역을 하던 시대에 노예선은 한번의 항해에 최대한 많은 노예를 싣기 위해서 노예들을 좁은 서랍에 넣어 쇠사슬로 묶어놓고 먹을 것도 최소한으로 주었습니다. 노예들이 차라리 굶어 죽으려고 입을 다물고 음식을 거부하면 노예상들은 시뻘겋게 타오르는 석탄을 얼굴에 들이대서 강제로 입을 벌린 후 목구멍에 깔때기를 넣어 음식을 강제로 먹였습니다. 그때는 노예를 물건으로 취급했기 때문입니다.

법무부 법무심의관실은 2021년 7월 19일 "동물은 물건이 아니다"라는 조항을 신설하는 민법 개정안을 입법예고하고 10월에 국회에 제출했습니다. '동물은 물건이 아니다'라는 법안만 통과시키면 실익이 없다는 비판이 있을 수 있어서 강제집행의 대상에서 반려동물은 제외하는 법안, 반려동물이 다친 경우 교환가치 이상으로 치료비를 인정할 수 있는 법안도 함께 만들어 의원입법을 통해 국회에 제출했습니다.

2020년 가을에 법무심의관으로 부임한 직후 저는 법무부가 법안 마련을 위해 지난 30~40년 동안 수행한 연구용역 결과들을 살펴보면서 좋아 보이는 연구 결과들을 퇴근할 때 집에 들고 가서 읽곤 했습니다. 그에 따르면 이미 스위스, 독일, 오스트리아는 민법에 동물이 물건이 아니라는 취지를 넣고 있었습니다. 요즘처럼 사람도 살기 힘든 시대에 동물에 대한 법을 만들면, 엄혹한 시대에 한가한 소리를 한다는 비판이 나오지 않을까 하는 걱정이 들기도 했습니다.

그러나 사회가 근본적으로 변화하고 있습니다. 반려동물을 키우는 인구가 1,500만명이나 됩니다. 이 법안은 동물만을 위한 것이 아니고, 동물 존중이 인간 존중으로 이어지기 때문에 결국 인간을 위한 것입니다. '동물은 물건이 아니다'라고 할 때마다 사람들은 은연중에 마음속으로 '인간도 물건이 아니다'라는 것을 상기할 것입니다. 동물을 물건으로 보는 사회에 비해서 동물은 물건이 아니라고 보는 사회의 범죄율은 더 낮아질 수밖에 없을 것입니다.

전세사기를 막기 위한 임차인의 정보청구권

제가 법무심의관으로 일하던 2022년경 1,100채가 넘는 빌라를 임대한 사람이 갑자기 죽었는데, 알고 보니 수십억원의 세금을 납부하지 못하고 있어서 건물 전체가 경매에 넘어가 임차인들이 살던 집과 보증금을 모두 잃게 된 '빌라왕 사건'이 터졌습니다. 이어서 '빌라신'도 등장했습니다. 연달아 이와 유사한 '전세사기'나 '깡통전세' 문제가 이어지면서 사회적 문제가 되었습니다. '전세사기'는 임대인이 임차인을 이런저런 방법으로 속여서 해당 주택의 가치보다 더 많은 전세보증금을 받고서 잠적해버리는 범죄입니다. '깡통전세'는 부동산 가격이 하락하면서 주택의 가치가 그 주택이 담보하고 있는 전세보증금보다 낮아짐으로써 임차인이 전세보증금 전액을 회수하기 어렵게 된 경우를 말합니다. 전세보증금이 거의 전 재산을 차지하는 사람들이 많다는 점에서 그 피해는 한 가족의 생존을 위협할 정도로 큽니다. 이에 대한 대대적인 수사가 이루어졌고, 그에 따른 강력한 처벌을 촉구하는 목소리가 높았습니다. 당연히 그렇게 해야 합니다.

수사와 처벌을 강화하는 것과 별도로, 저희 법무심의관실은 전세사기나 깡통전세의 경우에 임차인이 피해를 입지 않도록 하는 방법을 모색해보았습니다. 제가 착안한 부분은 임차인이 피해를 입는 이유는 계약을 체결하기 전에 보증금의 회수 가능성에 영향을 미치는 요소에 대한 정보를 충분히 알지 못한다는 점이었습니다. 보증금의 회수 가능성이 있는지 없는지를 사전에 정확하게 판단할 수 있다면, 임차인은 보증금의 회수 가능성이 떨어지는 경우 임대차계약을 아예 체결하지 않을 수 있고 누군가가 전세사기를 시도하더라도 피해를 피할 수 있을 것입니다.

문제는 임차인으로서는 부동산등기부를 보더라도 임대인이 세금을 얼마나 연체하고 있는지(연체된 세금에 대한 국세채권은 일반 임대차 채권에 우선합니다), 그 건물에(특히 다가구주택의 경우가 문제됩니다) 선순위 임대차가 있는지를 알 수 없다는 점입니다. 그래서 저희는 세금채권, 선순위 보증금채권의 존부를 임차인이 '임대차계약을 체결하기 전'에 알 수 있도록 제도를 설계하는 것이 필요하겠다고 생각했습니다. 일단 임대차계약을 체결해버리고 나면 그 이후에는 어느 정도 피해를 피할 수 없는 경우가 많기 때문입니다. 이에 법무심의관실은 계약체결 전에 임대인이 임차인에게 경매에서 선순위 보증금 정보와 임대인의 납세증명서를 보여줄 것을 의무화하는 법무부의 법안을 만들어서 2022년 11월에 입법예고를 했습니다. 이 법안은 2023년 3월에 통과되어 현재 법으로 작동하고 있습니다.

범죄 피해자를 위한 입법

근대 이전에는 누군가가 남에게 해를 입히면 피해자가 복수하는 것이 당연시되었습니다. 그러나 근대 국가는 폭력을 행사할 수 있는 권리를 독점하면서 범죄자에 대한 처벌도 독점하게 되었습니다. 이에 따라 피해자가 개인적으로 복수하는 것은 더 이상 허용되지 않습니다. 피해자의 복수는 사적인 감정 때문에 필요 이상으로 큰 고통을 가해자에게 가할 수 있고 이것은 정의에 반하기 때문입니다. 사회 공동체 전체 시각에서 여러가지 범죄와 형벌에 대한 균형을 고려하면서 적절한 형벌을 정해서 가하는 것이 정의에 부합합니다. 영화 「배트맨 비긴즈」(2005)에서 청년 브루스 웨인(크리스천 베일 분)은 자신의 부모를 죽인 강도가 석연치 않게 일찍 가석방되는 것을 보고는 손수 권총으로 그를 죽이려 합니다. 그러나 브루스의 손에 권총이 들려 있는 것을 본 어릴 적 여자 친구이자 고담시의 검사인 레이철(케이티 홈스 분)은 브루스의 뺨을 때리고는 이렇게 말합니다. "당신이 하려고 한 것은 복수이지, 정의가 아니야. 정의는 세상과의 조화이지만 복수는 자기만족일 뿐이야."

이러한 제도가 사회의 정의라는 공동체적 관점을 중시하는 만큼 피해자는 범죄자를 처벌하는 절차에서 당사자가 아니라 주변인으로 밀려나 소외되었습니다.[6] 피해를 당한 개인은 스스로 복수하고 싶은 마음을 억제하면서 국가에 처벌해줄 것을 고소나 고발을 통해서 요구하고 그 처리 절차가 진행되는 것을 한참 동안 참고 지켜보아야 합니다. 범죄 피해로 인한 분노와 고통으로 몸과 정신이 불에 타들어가는 듯 괴로운 피해자 입장에서는, 경찰이 사건 접수 뒤 몇달이 지나서야 조사를 시작하고, 검찰이 몇달에 걸쳐 기소 여부를 결정하고, 판사가 짧게는 반년, 길게는 2, 3년씩 재판을 하고, 그 사건이 항소되어 2심, 3심 재판을 거치고 있으면 답답하기 이를 데 없습니다. 수사나 재판 과정에서도 피해자는 적극적으로 참여하지 못합니다. 그래서 저는 법정에 피해자석을 마련하고, 적어도 피고인이 자백을 해서 가해자와 피해자 관계가 명백한 사건에서는 피해자가 단순한 증인을 넘어서 형량 등에 대한 의견을 말할 기회를 주는 것이 좋다는 생각이라는 점은 2장에서 말한 바와 같습니다.

형사처벌 절차에 피해자가 얼마나 주도적으로 참여할 수 있는가의 문제와는 별도로, 형사처벌 절차 밖에서의 문제로는 피해자의 피해배상 문제가 있습니다. 이러한 배상액은 피해자가 범죄자에게 민사소송을 제기해서 받거나 형사 절차 속의 형사조정이나 기타 합의 과정에서 어느 정도 받게 됩니다. 그러나 범죄자가 배상을 해주려고 하지 않거나 배상을 해줄 경제적 능력이 없을 때가 너무 많습니다. 소송을 제기하는 것도 변호사 비용이나 심리적 부담 등으로 만만한 일이 아니고 재판으로 다투는 과정에서 범죄로 인한 고통 못지않은 정신적 스트레스를 받게 됩니다.

처벌할 수 있는 권한을 독점하고 있고 치안을 유지해야 하는 의무를 지고 있는 국가가 범죄 피해자들의 피해배상 문제를 남의 일처럼 취급할 수는 없습니다. 헌법(제30조)도 타인의 범죄행위로 인하여 생명과 신체에 대한 피해를 받은 국민이 국가로부터 구조를 받을 수 있는 범죄피해자구조청구권을 보장하고 있습니다. 이에 따라 '범죄피해자 보호법'이 마련되어 어느 정도의 구조를 하고 있지만 그 범위는 상당히 제한적입니다. 범죄로 인해 사람이 사망하거나 장해 또는 중상해를 입은 경우에만 인정되므로(범죄피해자보호법 제3조 제4, 5, 6호), 완치가 가능한 상해를 입거나 재산적 손해를 당한 경우에는 국가로부터 구조를 받지 못합니다. 구조액도 사망, 중상해의 경우 최대치가 평균임금의 48개월분이므로 현실적으로 미흡할 때가 많습니다.[7] 범죄를 막는 것이 국가의 의무라면 결국 범죄가 발생해 국민이 피해를 입은 경우에 국가가 상당 부분 책임을 지는 것도 생각해볼 수 있습니다. 물론 막대한 예산이 드는 일이기 때문에 예산이 뒷받침되어야 가능한 것입니다. 그러나 일부 복지 분야와 같이 기본적으로 개인이 책임지는 삶을 부분적으로 도와주는 일에도 국가의 예산을 쓸 수 있다면, 범죄 피해자에게 예산으로 피해를 보전해줄 필요성과 정당성은 그보다 더 클 것입니다.

1인가구가 다수를 차지하는 사회를 대비한 법안

우리나라 인구는 급격히 줄어들고 있습니다. 1970년의 중위 연령은 18.5세였습니다. 그러니까 19세만 되어도 나이가 많은 편이었습니다. 1980년에도 21.8세였습니다. 김광석은 「서른 즈음에」(1994)를 부를 때 세상 다 산 사람처럼 구슬프게 불렀는데, 그때는 그렇게 부를 만했습니다. 그러나 2023년 현재 중위 연령은 45.5세입니다. 2050년이 되면 중위 연령은 58.1세입니다. 그러니까 58세도 젊은 편이 됩니다. 이렇게 되면 사회 전체적으로 활기와 생산력이 떨어집니다. 소비자가 줄면 과거처럼 '대박'을 꿈꾸지 못하기 때문에 새로운 사업을 시작하려는 사람들이 줄어듭니다. 과거에는 자식이 많고 부모의 수명이 짧아서 부모 은퇴 이후에 자식들이 부양하는 것이 가능했지만, 이제는 부모의 수명은 길고 자식은 적어서 자식들이 부모를 부양하는 것이 현실적으로 쉽지가 않습니다. 고령자들은 몸에 아픈 곳이 많아져서 의료비도 부담이 됩니다. 연금이나 세금 지출의 관점에서는 소수의 젊은 사람들이 내는 돈으로 다수의 고령자들을 떠받치는 구도가 될 수밖에 없는데, 이것은 세대 간의 갈등을 야기할 것입니다.

또다른 변화는 1인가구가 많아지는 것입니다. 제가 어릴 때 슈퍼마켓에 가면 4~5인분으로 포장한 음식들이 새로 나와서 소비자들에게 인기를 끌었습니다. 대가족이 핵가족으로 분화

되던 당시의 사회 변화를 반영한 것이었습니다. 그때는 통닭도 인기가 많았는데 그것은 통닭 한마리가 4~5인 가족이 먹기에 딱 적당한 분량이었기 때문입니다. 그러나 지금 마트에 가보면 1인분으로 포장된 음식들이 많고, 치킨은 조각으로 나누어서 팝니다. 통계를 찾아보니 우리 사회에서 1인가구가 차지하는 비중이 20여년 전 10퍼센트 정도에서 현재 40퍼센트 이상으로 확연히 높아졌습니다. 원인도 다양합니다. 청년 1인가구는 대학 진학이나 취업을 위해서 따로 사는 경우, 비혼주의 등으로 결혼하지 않아서 혼자 사는 경우가 많았습니다. 노년 1인가구는 사별이나 이혼이 주된 원인이었습니다. 중년 1인가구는 '기러기 아빠', 지방 근무, 이혼이 많았습니다. 그런데 농사를 짓는 대가족이 많았던 시절에 만들어진 친족법, 상속법, 기타 민법이 1인가구가 가장 많은 가구를 차지하게 된 지금도 별 변화 없이 적용되고 있습니다. 그렇게 되면 가족관계에 부담을 주어서 갈등을 일으킬 수 있고 그것이 심화되면 범죄로 이어지게 됩니다.

제가 법무심의관으로 일할 때 안팎으로 내건 구호가 '미래시민사회 준비'였습니다. 그 일환으로 추진했던 것이 1인가구를 위한 법안들입니다. 제가 '사공일가'(사회적 공존을 위한 1인가구) TF를 만들어 10대부터 60대까지 각 연령층마다 실제로 1인가구로 살고 있는 남녀를 위원으로 모시고 상속, 친족, 주거, 보호, 유대의 5가지 과제를 중심으로 법안을 마련했습니다.

상속에 관해서는 유류분(遺留分) 권리자 중에서 형제자매를 삭제하는 법안을 마련했습니다. 유류분 제도는 상속분의 2분의 1(자식, 배우자) 또는 3분의 1(자식, 형제자매)은 아무리 피상속인이 재산을 주지 않겠다고 유언을 하더라도 무조건 유류분 권리자에게 주어야 하는 제도를 말합니다. 유류분 제도는 1977년에 처음 만들어졌는데 이 제도도 당시에는 새로운 시대적 변화를 반영하기 위해서 마련한 것입니다. 그 이전에는 장남에게만 대부분의 재산이 상속되고 장남이 그 재산으로 동생들 시집·장가를 보내는 것을 책임졌습니다. 그 배경이 된 농경사회에서는 할아버지부터 아버지, 어머니, 형제자매, 손주까지 온 가족이 공동으로 농사를 지었고 그 결과 마련한 재산은 개개인에게 속하는 것이 아니라 집안 공동의 재산으로 간주되었습니다. 그러다 점차 개개인의 재산 관념이 커짐에 따라 가족 안에서도 장남 외에 차남과 삼남도 상속 시에 자신의 몫을 가지려고 하고 딸은 상속을 못 받고 아들만 상속을 받는 등의 차별에 대한 문제에도 시민들이 눈을 뜨게 되었습니다. 이에 따라 장남 외에 다른 자녀에게도, 때로는 형제자매에게도 최소한의 상속분을 보장해주자는 것이 유류분 제도입니다.

그런데 지금은 농경사회도 아니고, 재산을 집안이 공유한다는 관념도 없습니다. 형제지간이 예전처럼 가깝지 않고 금전을 공유한다는 개념도 없습니다. 장남과 차남, 삼남 또는 딸을 차별하는 문화도 거의 사라졌습니다. 특히 1인가구가 많아진 지금은 언젠가 자신이 죽게 되었을 때, 멀어진 형제자매나 자신을 제대로 돌봐주지 않은 자식보다도 연인, 친구, 그밖의 조력자에게 자신의 재산을 모두 물려주거나 의미 있는 단체에 기부하고 싶어하는 사람이 많아지고 있습니다.* 이에 사공일가 TF는 형제자매의 유류분을 삭제하는 법안을 만들어서 국회에 제출했습니다. 이미 헌법재판소에도 유류분 제도에 대한 20여건의 위헌 심판이 제기되어 있습니다.

사공일가 TF를 운영하면서 가장 인상 깊게 배운 점은 1인가구가 많아질수록 안전을 위해서든, 외로움을 달래기 위해서든, 생존과 번영을 위해서든 우리 사회구성원들이 서로 느슨하나마 연대를 하고 싶어한다는 점입니다. 우리 사회도 평소에는 각자의 삶을 추구하다가 어떤 위기나 과제가 생겼을 때는 느슨한 연대를 탄탄하게 이어 협력망을 구축하는 방향으로 발전하는 것이 요즘 다수 시민들의 뜻이라는 생각도 듭니다.

군함을 만드는 일과 입법의 공통점, 밸런스

정의의 핵심은 공평입니다. 교정적 정의라는 것은 결국 자기가 잘못한 만큼, 자신과 같은 잘못을 한 다른 사람들만큼 공

---

* 미술작품을 미술관에 기부한 뒤에도 소유자 사후에 자식이 유류분 소송으로 미술작품의 반환을 청구하는 경우가 있어서 미술관이 제도개선을 요구하기도 합니다.

평하게 처벌받는 것입니다. 배분적 정의는 어떤 가치 있는 것을 사회구성원들이 공평하게 나누는 것입니다. 그러나 공평하게 나눈다는 것은 참 어려운 문제입니다. 어떤 사람은 기회만 공평하게 주어지면 공평하다고 할 것이고, 어떤 사람은 사람마다 기회를 활용할 능력에 차이가 있으므로 그 차이까지 보정해주어야 공평하다고 할 것입니다. 어떤 하나의 방식으로 나누더라도, 해당 관련자가 처한 상황과 이해관계에 따라 공평하다고 느낄 수도 있고 그렇지 않을 수도 있습니다. 그렇다고 그 모든 것을 다 고려해서 공평한 방안을 마련하려고 하면 현실적으로 아무 일도 진척시킬 수 없을 때가 많습니다. 따라서 실제로 입법을 하는 데 있어서는, 기존의 법에서 인정하고 있는 당사자들의 권리와 의무를 출발점으로 삼아서, 새로운 입법을 통해 어느 한쪽에게 추가적인 권리나 혜택을 주는 만큼 반대쪽에게도 어느 정도의 권리나 혜택을 주거나, 권리나 혜택을 주는 쪽에게 그에 상응하는 책임과 의무를 부담시키는 식으로 균형을 맞추는 방식을 사용하게 되는 경우가 많습니다.

저는 방위사업청에서 일할 때 군함을 만드는 팀의 팀장으로 일해보았는데, 그 일이 나중에 법무부 법무심의관으로서 입법실무를 하면서 연상될 때가 많았습니다. 제가 팀장으로서 맡은 역할은 군함을 만드는 데 참여하는 조선소, 레이더나 소나(SONAR) 같은 장비를 만드는 국내외 부품 업체, 그 군함을 사용해야 하는 해군과 부대, 국방과학연구소의 엔지니어 등 다양한 전문가들의 이해관계를 조율하면서, 이견이 생기면 타협을 중재하고, 문제가 생기면 해결책을 제시하고, 추가예산이 필요하면 국회나 기획재정부에 가서 예산을 따오고, 무기체계의 발전 방향이나 수출 전략을 찾는 것 등입니다. 이 때문에 한두주에 한번씩은 부산, 울산, 고성, 군산, 목포 등 해안가에 자리 잡은 이런저런 조선소로 가서 '사업관리회의'를 주재하게 되는데, 회의가 끝나면 항상 '야드'(작업장)에 나가서 우리 팀의 함정이 만들어지고 있는 현장을 둘러보았습니다.

넓은 야드 위에는 마치 이탈리아 폼페이 유적 터처럼 조립 중인 철제 블록 수십개가 흩어져 있고, 그 블록을 둘러싸고 파란 작업복을 입은 조선소 직원들이 작업에 몰두해 있는데, 여기에 올 때마다 그 블록들이 헬스장을 열심히 다니는 사람의 근육처럼 확연하게 커지고 단단해지는 것을 확인할 수 있습니다. 블록 조각이 조립되면서 배의 모양을 갖춰가는 현장을 보고 있으면 병아리가 볏을 단 닭이 되는 모습을 보는 것처럼 뿌듯합니다. 블록들이 완성되면 도크 안이나 물가 선대 위에 받침(반목)을 깔고 배의 가장 아래, 배의 척추에 해당하는 블록부터 쌓고 용접하는데 이를 용골거치(keel laying)라고 합니다. 이후에는 선미(배의 뒷부분)부터 시작해서 선수(배의 앞부분)를 향해 블록을 수직으로 내리꽂은 다음(마치 도마 위에서 토막 낸 고등어 조각을 꼬리에서부터 다시 붙이듯이) 배 안에 들어갈 장비들을 집어넣습니다. 블록 용접이 끝나고 배가 완성되면 배를 바다에 띄우는데 이 일을 '진수(進水)'라고 합니다. 진수한다고 해서 곧바로 배가 출발하는 것은 아닙니다. 각 선실의 인테리어나 배관 등 잡다한 의장공사를 해야 하고, 시험평가와 시운전을 해야 하고, 마감공사까지 마쳐야 비로소 군함이 완성돼 해군에 인도됩니다. 군함이 마침내 안벽을 박차고 바다를 향해 첫 출발을 하는 모습을 지켜보고 있으면, 철과 플라스틱과 고무 같은 무생물 덩어리가 설계도면에 따라 조립되더니 생명을 부여받은 것 같아 신기하기도 하고, 아기가 자궁벽을 박차고 처음 세상으로 나가는 것처럼 아슬아슬하면서도 가슴이 뭉클해집니다.

이렇게 군함을 만들 때 설계와 제조에 참여하는 사람들이 가장 중요하게 생각하는 것이 '밸런스'입니다. 군함의 선수에 무슨 장비를 설치하면 배가 앞으로 쏠려서 선미가 들리기 때문에 선미에도 무게를 더 주어야 합니다. 배의 좌측에 장비가 설치되어서 무거워지면 배의 우측도 무겁게 만들어야 합니다. 그렇게 해서 배 전체의 무게가 증가되면 속력이 떨어집니다. 속력을 올리기 위해서는 더 큰 엔진을 써야 합니다. 그러기 위해서는 다시 배의 플랫폼이 커져야 합니다. 그러면 빈 공간이 많아져서 그 공간을 효율적으로 재배치해야 하는 문제가 생길 뿐 아니라, 예산이 추가로 필요하게 되어 사업의 상당 부분을 다시 추진해야 합니다.

이와 마찬가지로 법안을 만들 때도 무엇보다 '밸런스'가 중요합니다. 누군가에게 이로움을 주는 법을 만들면 반드시 그로 인해서 손해를 보는 사람들이 생기기 마련입니다. 가령 채무자의 권리 보호를 강화하면 채권자의 권리가 쪼그라듭니다. 마치 큐빅의 한쪽 면을 같은 색으로 맞추려고 들면 다른 쪽 면의 색깔들이 뒤엉키는 것과 같습니다. 사회의 모든 분야와 사람들의 이해관계는 죄다 연결되어 균형을 잡고 있기 때문에, 풍선의 한쪽을 세게 누르면 다른 쪽이 압력이 커져서 부풀다가 결국에는 뻥 터지는 것처럼, 한 부분에만 지나치게 압력을 가하면 반드시 부작용이 생깁니다. 그래서 입법은 현실 상황에 대한 정확하고 정밀한 이해를 바탕으로 새로운 법이 초래하는 무게가 전체 사회의 '밸런스'를 깨뜨리지 않는 범위에서 이루어져야 합니다. 바로 그 '밸런스'가 정의이기도 합니다.

　하루가 다르게 급격히 발전하는 과학기술을 시시각각 활용하는 신종 범죄가 속출하고 있는 만큼, 경찰, 검찰과 같은 수사를 담당하는 수사기관은 최신 과학기술이 출현하자마자 '신속하게' 신종 범죄를 예상하고 이를 무력화할 과학적 수사방법을 마련하는 것을 주 업무로 하는 별도의 조직과 제도를 구축할 필요가 있습니다. 특히 기술을 활용한 마약범죄와 사기가 폭증하고 있는 만큼 이러한 조치가 절실합니다. 국민들의 양형에 대한 우려가 큰 만큼 법원은 양형을 하는 데 있어서 국민들의 뜻을 더 반영하거나, 기존의 양형을 유지한다면 국민들의 오해를 불식시킬 수 있도록 충분한 설명을 할 필요가 있습니다. 피해자를 법정에 적극적으로 초대하는 방법에 대한 고민도 좀더

해주었으면 좋겠습니다. 특히 지연된 정의는 정의가 아니고, 피해자들에게는 재판 중 하루가 한달 혹은 일년처럼 느껴진다는 점을 고려해서, 보다 신속한 재판이 이루어지기를 희망합니다.

교정 분야는 어려운 점이 참 많습니다. 수용자의 인원은 날로 늘어가고, 시설은 좁고 낙후되어 있으며, 교정공무원 인력은 부족하고 사기는 떨어지고 있습니다. 이런 상황에서 교정의 효과가 제대로 나오기 어렵습니다. 시설과 처우 개선이 필요합니다. 전자발찌를 부착하는 것을 조건으로 가석방을 기존보다 확대하는 것을 고려해볼 만합니다. 무엇보다도 교도소가 사람을 고생시키기만 하는 감옥과는 다르고, 범죄자를 그곳에 보내 사회와 격리시킨다는 생각 외에 그들이 결국 사회로 되돌아와서 우리 이웃이 된다는 점도 국민들이 잘 이해할 필요가 있습니다.

한편 법에 엄연히 사형제도가 있고 헌법재판소가 합헌이라고 하고 유족과 다수의 국민이 원하고 있음에도, 뚜렷한 사유를 제시하지도 않고 사형을 집행하지 않고 있는 것은 법과 재판의 권위를 전체적으로 손상시키고 형벌의 범죄억지력을 훼손하는 가볍지 않은 문제라고 생각합니다. 사람의 생명을 침해하는 일을 누가 달가워하겠습니까만, 냉정하게 따져보면 적법한 절차를 거쳐서 사형 판결이 확정된 경우에는 반드시 집행을 해야 합니다.

범죄를 예방하는 데 보호관찰 제도나 전자발찌 제도는 분명히 효과가 있는 만큼 그 적용 범위를 넓혀나가야 합니다. 치료를 제대로 받지 않는 조현병 환자가 늘어나는 문제도 해결해야 하고 이를 위해서 기존 제도의 수정도 필요합니다.

한 사회가 번영하는지 여부는 결국 번영에 적합한 제도를 갖추고 있는가에 의해 좌우됩니다. 제도는 법으로 만듭니다. 따라서 우리 사회의 범죄를 근본적으로 억제하기 위해서는 그에 적합한 법과 제도를 만들어야 합니다. 시대의 흐름에 따라 새롭게 범죄로 규정할 필요가 있는 행위는 법을 고쳐 범죄로 규정해야 합니다. 보다 근본적으로는 시민들이 사는 듯 살기가 쉬워져야 합니다. 악마가 아닌 이상 사는 듯 살고 있는 사람이 굳이 범죄를 저지르려고 안달하지는 않을 것입니다. 가령 어느 날씨 좋은 날 친구들과 즐겁게 테니스를 치고 사랑하는 사람과 맛있게 밥을 먹고 감미로운 커피를 마신 뒤에 "아, 진짜 기분 좋다, 이제 슬슬 강도나 하러 가볼까?" 하는 사람은 없을 것입니다. 자신에게 갑질하는 상사도, 자신을 따돌리는 동료도 없고, 지나치게 과도한 업무로 직원들을 혹사시키지도 않는 직장에서, 보람 있는 일을 하고, 충분한 보수를 받고, 동료들과 우호적인 대화를 나누다가, 퇴근하자마자 갑자기 복면을 쓰고 강도를 하러 나서거나 컴퓨터 앞에 앉아서 살인예고 글을 올리는 사람은 없을 것입니다.

사는 듯 살 수 있는 기본 조건에는 물질적인 것도 많지만, 이제는 먹을 것, 입을 것이 없는 시대는 아니기 때문에 그 물질적인 것이 공평하게 주어지는 것이 중요합니다. 그것이 바로 정의입니다. 그러나 어떤 사회가 자유를 허용하면서도 모든 것을 공평하게 나누어준다는 것은 굉장히 어려운 일입니다. 자유를 마법사처럼 잘 활용해서 큰 이익을 보는 사람이 있는가 하면, 반대로 자유를 주어도 제대로 활용하지 못하는 사람이 있을 수밖에 없기 때문입니다. 그 결과 이들 두 사람 사이에는 힘의 차이가 생기게 됩니다. 자유를 잘 사용하는 사람이 강자가 되고, 그렇지 못한 사람이 약자가 됩니다. 권력도, 돈도 자유가 변형된 것입니다. 그것이 있으면 타인을 활용해서 자신의 자유가 확대됩니다.

누가 강자가 되는가는 시대마다 달랐습니다. 수렵채취시대에는 육체적 능력이 좋거나 무기나 도구를 잘 활용하는 사람이 강자였습니다. 농경시대에는 농사를 지을 수 있는 농지를 많이 가진 사람이 강자가 되고 남의 농지에서 소작을 짓는 사람이 약자가 되었습니다. 산업혁명 이후에는 좋은 공장을 가진 사람이 강자이고, 그 공장에서 일하는 사람이 약자입니다. 종교가 번창했을 때는 성직자가 강자가 되고, 근대 중앙집권적 국가가 수립되어 국가에 권력이 집중된 이후에는 공무원이 강자가 됩니다. 자본주의 사회에서는 돈이 많은 사람이, 민주주의 사회에서는 다수의 편을 이끄는 사람이 강자가 됩니다. 데이터 혁명 이후에는 페이스북의 창업주이자 메타의 최고경영자인 마크 저커버그(Mark Zuckerberg)처럼 수많은 사람들로부터 데이터를 공급받는 사람이 강자이고, 저처럼 스마트폰을 사용하면서 스스로 자신의 데이터를 가져다주는 사람이 약자입니다.

그러나 아무리 자유가 허용되는 사회라고 하더라도 강자와 약자의 차이가 지나치게 벌어져서 강자는 왕처럼 마음대로 살고 약자는 노예처럼 강자의 지시대로 살아가야만 한다면 그것은 정의라고 할 수 없습니다. 강자가 약자를 착취하는 구조가 고착화되면 약자는 스스로 사는 듯 사는 삶을 영위하는 것이 매우 어려워질 수 있습니다. 현재 우리 사회에는 인구감소나 기후변화와 같은 문제도 심각하지만, 가장 심각한 것은 양극화 문제라고 생각합니다. 고소득자와 저소득자, 수도권과 지방, 대기업과 중소기업, 부동산 소유자와 미소유자, 정규직과 비정규직, 고령자와 청년 사이에 간극이 확대되고 있습니다. 그것도 지나치게 큰 간극이 지나치게 빨리 벌어지고 있습니다.

요즘은 특히 인공지능이나 디지털기술 등이 급속히 발전하면서 그런 기술을 활용할 수 있는 사람과 그렇지 못한 사람 사이에 삶의 질의 양극화가 크게 벌어지고 있습니다. 유튜브에 '원숭이 뉴럴링크'라고 치면 '페이거'라는 원숭이가 전자오락하는 영상을 보실 수 있습니다. 모니터 좌우의 끝 선을 따라 세로로 세워진 막대기가 아래위로 움직이면서 공을 받아치는 단순한 게임입니다. 그런데 원숭이는 조이스틱을 쓰지 않고 있습니다. 그러면 어떻게 원숭이가 전자오락을 할 수 있는 것일까요? 뇌파로 하고 있습니다. 원숭이 뇌에 칩을 심고 그 속에서 전기 신호가 오락 기계에 전달되는 것입니다.

'뉴럴링크'는 스페이스X와 테슬라를 만든 일론 머스크(Elon Musk)가 설립한 또다른 회사입니다. 이 회사는 '뉴럴링크'라는 동전 크기의 칩을 만들어서 사람 머리에 심는 사업을 합니다. 지금 기술로도 인간의 뇌파 신호를 10미터 떨어진 컴퓨터나 배터리 충전기 등 전자장치까지 무선 전송할 수 있습니다. 이 회사가 궁극적으로 추구하는 것은 인간의 뇌를 컴퓨터에 연결하는 것입니다. 그렇게 되면 사람 머릿속에 구글의 검색 기능이나 클라우드의 저장 기능, 이메일이나 카카오톡 같은 의사소통 기능이 탑재되는 것과 같습니다. 그런 사람과 보통 사람이 같은 일을 하면 업무나 일상에 있어서 능력의 격차가 리오넬 메시와 저의 축구 실력 이상으로 날 것입니다. 그런 차이를 그대로 용인하는 것은 정의로운 것일까요?

제가 법무심의관으로 일할 때 일주일에 200여건의 민원이 들어왔습니다. 그중에는 좀 황당한 민원도 적지 않았는데, 가령 사람들이 늙어가는 것을 싫어하니까 모두의 나이를 2, 3세 어리게 만드는 법을 제정해달라는 민원도 있었습니다. 예산이 들지 않으면서 모두를 행복하게 만드는 좋은 제안이라는 자신의 평가도 있었습니다. 민원을 받은 직원이 활짝 웃음꽃을 피운 드문 경우였습니다. 공교롭게도 저희는 이후 '만 나이' 입법의 실무를 담당했기 때문에 그 민원에 어느 정도 답을 한 셈이 되었습니다.

그런데 진짜로 사람을 젊게 만드는 기술이 활발하게 개발되고 있습니다. 아마존 창업자 제프 베이조스(Jeff Bezos)가 투자한 것으로 알려진 '알토스랩'이라는 회사는 유전자 편집 기술을 이용해 인간의 유전자를 다시 프로그래밍함으로써 노화를 방지하는 정도가 아니라 다시 젊어지게 하는 것을 목표로 하고 있습니다. 구글도 2013년 바이오 기업 '캘리코'를 설립해 글로벌 제약사들과 함께 노화 연구에 15억 달러를 투자했습니다. 현재 급속도로 발전하는 줄기세포 기술은 가까운 장래에 인간의 장기 재생이 가능하다고 말합니다. 이미 수술 중에 필요한 뼈, 근육, 조직을 3D프린터로 찍어내는 기술이 나와 있습니다. 언젠가는 나노 로봇이 혈관으로 들어가서 혈관 속 막힌 곳을 뚫어줄 수도 있습니다.

옥스퍼드대학 막스 로저(Max Roger) 교수의 기대수명표에 따르면 세계인의 평균수명은 1800년에 26세, 1900년에 31세, 1950년에 49세, 2000년에 66세로 올라섰습니다. 한국인의 기대수명은 1970년에 62.3세였으나 2020년에 83.6세로 50년 동안 20세 이상 늘었습니다. 그런데 의학의 발전으로 사람의 수명이 100세가 된다는 이야기는 이미 과거가 되었고 요즘은 150세 이야기가 흔합니다. 지금 태어나는 아이들은 200년 이상 산다는 말도 나옵니다. 구글의 사장이자 미래학자인 레이 커즈와일(Ray Kurzweil)은 인류가 10년 안에 수명탈출속도(longevity escape velocity)에 진입한다고 합니다. 이것은 기술 발전으로 수명이 연장되는 속도가 나이를 먹는 속도를 따라잡는 상황을 말합니다. 가령 제가 3살 더 먹더라도 기술 발전으로 수명이 3년보다 더 늘어나면 저는 어떤 의미에서 더 젊어지는 것과 같습니다.

앞으로 생명연장기술이 발전되어 어떤 사람은 150세를 살고, 어떤 사람은 지금처럼 70세를 살 것입니다. 그렇다면 150세까지 살 가능성이 높은 20세 피해자를 살해한 사람과 기대수명이 70세인 20세 피해자를 살해한 사람은 똑같이 처벌받아야 할까요? 보다 근본적으로 그러한 수명의 차이 자체가 정의의 관점에서 용납될 수 있을까요? 우리가 상속받은 부의 차이가 너무 크면 정의롭지 못하다고 하는데 수명의 차이는 재산의 차이보다 더 중요하고 심각한 정의의 문제를 야기하지 않을까요? 그렇다면 부자에 대한 누진세, 중과세를 적용하는 것처럼 오래 사는 사람에게 더 많은 사회적 의무를 부과해야 정의로운 것일까요?

우리나라에서 한해 1만 4천명이 스스로 목숨을 끊는 근본적 원인도 저는 양극화라고 생각합니다. 몇해 전에 서른 즈음의 두 청년이 동반자살을 시도했다가 실패해서 자살방조죄로 처벌받은 사건의 판결문을 읽은 적이 있습니다. 이 청년들이 주고받은 문자메시지의 내용은 이런 것이었습니다. "아침에 돈을 썼는데 어찌어찌 6만원을 만들었어요. 돈 구하기 진짜 힘드네요. 더 구해볼게요." "예전에는 몰랐는데 요즘은 급할 때 3만원 구하기도 힘들더라구요. 참 쪽팔리고 서럽더라구요ㅠㅠ." 약자들에게는 자살조차 어렵습니다. 정의(正義)를 정의(定義)하는 다양한 논의들이 있지만, 어떤 결론에 이르든 간에 민주주의 사회에서 어떤 사람은 왕처럼 살고 어떤 사람은 돈 3만원이 없어서 스스로 죽음을 선택하는 것조차 어려울 정도로 어렵게 사는 것은 정의라고 하기 어렵지 않겠습니까.

자유를 어떻게 배분해야 정의로운 것인지에 대해서는 논란이 많습니다. 직장에서나 일상에서 조그마한 이익도 막상 분배하려면 각자 입장에 따라 다른 기준을 제시하기 때문에 쉽지 않다는 것을 실감하게 됩니다. 다만, 공존을 위한 최소한의 기준을 생각해보는 것은 좀더 쉬울 것 같습니다. 저는 횡단보도가 참고가 된다고 생각합니다. 보행자 신호등에 초록불이 들어오면 큰 버스나 10톤 트럭을 비롯한 모든 차들이 일제히 멈추어 섭니다. 쌩쌩 달리던 그 모든 자동차들을 힘으로 다 멈추어 세우려면 얼마나 큰 물리력이 필요하겠습니까?

그런데 법은 그 일을 적어도 물리적으로는 힘 하나 들이지 않고 해냅니다. 신호등만 바뀌면 강자인 차들 앞을 약자인 보행자들이 유유히 평화롭게 이야기도 나누고 손도 잡으면서 건너갈 수 있게 됩니다. 그렇다고 횡단보도가 보행자만을 위한 것은 아닙니다. 보행자들이 초록불일 때 횡단보도로 다닐 수 있도록 함으로써 나머지 더 긴 시간과 더 넓은 공간에서는 자동차들이 마음껏 달릴 수 있습니다. 운전자와 보행자가 고정되어 있는 것도 아닙니다. 누구나 자동차를 운전할 때는 운전자가 되고, 누구나 차를 놓고 걸어 다닐 때는 보행자가 됩니다. 그러니 대체로 횡단보도 시스템에 대해서는 별 불만이 없습니다.

저는 이런 횡단보도에서 강자와 약자, 다수와 소수가 공존할 수 있는, 그래서 정의를 유지할 수 있는 방법을 봅니다. 강자나 다수의 전반적인 우위를 인정하되 약자나 소수도 숨을 쉬고 다닐 수 있는 길을 터주고 강자와 약자가 언제든 입장이 바뀔 수 있는 순환구조를 확보하는 것입니다. 이것을 굳이 논리적으로 해부하자면 하나는 가장 약한 사람들에게 최소한으로 다닐 수 있도록 횡단보도를 깔아주자는 것이고, 다른 하나는 운전자와 보행자가 순환할 수 있도록 순환구조를 만드는 것입니다. 모든 사람들이 아주 잘사는 사회를 만들자는 공허한 이상론보다, 강자의 리그를 인정해주면서 약자의 최소한을 높여가는 방법이 현실적으로 가능한 이야기라고 생각합니다. 우리 사회 곳곳에 횡단보도를 늘려가야 합니다. 그래서 모두가 호화롭게 살지는 못해도 누구나 적어도 사는 듯 살 수 있는 사회가 되기를 바랍니다.

이 책을 구상한 것은 2021년 「알쓸범잡」 방송에 출연한 직후부터였고, 그때부터 2024년 초까지 법무부에서 3년 남짓 일하면서 틈틈이 이 책에 관한 생각을 가다듬고 또 글로 정리했습니다. 그러다 2024년 2월에 저는 공직을 떠났습니다. 세어보니 만 23년간 공직에서 일했습니다. 그중 절반을 판사로, 나머지 절반을 법무부, 방위사업청, 외교부, 국방부와 같은 중앙정부 부처에서 일했습니다. 그밖에 군검사로도 일했고, 유엔국제형사재판소에서도 일했습니다.

자유로운 것을 좋아하는 성향인데도 23년이나 공직에서 일한 것은 다수가 살아가는 공동체에 기여하는 공적인 일의 가치가 크다고 생각했기 때문입니다. 그것은 제가 이타심이 커서라기보다는 많은 사람에 대한 일인 만큼 같은 시간 일을 해도 가치가 크고 그만큼 저 자신과 인생도 덩달아 가치가 커질 것이라는 믿음 때문이었습니다. 보람도 있었고, 재미도 있었고, 배운 것도 많았고, 좋은 사람도 많이 만났습니다.

2024년 3월부터는 훌륭한 분들과 로펌을 만들어서 변호사로 일하기 시작했습니다. 개개 시민들의 문제를 해결해주어 사는 듯 사는 삶을 회복할 수 있도록 돕고, 돈을 벌어 직원들에게 월급을 주고, 가족을 건사하며, 저도 자유로운 사회에서 한 시민의 일원으로서 살아가려고 합니다. 공직에 있을 때보다 더 유연하고 폭넓게 생각하고, 말과 행동을 해야 할 때는 제 책임을 다하고, 제가 좋아하는 사람이나 만나고 싶은 사람을 마음껏 만나고, 하고 싶지 않은 일은 거절도 하고, 사익도 추구하면서 가열차게 사는 듯 사는 삶을 살아보려고 합니다. 그렇기에 더더욱 우리 사회에 사는 듯 사는 사회의 적인 범죄가 사라지기를 바랍니다. 이를 위해 저도 계속해서 저 나름의 노력을 하겠습니다.

프롤로그: 범죄, 우리 사회의 이야기

1 법무연수원『2022 범죄백서』(2023), 10~11, 92면. 2023년 4월에 나온 『2022년 범죄백서』는 2021년 말까지의 범죄 통계를 종합해서 발간한 것입니다.

2 같은 책 92~93면.

3 같은 책 108면.

4 대런 애쓰모글루, 제임스 A. 로빈슨『국가는 왜 실패하는가』, 최완규 옮김, 시공사 2012, 제2장 '맞지 않는 이론들'.

1장 과학수사는 어디까지 발전했는가

1 심층취재「(하승균 경정 인터뷰) '화성 연쇄살인' 공소시효 만료 맞는 형사들의 분노」,『월간조선』2006년 1월호.

2 같은 글.

3 「"조사했는데"…화성 연쇄살인사건 용의자, 수사망 어떻게 빠져나갔나」, 중앙일보 2019. 9. 25.

4 앞의 하승균 경정 인터뷰.

5 토요판 커버스토리 「30년 전 그날 화성, 누가 왜 국과수 감정서를 조작했나」, 한겨레 2019. 12. 28.

6 「'이춘재 8차사건' 윤성여씨 "유일하게 날 믿어준 교도관"」, 서울신문 2020. 11. 19.

7 앞의 하승균 경정 인터뷰.

8 정희선(전 국과수원장) 「프랑스 콧대를 꺾은 과학수사의 힘: 서래마을 영아살해사건」, 『보이지 않는 진실을 보는 사람들』, RHK 2015.

9 정희선(전 국과수원장) 「모기 눈물만 한 혈흔으로 완전범죄를 깨뜨리다: 강호순 연쇄살인사건」, 같은 책.

10 「사생활을 엿보다 '중국산 CCTV'」, 법률방송뉴스 2022. 9. 30. 런던에서는 평범한 사람이 하루 300번 CCTV에 노출된다고 합니다. https://www.caughtoncamera.net/news/how-many-cctv-cameras-in-london(2023. 8. 2. 접속)

11 유로폴 홈페이지(www.europol.europa.eu), 'Media and Press' 2023. 5. 2. "288 dark web vendors arrested in major marketplace seizure."

12 유발 하라리 『사피엔스』, 조현욱 옮김, 김영사 2023 참조.

2장 판사의 형량은 왜 낮을까

1 유발 하라리 『사피엔스』, 조현욱 옮김, 김영사 2023, 171~72면.

2 사법연수원-중국 국가법관학원 공동주최 온라인 세미나 자료집(2021. 5. 26.).

3장 교도소는 감옥이 아니다

1 「'정유정·돌려차기남' 있는 부산구치소, 냉난방 안 돼…이전 추진」, 조선

일보 2023. 6. 24.

2　「교정시설 과밀화 심각…올해 교도소 수용률 117.2%」, 법률방송뉴스 2023. 11. 13.

3　「"콩나물시루 감방 고통" 배상금 지급에 소송 우르르」, 머니투데이 2023. 12. 4.

4　권오곤 회고록 제17화 「미결구금과 형의 집행」, 법률신문 2023. 7. 26.

5　An Official EU website(https://european-union.europa.eu/index_en), EU Statement of the death penalty (2023. 8. 31. 접속)

6　「가석방 없는 종신형 없으니 사형?…대법 "타당치 않다" 첫 판단」, 연합뉴스 2023. 7. 16.

4장 범죄의 원인은 무엇인가

1　이하 범죄 원인에 관한 외국 이론들의 내용은 배종대·홍영기 『형사정책』, 홍문사 2022, 제2편 '범죄원인론'; 김재민·이봉한 『범죄학 강의』, 박영사 2023, PART 3 '범죄원인론' 등을 참고한 것입니다.

2　룰루 밀러 『물고기는 존재하지 않는다』, 정지인 옮김, 곰출판 2021, 제10장 '진정한 공포의 공간'.

3　「얼굴 드러낸 최원종 "나도 스토킹 피해자"…"피해자분들께 죄송"」, MBN 뉴스 2023. 8. 10.

4　「소말리아에 2억 5천만불 지원」, 연합뉴스 2009. 4. 24.

5장 「마이너리티 리포트」의 범죄예방 시스템은 현실화될 수 있나

1　이백철 외 『범죄예방정책학』, 박영사 2019, 191~92면.

2　같은 책 191~97면.

3　같은 책 266~68면.

4 같은 책 114~18면.

5 같은 책 135면.

6 이하 셉테드 내용은 같은 책 419~47면을 참조했습니다.

7 법무연수원『2022 범죄백서』(2023), 72면.

8 2021년의 경우 전체 강력범죄 35,126건 중에서 성폭력이 32,898건으로 93.7퍼센트를 차지했습니다. 같은 책 72면.

9 같은 책 108~109면.

6장 사는 듯 사는 삶을 위한 입법

1 마이클 센델『정의란 무엇인가』, 김명철 옮김, 와이즈베리 2014, 36면 이하.

2 유발 하라리『사피엔스』, 조현욱 옮김, 김영사 2023, 54~61면.

3 아리스토텔레스의 아들 니코마코스(Nikomachos)가 편찬한『니코마코스 윤리학』 10권 중 제5권은 여러가지 정의에 대하여 상세하게 설명하고 있습니다. 이영희『정의론』, 법문사 2005, 341면 이하.

4 「신당역 역무원 살해범, 징역 9년 구형받았었다…선고 전날 범행」, 한국경제TV 2022. 9. 15.

5 「법무부, '살인예고 글' 작성자에 민사상 손해배상소송 방침 "형사처벌과 별도"」, 조선일보 2023. 8. 24.

6 장성원「국가형벌권의 미래: 잃어버린 피해자의 권리를 찾아서」(제30장), 윤진수 외『법의 미래』, 법문사 2022, 516면.

7 범죄피해 구조액은 2020년 기준 최근 5년간 1,300여건이 처리되어 503억원이 지급되었으므로 연간 100억원 정도에 불과합니다. 법무연수원『2022 범죄백서』(2023), 200면.

이미지 제공처

이 책은 다음의 단체 및 저작권자의 허가 절차를 밟았습니다. 이미지를 제공해주신 분들께 진심으로 감사드립니다. 수록된 사진은 대부분 저작권자의 사용 허가를 받았으나, 일부 저작권자를 찾지 못한 경우는 확인되는 대로 허가 절차를 밟겠습니다.

디지털투데이 59면

연합뉴스 10, 171, 223(아래), 247면

한국학중앙연구원 124면

Cambridge University 176면

Mbzt/Wikimedia Commons 105면

Norway Fulbright Foundation 138면(위)

STR/Reuters/Landov 138면(아래)

tvN「알쓸범잡」 223면(위)

범죄사회

안전한 삶을 위해 알아야 할 범죄의 모든 것

초판 1쇄 발행／2024년 2월 26일

지은이／정재민
펴낸이／염종선
책임편집／정편집실·이하림
조판／황숙화
펴낸곳／(주)창비
등록／1986년 8월 5일 제85호
주소／10881 경기도 파주시 회동길 184
전화／031-955-3333
팩시밀리／영업 031-955-3399 편집 031-955-3400
홈페이지／www.changbi.com
전자우편／human@changbi.com

ⓒ 정재민 2024
ISBN 978-89-364-8017-2 03300